普通高等院校经济管理类"十三五"应用型规划教材
【市场营销系列】

U0737883

客户关系管理

销售的视角

CUSTOMER RELATIONSHIP MANAGEMENT

第2版

姚飞 编著

机械工业出版社

CHINA MACHINE PRESS

图书在版编目（CIP）数据

客户关系管理：销售的视角/姚飞编著．—2版．—北京：机械工业出版社，2019.8（2024.2重印）

（普通高等院校经济管理类"十三五"应用型规划教材·市场营销系列）

ISBN 978-7-111-63332-7

I. 客⋯ II. 姚⋯ III. 企业管理－供销管理－高等学校－教材 IV. F274

中国版本图书馆CIP数据核字（2019）第154547号

　　本书在内容编排上，每一章以引例、理论知识、穿插案例、习题、销售演练和销售案例实训为主线。引例后设计一两个开放性的问题，这些问题尽量贴近学生的生活体验，以激发学生的学习兴趣。同时，引导学生带着问题学习接下来的理论知识，其中穿插案例，帮助学生从销售实战视角重新审视各种理论，并通过课后习题，督促学生掌握、巩固理论要点。销售演练可帮助学生在仿真的环境中认识自己，亲身体会销售过程中可能遇到的各种问题；销售案例实训以实用而富有启发性的问题为主线，吸引学生认真讨论实际问题，帮助学生理解和整合各种理论知识，找到解决问题的思路和方法。同时，引导学生提出更多有价值或有趣的问题，通过学生参与，提高教学效果。此外，本书试图为销售案例教学和理论教学的有机结合提供一条有效的途径，避免理论教学中忽视案例或案例教学中忽视理论的问题，有助于解决工商管理教育中的案例讨论与理论学习脱节的问题。

　　本书适合市场营销和工商管理等专业本科生及研究生、MBA学生学习使用，也可作为销售代表、创业者及企业经理不可多得的工具书和培训教材。

出版发行：机械工业出版社（北京市西城区百万庄大街22号　邮政编码：100037）

责任编辑：林晨星　　　　　　　　　　　　　　责任校对：殷　虹
印　　刷：固安县铭成印刷有限公司　　　　　　版　　次：2024年2月第2版第3次印刷
开　　本：185mm×260mm　1/16　　　　　　　印　　张：17.25
书　　号：ISBN 978-7-111-63332-7　　　　　　定　　价：40.00元

客服电话：（010）88361066　68326294

企业的唯一目标，就是创造客户。

——彼得·德鲁克

为未来的销售精英与企业家创造价值

这是一本试图概括销售精髓的书，适用于没有任何销售经验的在校大学生或者有一定经验的 MBA 学生、销售代表或创业者。

客户关系管理是企业及其优秀销售人员创造客户的秘密武器！本书试图解密这种武器的威力和使用技巧，帮助学习者认识销售的本质，掌握专业有效的销售技能，从而更好地规划销售职业生涯，实现职业提升！

本书通过课堂学习与师生互动学习效果更佳，但在条件不具备时，学生通过自学本书也会受益。首先，书中描述了许多销售精英、企业家的成功故事，生动形象，会起到榜样作用。其次，书中所提炼的销售原理力求抓住销售实质，实用但不片面，正确但不教条。最后，本书可解除许多读者的现实困惑，还原销售工作的本来面目，真正为读者解惑！

在本书的写作过程中，作者查阅了大量书籍与资料，进行了整合研究，尽量做到去粗取精、去伪存真，力求内容的科学性、有效性与系统性，真正为有志于成为销售精英、企业家的读者提供指导。

对教师或培训师的好处

如果你是一名大学教师或培训师，这是一本"解放"你自己的教材，旨在协助你从"满堂灌式"教学转向"参与式"教学！

参与式教学是本书的一项使命，也是作者多年来一直持续探索的教学方式，本书可以让学生更深度地参与，真正提高其销售能力。在内容编排上，每一章以引例、理论知识、穿插案例、习题、销售演练和销售案例实训为主线。引例后设计一两个开放性问题，这些问题尽量实用且贴近生活，以激发学生的学习兴趣。同时，引导学生带着问题学习理论知识，通过穿插案例，帮助学生从销售实战视角重新审视各种理论，并通过课后习题，督促学生掌握、巩固理论要点。销售演练可帮助学生在仿真的环境中认识自己，亲身体会销售过程中可能遇到的各种问题。销售案例实训以实用而富有启发性的问题为主线，引导学生扮演案例中的某个角色，帮助学生理解和整合各种理论知识，在具体情境中寻找解决实际问题的思路和方法。同时，引导学生探索性地提出更多有价值或有趣的问题。总之，让学生在参与中感悟销售的精髓，提高教学效果。

此外，本书试图为销售案例教学和理论教学的有机结合提供一条有效的途径，避免理论教学中忽视案例或案例教学中忽视理论的问题，有助于解决工商管理教育中的案例讨论与理论学习脱节的问题。本书共安排了 11 个销售演练和 10 个案例实训，在课堂教学中，教师可根据自己的教学实际选择使用。

对其他读者的好处

学会发展一种互利的、长期的关系对任何人都至关重要，即使你从未想过成为一名销售人员，也会从中受益。作为一名在校大学生，你可以将这些客户关系管理技能运用于同学约会、师生关系、工作应聘与职业发展中。

毫无疑问，把自己推销给合适的雇主是每一名大学生毕业前必须面临的一项非常重要的销售工作，这与本书所讲的客户关系管理过程比较类似。首先，你要明确潜在雇主（客户）的需求。在对每一位雇主的需求进行分析的基础上，写一份个人简历及自述表明你的能力可以满足他们的需求。其次，在面试的过程中，若招聘者提到有关职位需求等方面的内容，需及时提问并回答。也许你还要根据面试中得到的新信息调整你的个人自述。有时候，你还需要与雇主就起薪进行谈判。最后，你会试图获得雇主录用你的承诺。必须指出的是，上述工作只是与雇主建立起一种短期的关系，真正的挑战在于你能否与雇主发展一种良师益友式的长期合作关系，这是获得职业成功的"硬功夫"。

事实上，各行各业的人都在实践着销售艺术。企业界人士每时每刻都在使用销售原理；工程师要说服经理们支持他们的研发项目；管理者也要把自己推销给同事、上级领导及下级人员，以获得支持和提拔；政治家说服民众支持某项提案；慈善机构请求捐赠或招募义工来维持组织的运行；科学家试图说服基金会和政府机构设立研究基金，医生试图使其病人接受更健康的生活方式。所有的人大多数时间都在销售，只是在以不同的方式销售：我们把自己的想法介绍给周围的人；让所爱的人知道我们有多爱他们；说服人们采纳自己的方法和建议；鼓励人们去做那些我们认为对他们有利的事；向投资人说明为什么他们应该给我们投资。总之，你想办成任何一件事，都应该具备销售能力。在我们这个社会里，那些善于影响他人并能够发展长期关系的人通常都是领导者或成功者。

致谢

MBA 学生、本科学生、企业销售人员及管理者的认可是我撰写本书的最大动力！感谢机械工业出版社对我的信任！还要感谢《销售与市场》杂志（www.cmmo.cn）、中国营销传播网（www.emkt.com.cn）、世界经理人（www.ceconline.com）、销售网（www.xiaoshou.cn）、中华品牌管理网（www.cnbm.net.cn）、百度百科（baike.baidu.com）、互动百科（www.baike.com）及相关公司的网站，这些网站为本书案例的撰写提供了丰富的原始案例资料。在此，还要感谢一直默默支持我完成本书的家人和朋友！

本书第 2 版在第 1 版的基础上做了大量修订工作，突出线下与线上相结合（O2O）进行客户关系管理的特色。每一章不但增加了课后习题、线上客户关系管理及人工智能的相关内容和最新案例，而且对大部分原有案例资料都进行了更新，以更加方便师生教与学。尽管如此，难免仍有错误与不足，敬请读者批评指正，意见或建议请发至 1795984981@qq.com。

姚　飞

2019 年 7 月

教学建议 SUGGESTION

教学对象

本书适用于工商管理类本科生、非工商管理类本科生、MBA 学生及普通硕士生，也适用于企业销售人员及销售管理者。

教学目的

本书的目的是培养学生建立长期合作客户关系的销售实战能力。通过课堂讲授，帮助学生快速了解经典、前沿的客户关系管理理论要点和基本思路。本书突出实战，通过销售演练与实际案例实训，使学生真正掌握建立长期合作客户关系的过程及实战技能。

前期需要掌握的知识

市场营销学和管理学原理。

课时安排建议

知识单元	理论要点	模拟演练	案例实训	课时安排
第 1 章 认识自己与 销售工作	销售历练对职业成功的关键作用；销售工作的实质；销售工作的机会与挑战；销售职业生涯规划的技能；线下与线上相融合的未来销售趋势	演练 1 为我们的销售 潜力打分	实训项目 1 销售职业生涯 规划训练	3~4 小时
第 2 章 客户关系管理的 实质及过程	客户、客户关系的内涵及类型；客户关系管理的本质及过程	演练 2 客户关系管理 到底管什么	实训项目 2 理解客户关系 管理的本质及过程	3~4 小时
第 3 章 理解客户 购买行为	不同客户及组织市场的特点；组织购买决策的任务及过程；科学技术对组织采购的影响；线上线下客户购买行为的异同与冲突	演练 3 了解客户购买的 基本过程	实训项目 3 深度理解客户 购买行为	3~4 小时
第 4 章 适应性销售	适应性销售的内涵、训练框架及主要内容；人工智能对适应性销售的作用	演练 4 评估销售人员的 社交风格类型	实训项目 4 适应性销售训练	3~4 小时

（续）

知识单元	理论要点	模拟演练	案例实训	课时安排
第5章 售前客户关系开发	识别及获得客户源的方法；制订销售访问计划；销售访问的主要任务；售前客户关系开发的线上工具	演练5 测试你的积极倾听能力	实训项目5 制订销售访问计划技能训练	3～4小时
第6章 售中客户关系推进	销售推介的工具；处理异议的基本方法；成交与谈判销售的技巧；线上售中客户关系推进服务	演练6a 测试你的谈判技巧 演练6b 应对销售异议演练	实训项目6 售中客户关系推进训练	3～4小时
第7章 售后客户关系的维护	长期客户关系的价值；售后客户关系维护的阶段及技巧；人工智能对维护客户关系的作用	演练7 人工和机器人处理客户投诉的比较	实训项目7 售后客户关系维护训练	3～4小时
第8章 客户关系的解散与挽回	客户关系解散的原因；客户关系挽回的基本方法；智能呼叫中心对客户挽回的作用	演练8 学会向客户道歉	实训项目8 客户关系解散与挽回训练	3～4小时
第9章 销售人员的自我管理	目标管理与资源配置的方法；时间管理与区域管理技能；压力管理；灰色关系管理的基本技能	演练9 销售时间与区域管理游戏	实训项目9 销售人员的自我管理综合训练	3～4小时
第10章 销售团队管理	销售团队的作用及构成；销售团队的形式；创业型销售团队的类型；销售自动化系统	演练10 销售人员如何写个人简历	实训项目10 销售团队管理训练	3～4小时
课时总计	10～12小时	20～28小时		30～40小时

说明：案例实训项目都安排了课后作业，教师可根据课堂学习情况选择使用。

目录 CONTENTS

销售与客户关系管理

认识自己与销售工作，可增强学习本课程的动力；透彻理解客户关系管理的本质与过程，为学习本课程奠定基础。本模块分为两章：

第1章 CHAPTER1

认识自己与销售工作

优秀的销售人员通常具备成为企业家或伟大人物的潜质。

——佚名

天天对着镜子说：I like you！喜欢自己，你赢定了！

——世界上最优秀的销售人员，乔·吉拉德

学习目标

1. 帮助学生澄清误解，深刻理解销售历练对职业成功的关键作用。
2. 帮助学生重新认识自己与销售工作的实质，把握销售工作的机会与挑战。
3. 训练学生进行销售职业生涯规划的技能。
4. 了解线下与线上相融合的未来销售趋势。

引例

李嘉诚：从推销员到世界华人首富

1940年，李嘉诚随父母从家乡潮州逃难到香港，当时他14岁。李嘉诚的父亲本为教师，到香港后一时找不到工作，举家投靠家境颇为富裕的舅父庄静庵。可是不久父亲就患上了严重的肺病，临终时，他没有交代什么遗言，反而问李嘉诚有什么愿望。李嘉诚当即承诺："日后一定会令家人有好日子过。"父亲病逝后，作为长子的李嘉诚为养家糊口放弃学业，去一家钟表公司打工，之后又到一家塑胶厂当推销员。李嘉诚深知，要想成为一个出色的推销员，首要的是勤奋，其次是头脑灵活。在日后的推销生涯中，李嘉诚便充分发挥了这等"窍门"。当其他同事每天只工作8小时的时候，李嘉诚就工作16个小时，天天如是。李嘉诚对"打工"的看法是："对自己的分内工作，我绝对全情投入。从不把它视为赚钱糊口，向老板交差了事，而是将之当作自己的事业。"就这样，李嘉诚只花了一年时间，业绩便超越其他六位同事，成为全厂营业额最高的推销员。他当时的销售成绩，是第二名的七倍。18岁的他受到老板的赏识，被提升为部门经理。一年后，他当上了销售公司总经理。李嘉诚的快速提升还有一段插曲：他在厂里当推销员时，再忙也要到夜校进修。他在会考合格后打算去读大学，老板为挽留这个人才，便索性把他提升到总经理的岗位上。就这样，李嘉诚从做推销员起步，22 岁开始创业，29 岁赢得"塑胶花大王"的美誉，30 岁涉足房地产……58 岁首次登上香港首席财阀的宝座，60 岁被《财富》杂志评为世界华人首富，从此连续 15 年荣膺世界华人首富。2018 年，90 岁高龄的李嘉诚正式退休。

思考：

1. 你觉得李嘉诚的推销才能是天生的吗？
2. 你觉得李嘉诚早年的推销经历对其职业成功起到了什么作用？

资料来源：作者根据相关资料整理。

1.1　我适合做销售工作吗

1.1.1　销售职业生涯

据调查，70% 的总经理都是销售出身。高科技企业 50% 以上的总经理都是理工科专业背景，毕业后从技术转向销售，再转向销售管理，最终走向总经理的职位。比尔·盖茨大学二年级休学，创办微软公司之后，从销售做起，推销自己开发的软件，跟客户签合同。IBM 的创始人托马斯·约翰·沃森（Thomas J. Watson），毕业于美国埃尔米拉商业学校。1896 年进入美国收款机公司担任推销员，1914 年进入计算制表记录公司（CTR）任公司经理，10 年后他将该公司改名为 IBM 并成为其创始人。沃森能成为20 世纪前半叶伟大的企业家之一，得益于他的销售经历及才能，他说服大量商家放弃分类账簿，使用穿孔卡这种原始的会计机器来计账，使 IBM 闻名遐迩。他给世界留下了一句箴言，"思考"。

对年轻人及刚毕业的大学生而言，销售是最可能在短时间内获得成功的职业。销售人员作为企业员工中相对独立的一个群体，其所从事的岗位与财务、研发、生产、技术等人员的岗位相比，销售工作的平均岗位进入壁垒较低。从事其他工作的人员——无论是从事技术性工作的人员还是服务人员，只要身体健康，年龄适当，都有可能转到销售岗位上，较低的岗位进入壁垒，使销售成为很多人的就业切入点。由于销售是一个实践性非常强的职业，大家全凭业绩说话，而且业绩也比较容易衡量，所以除了一些特别专业的技术销售职位外，大多数销售岗位对学历要求并不是很高。

销售职业有非常明显的特点：工作稳定性差、工作压力大、出差应酬是生活的常态。特别对于直接面向市场的基层销售人员而言，虽然工作时间比较自由，但由于销售指标的压力，常常令已婚者顾不上照顾家人、未婚者顾不上恋爱，很长时间不能和朋友闲聊、聚会。当然，销售也是一个高回报的职业，除了最高决策层外，多数企业中最容易产生高薪的职位便是销售类。和同级别的财务总监、人力资源经理相比，销售总监、销售经理的收入普遍会高出一截。

随着年龄的增长，冲劲和激情渐渐褪去，对家庭的责任和对稳定生活的追求，令众多年轻的基层销售人员开始规划自己的职业方向。按照销售工作的具体内容，目前中国的销售人员可分为高级销售人员（如销售总监、销售经理）、一般销售人员（多为客户代表）、推销人员（包括商场售货员和挖掘客户的推销人员）和兼职销售人员。总体来看，销售人员有四种职业出路：一是纵向发展成长为高级销售经理，不过能达到这一目标的销售人员为数很少；二是横向发展转换到管理等其他岗位；三是自己创业；四是专业发展，做销售领域的管理咨询或培训。本书第 9 章会详细讨论销售人员如何有效制订职业目标的问题。

当然，不是所有的人都适合做销售，也不是所有做销售的人都能成功。现代销售学奠基人戈德曼博士曾指出："把一个不合适的人放到销售岗位上，一开始你就失败了。"这是因为不同的工作对人有不同的要求，销售也是如此。因此，对一个未来有志于从事销售工作的大学生来讲，自我探索是非常关键的一步。而自我探索遵循人-职匹配理论，该理论认为，职业成功与否取决于人的个性特征与职业性质的匹配是否一致。这就要求人们在进行职业决策时，选择与自身的个性特征、工作性质与企业特点相适应的工作，如图 1-1 所示。

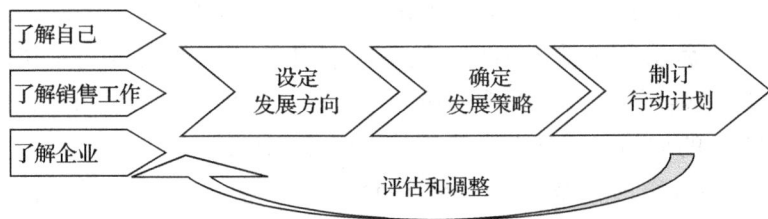

图 1-1　销售职业生涯规划过程

1.1.2　优秀销售人员的共性特征

100 年来，关于"为什么有些人能取得销售成功而另一些却不能"的书籍或文章可谓泛滥成灾，但由于销售工作千差万别，目前关于成功销售人员人格特质的概括并没有达成共识。也有人认为，只要经过严格的培训，每个人都能够成为合格的销售人员。但要改变每个人与生俱来的特质很难，而销售又是一个最具挑战性的行业，需要不断调整自己的心境和行动才能适应，把一个不适合做销售的人培养成为合格的销售人员，难度较大并且培训费用较高。为提高销售业绩，企业愿意聘请易于取得销售成功的人才，这些人通常具有以下特质。

1. 主动性

大部分销售人员无人直接监督，在这种情况下，有些销售人员会试图晚些起床、延长午餐休息时间或者提前下班。但是成功的销售人员不会屈从于这些诱惑，他们是自我发动机，不需要怒目而视的监督人员通过威慑来督促他们努力工作。成功的销售人员还会有学习的主动性，通过分析过去的业绩甚至利用出错的机会努力学习，不断提高销售技能。

2. 可靠性与值得信赖

诚实、正直与讲道德是可靠性的重要组成部分，从长远看，客户会识别出谁值得信赖，谁不值得信赖。销售的最高境界是先把自己销售出去，也就是说，要客户买你的产品，就先要让客户相信你这个人，觉得你是一个值得信赖的人。在销售周期较长或需要客户重复购买的情况下，销售人员需与客户经常保持联系。客户只会与那些可靠、值得信赖的销售人员建立长期的关系。优秀销售人员能解决客户的问题并满足客户的需求，让客户感觉值得信赖，这样有助于客户比较舒服地购买产品，并愿意与销售人员维持长期关系。

3. 沟通技能与灵活性

与客户建立长期稳定关系的关键在于对客户的需求做出及时反应。要做到这一点，销售人员需成为一名好的沟通者。只是说话是不够的，销售人员还必须倾听客户在说什么，问一些与客户需求和困惑相关的问题，并且关注客户的反应。

成功的销售人员会意识到，同一种销售方式并不适合所有的客户，每种销售方式必须适应特定的销售情形。在进行销售陈述时，销售人员必须对正在发生的事情十分敏感，并且能够灵活地做出适应性的改变。大多数公司愿意采用人员销售这种成本最高的营销传播方式，主要是因为销售人员能够为每一位客户提供独特的信息，还可以通过提问和仔细倾听对每一位客户进行营销研究，然后，根据每位客户的要求和看法有针对性地进行销售陈述，还可以通过观察客户的语言或非语言行为，来调整他们的销售陈述。如果客户对陈述的内容不感兴趣，或是对销售人员的风格感到厌烦，销售人员可以随时做出调整。销售效果与销售人员进行适应性销售的能力以及寻找这种独特机会的能力息息相关。

4. 创造力与自信心

成功的销售人员会运用创造力架起通向客户的桥梁、获得长期的委托以及有效地管理各种关系。创造力（creativity）是指具有想象力和发明能力的特征，创造力有利于产生新想法、新方案。有时需要运用创造力才能得到与潜在客户会面的机会，才能使销售陈述在客户头脑中留下长久的印象。当然，不同销售工作对创造力要求不同，如表 1-1 所示，最右侧一列所描述的销售工作（如对想重复购买的新客户进行拜访），需要较高的创造力。

表 1-1 销售工作的创造力等级

销售工作中的要素	较低的创造力	较高的创造力
客户 – 公司关系所处的阶段	现有客户	新客户
销售人员的作用	获取订单	创造新的解决方案
对客户来讲购买的重要性	低	高
销售人员与客户的接触地点	公司内部	外部客户所在地
出售产品还是服务	产品	服务
销售人员在客户购买中的作用	有限	非常重要

成功的销售人员对自己、公司以及产品都很有信心，他们相信通过自身的努力会带来成功。研究显示，真正自信的人愿意通过努力工作来实现他们的目标。他们接纳批评、征求他人的意见、能够从错误中吸取教训。他们企盼发生好的事情，还对命运承担责任。研究还同时证明，缺乏自信的人会在自身能力不足的时候表现得不诚实、面对批

评会进行辩解、会设定不切实际的目标。

5. 情商

销售人员处在公司和客户之间。有时公司目标与客户目标是不同的：公司希望销售人员创造利润，而客户却希望以更低的价格购买满足其更多需求的产品。销售人员在应对这些目标冲突时，承受着一定的压力。

面对无礼的客户、目标冲突以及团队成员不配合等问题，销售人员需要有较高的情商，才能实现有效的销售。情商（emotion quotient）是个人有效地理解和运用自身情感以及对方情感的能力。情商包括四个方面：①遇事时知道自己的感觉和情感；②会控制自己的情感，避免冲动行为；③能识别客户的情感（又称为心领神会）；④会运用自己的情感对客户进行有效的相互影响。后边的章节会具体讨论与之相关的内容。

1.1.3　对销售人员常见的认识误区

1. 销售人员的主要任务是卖出东西，只有外向型性格的人适合做销售

人员销售（personal selling）是一种人对人的业务活动，销售人员通过发现和满足购买者的需要来实现双方共同的、长期的利益。由此定义看出，销售人员的主要任务不仅仅是卖出一样东西和得到一个订单，还包括帮助客户明确问题、提供解决问题的信息、提供售后服务以保证客户的长期满意。这种客户中心论（customer-centric）意味着公司所做的一切都以客户为中心。

如今，销售人员提着塞满宣传册的公文包，敲开所能找到的所有房门，说服对方对公司产品产生兴趣的时代已经过去。现代公司利用高度发达的通信、运输手段以及管理信息系统在全球市场中竞争，更多的客户需要全天候服务。今天的职业销售人员利用公司资源帮助客户解决问题；利用电子邮件、传真、电视电话会议与世界各地的客户或员工交流；利用公司数据库更好地了解现有和潜在客户情况；利用多媒体更加形象地展示产品或服务的优势。销售人员的所有这些努力都是为了达成一个目标：为产品或服务增加价值。这里的价值是指销售人员所销售的产品和服务为客户带来的全部利益。当销售人员向潜在的客户描述这些价值时，他们通常将这种利益的集合称作价值陈述（value proposition）。一项最新的研究表明，在《财富》杂志排名前 1 000 的公司中，70% 都通过价值来区分客户，并且根据这种独特的价值分配营销预算。

性格外向的人健谈幽默、感情外露、热情洋溢、富有创造性，能活跃工作气氛，交友广泛。但外向活泼的人往往喜新厌旧，经常改变；虎头蛇尾，没有耐心跟进事情；他们从不检视自己，从不认为自己会犯大错；说的太多，听的太少，察觉不到别人的负面反应，不关注他人的兴趣和真正需要；办事没有条理，缺乏系统性；交友很多，但感情都不深。而性格内向的人凭借其稳重、善解人意，可以给人以信赖感，往往也能取得优异的业绩。

2. 销售人员是天生的，对销售人员的素质要求是相同的

成功销售人员所需的技能是可以通过学习获得的。人们可以学会努力工作、规划好

自己的时间并采取适应客户个性与需求的销售方式。研究表明，个性、脾气、身高等大部分天生的特征与销售行为无关。许多公司每年针对销售人员的培训费用高达数十亿美元，足以表明他们对提高销售人员技能的重视。

另外，不同产品类型、销售模式及行业对销售人员的素质要求也不同。一般来说，性格外向的人适合当"猎手"，开拓新客户，更适合于快速消费品、保险等效率型销售；性格内向的人适合当"农夫"，精耕细作老客户，更适合于工业品、政府等关系型销售。如果客户是医院，销售员最好是办事严谨的"专家型"；如果客户是政府，销售员最好是性格随和的"和平型"。如果客户是"外向型"，销售员最好也是"外向型"。法国的阿尔卡特手机部门被 TCL 收购时，很多销售员和销售经理都离开了，这是因为阿尔卡特手机是靠渠道经销商销售的，需要"顾问式"的销售人员；而 TCL 后来强调直营终端，需要的则是"效率型"的销售人员。

3. 销售人员从事的是低微的职业

世界知名销售专家乔·吉拉德曾经说过："每一名销售员都应以自己的职业为骄傲，因为销售员推动了整个世界。如果我们不把货物从货架上和仓库里面运出来，整个社会体系的钟就要停摆了。"

一些销售员平时谈笑风生，但真正与客户面对面时常常语无伦次、坐立不安，主要原因是他们把销售看成一种卑微的职业、求人的工作，他们从心里看不起这份工作。销售工作并不是一定要靠低声下气、卑微求人才能成功的职业，更不是靠向客户逢迎谄媚、送礼行贿和私下交易才能成功的职业。优秀的销售人员应该以销售工作为荣，并将其视为让人尊重并使人有成就感的职业。有时候，当整个交易看起来似乎大势已去时，平庸的销售人员常因害怕失败而降格以求，他或许会向客户请求说："请帮我这个忙吧，我必须养家糊口，而且我的工作成绩远远落后于别人，如果我拿不到这个订单，我真的不知道该如何面对我的老板了。"这种方式只能导致客户看不起他。

优秀的销售人员明白，销售与其他行业一样，只是具体工作内容不同。销售人员不是把商品或服务强加给别人，而是帮助客户解决问题。销售人员是专家或者顾问，与客户是平等的。销售人员只有更懂得如何来帮助客户解决问题，客户才会真正信赖你。销售行业最忌讳的就是在客户面前卑躬屈膝，表现的过于谦卑，这样并不会博得客户的好感，反而会让客户失望，从而导致对公司及所销售的产品失去信心。

1.2　销售工作的实质

如果问销售人员：你如何理解"销售"？不同的销售人员可能会有不同的回答，每个人都会从不同的角度、以不同的思维去理解这个问题。也许有人会说销售就是销售嘛，就跟吃饭、穿衣、睡觉一样，有什么可理解的？但在实践中发现，对销售的不同理解，跟销售人员的业绩高低和自我提升的空间大小有着一定的关系。

我们不妨来看看这样的例子：

A君，做销售3年，换过5个行业，业绩平平，没有多少积蓄，干了3年销售但还在为自己的生计发愁。他总是想不通，就这么一个卖产品的简单工作，又不是什么尖端科技，为什么做不好呢？

B君，做销售不到2年，换过2个行业，业绩不错，有一定的客户资源，跟不少客户都成为好朋友，目前的收入加上积蓄，日子过得有滋有味。他认为销售工作很有学问，做好销售，仅靠吃苦是不够的，还要动脑。

对于A君来讲，销售是卖产品的简单工作；对于B君来讲，销售工作很有学问，言外之意是销售不仅仅是卖产品这么简单。

一个人在没有很好地理解一件事情之前，要想把它做好是很难的，对销售工作也是如此。可以这样说，你对所从事的工作理解得越全面、越透彻，那么做好这份工作的把握性就越大。在现代市场环境下，销售人员通常扮演多种角色，包括客户关系管理者、销售团队管理者、渠道管理者和信息提供者。

1.2.1 客户关系管理者

销售工作包括发掘新的客户，进行销售陈述，介绍产品、价格及交货条件谈判，填写订单及增加现有客户的购买量。这些由销售所导出的活动只是销售工作的一部分，如图1-2所示。销售人员花费了接近33%的时间与客户或潜在客户进行面对面的交谈。有趣的是，对于世界级的公司，这个比例会上升到40%，而对于经营差的公司，这个比例会降到只有20%。销售人员的其他时间用来开会、在公司中与其他支持人员一起工作（内部销售）、出差、等待销售会面、进行文书工作及客户服务等。

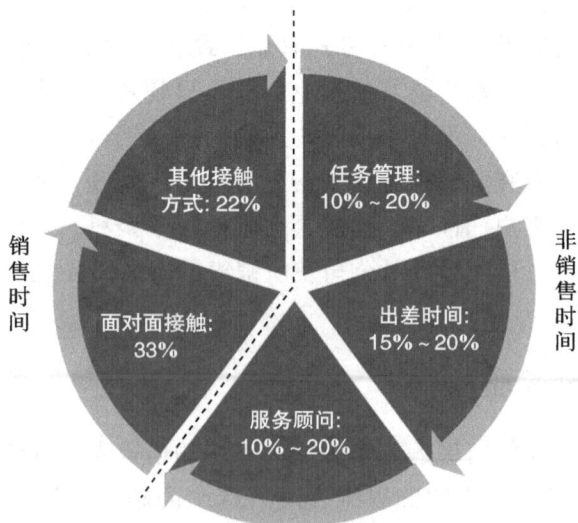

图1-2   销售人员每周时间分配

资料来源：The Alexander Group, Inc. Sales time maker, Software service, February, 2002.

当前，许多客户宁愿选择与特定供应商建立和维持亲密的合作关系，而不是向价格最低的供应商购买商品。销售人员在建立、发展和维持这种长期的买卖关系中发挥着关键的作用。作为客户关系管理者的销售人员，有责任发现机会并为客户创造价值。

销售人员的工作并非随着客户下订单而告终。销售人员必须确认客户确实从产品中得到了他们希望得到的利益。因此，销售人员要同公司其他员工一起工作，确保货物按时发出、设备正确安装，培训操作人员正确使用设备，若有问题和投诉，能够得到快速解决。

1.2.2 销售团队及渠道管理者

销售人员也会通过协调公司内部的活动来解决客户的难题。实际上，许多情况下都需要团队销售。销售人员为了提供解决方案和建立关系，需要全面地了解公司所有部门的业务。如华为公司善于通过团队销售来确保其客户获得最佳的信息和最好的服务。它组建了由各部门抽调的专家组成的销售团队来为每位客户提供顾问式服务，通过更好地掌握客户的需求来为客户提供最佳的解决方案。华为销售团队中的专家大都具有客户业务领域的丰富经验，他们可以凭借自己的业务知识和经验赢得客户的尊重。凭借"团队销售"这种模式，华为赢得了行业领先者的地位，并赢得了与客户组织内各级采购决策者的好感与信任，华为也因此得以在过去一直以每年两位数的增长率高速增长，并且，这种模式还为华为在未来持续获得成功提供了保障。

为满足客户的需求，销售人员常常是渠道关系中的关键人物。如药品销售人员需要协调有关处方药销售渠道中各方的活动。为此，销售人员不但要给医生打电话，希望他们开此药品的处方，还要打电话给药剂师以确保当病人获得处方时能拿到药。再如，平安车险销售人员需维护好与渠道成员的关系，其渠道包括 4S 店、汽车大卖场、维修保养店、保险代理点及公司客户。平安车险的销售人员要适时维护渠道关系，处理彼此之间业务交叉、利益冲突等问题。

1.2.3 信息提供者

销售人员是公司在市场上的耳目。许多小公司因资金困难和人力不足很难开展比较系统的市场调查工作，于是在自己公司销售人员的工作职责中明确市场调查和信息反馈的内容，并与其薪金挂钩。销售人员经常拜访客户，对当地市场最熟悉，可以与自己的客户网络建立良好的信息沟通桥梁，对任何公司而言都是重要的信息来源。

在终端市场，情报收集显得更为直观，因为竞争对手的一切市场决策必然会在终端市场及时显现出来，销售人员一旦发现对手在终端市场的动向，就要马上做出判断，并且以最快的时间反馈到上级决策部门，以便及早做出应对的策略。终端市场是短兵相接的处所，当发现信号时，就意味着对手的策略已经进入了实际操作阶段，所以情报反馈的速度是越快越好，否则可能使公司陷入不利的竞争地位，见案例 1-1。

案例 1-1　　　　　　　　　　康师傅公司一位销售经理的机敏

康师傅公司的一位销售经理一天偶然看到，超市的货运车正在将主要竞争对手的产品陆续卸车入库。这原本是经常都会看到的事情，但是今天这位销售经理却鬼使神差地没有放过这个现象，于是他继续观察，发现今天的产品比平时要多许多，这是怎么回事呢？对方想干什么？难道要大规模促销？

想到这里，他再也坐不住了，匆忙回到卖场，吩咐一个刚招聘到的业务员到对手的卖场区假扮客户去询问。结果出来了，原来对手准备连续三天举行大型促销活动，包括价格折扣和赠品促销等活动。这可不能小看，于是他以最快的速度将这一情报报告给公司行销总部，总部经过综合分析后确定这是对手在各卖场掀起的一次大规模降价促销的准备工作，如果被对手实施攻击的话，将会使己方最近本来就销势不好的产品雪上加霜。

于是总部紧急召开各渠道经理电话会议，连夜决定并布置在第三天抢先在卖场全面掀起购货附赠礼品的促销活动，紧急将一车车赠品连夜送到相关卖场。由于这位销售经理的机敏，及时发现情报，才使得企业避免了一次被竞争对手沉重打击的厄运。

资料来源：作者根据相关资料整理。

"跑店系统"是众多西方企业在中国取得成功的一个秘密武器。凭借这个"跑店系统"，外企把终端工作做得细致而扎实。其目标是，获取更多的情报，及时了解竞争对手，争取最多的销售网点，分销最多的品种，争夺最大的陈列面积。按照这种销售方法，企业为一个产品的销售配备足够的销售人员（厂家的或经销商的），为每个人划分一定的店数，规定不同类型店的拜访频率（一周一次还是两周一次等），制定每天的拜访路线，不折不扣地按照规定的拜访路线跑店。同时，还详细规定了销售人员进一家店后应做的工作以及具体做法。例如，进店前要做好各项准备工作，进店后先观察商店、查看货架、做记录，再找采购人员要求补货，同时想方设法卖进新品种或谈妥促销活动，然后要回到货架前理货，回去后要填写报表。更重要的是，可以通过终端门店这个窗口，随时了解对手想做什么、在做什么，及时反馈回公司的营销情报系统。

"巡店系统"是销售管理另一个重要的方面。许多优秀企业的销售经理，无论职务多高，来到一个市场都要进行巡店。所谓巡店，就是上级经理要定期对管辖的市场进行巡视，检查销售目标，了解不同品种的分销情况、产品陈列情况、促销人员情况以及竞争对手情况等，以便及时采取应变措施。通过巡店，上级经理也可以指导和培训下属，发现一些销售人员没有发觉的情报，核实销售人员的情报的准确性。

为了对企业产生真正有效的影响，销售人员还要擅长将从客户那里获得的知识和信息传播给公司其他人，及时向公司汇报费用、访问记录、近期访问计划、销售预测、竞争者动态、经营现状、不满意客户的要求等信息。现在，许多这样的信息大部分都通过电子手段在公司、销售人员以及客户间共享。

1.3 销售工作的回报

1.3.1 精神回报

很多人不希望整天坐在桌子前处理同一件事情,希望能去外面到处走走,与人们接触,处理不同的事务。这种类型的人非常适合从事销售工作。典型的销售人员每天要和十几个人打交道,这些接触大部分都是一种新的经历。销售也拥有非同寻常的自由性和灵活性。它不是一项朝九晚五的工作,大部分销售人员可以决定如何安排他们的时间,不必向上级汇报。他们可以自由地决定今天干什么,拜访哪位客户,什么时间处理日常文书工作。有些时候需要长时间的工作,而有时则工作较少。

正因为这种自由,销售人员就像是独立的企业家,拥有独自管理的辖区,怎样去管理这些辖区没有什么限制。他们对所管辖区域产生的销量和利润负责,因此,其成功和失败大部分依靠自身的技能和努力。

1.3.2 经济回报

在美国,销售人员的工资或者收入很高是普遍现象。图 1-3 直观显示了销售人员和销售主管的年薪情况,可以看出,顶尖销售人员的年薪超过 15 万美元,有的甚至超过 100 万美元,有的公司的顶尖销售人员收入会超过其销售主管。

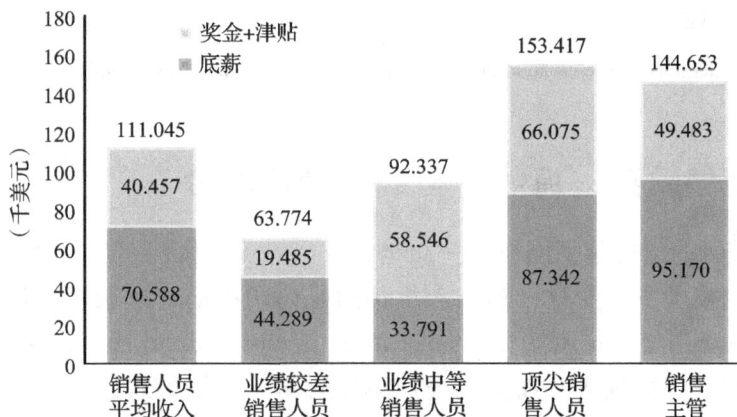

图 1-3 美国销售人员与管理者的平均年薪对比

资料来源:2004 Salary Survey[J]. Sales & Marketing Management,2004(5):29.

销售工作报酬取决于销售人员的技能及其工作的复杂程度,例如向企业推销的销售人员的收入要比零售人员高,因为企业的购买过程更复杂,更难以管理。表 1-2 显示了美国不同销售人员的平均年薪情况。

据统计,目前中国市场上从事各行各业的销售人员,已经达 8 000 多万。随着市场经济的来临,企业里首先被推向市场化的部门就是销售部门。他们的利益与风险共担,因此一部分销售人员进入了高收入阶层。但是,由于多数企业对销售人员采取较低底薪加提成的薪酬设计，所以不少业绩不好的销售人员，尽管付出了很多的心血，收入仍然较低。有高风险的行业就会有高收入的人群，企业里一般员工的基本收入通常是有保证的，个人的风险比销售部门小很多，所以一般员工的收入低于销售人员。

表 1-2　美国不同销售人员的平均年薪

美国销售人员类型	平均年薪（美元）
零售人员（服装商店）	7.77/ 小时
零售人员（新车和二手车经销商）	18.25/ 小时
房地产代理商	30 930
房地产经纪人	50 330
保险销售代理	40 750
百货及相关产品批发销售人员	41 840
电器设备批发市场销售人员	55 740
机械设备及配件销售人员（技术类产品）	53 140
药品批发销售人员	57 890
专业及商业设备批发销售人员（非技术类产品）	43 880
销售工程师	63 660
证券经纪人和从业人员	78 140

资料来源：Occupational Outlook. 2004-2005 edition. U.S. Department of Labor, Bureau of Labor Statistics.

1.4　未来销售精英：将线下与线上销售融合

公司市场进入的渠道包括网络、一线销售人员、业务伙伴、代理商、经销商、电话销售商等。即使技术不断变化，销售人员仍然是公司市场进入策略中最重要的手段之一。有些组织属于销售人员密集型（sales-force intensive organizations），其市场进入策略对销售人员的依赖性很大，如安利公司采用直销的营销模式，产品从工厂生产出来后，主要经过直销员或者专卖店，直接到客户手中，减少中间的流通环节。截至2019年3月，安利的业务已遍及五大洲的80多个国家和地区，全球直销员超过300万人，人员销售对公司销售业绩的提升和持续发展起到关键作用。

事实上，人员销售是公司整合营销沟通计划中的一个重要因素，如表1-3所示。每一种沟通方式都有其优缺点，与广告、营业推广、公共关系三种方式相比，人员销售在建立购买者偏好、促成购买、人际互动等方面独具优势。特别在工业企业或服务性企业中，人员销售比广告更为重要，表1-4给出了美国不同行业从事销售工作人员的统计情况。

表 1-3　各种整合营销沟通工具

人员销售	广告	营业推广	公共关系
优点 ● 在购买者偏好建立和购买阶段很有效 ● 允许人际互动 ● 允许发展多种人际关系 ● 便于购买者倾听并做出反应	优点 ● 单位成本较低 ● 一条信息能重复多次 ● 客户对其合法性较认可 ● 表现性与吸引力强	优点 ● 客户吸引力强 ● 直接刺激购买 ● 快速提升短期销量 ● 刺激客户反应	优点 ● 可信度高 ● 覆盖受众广泛 ● 可使公司或产品引人瞩目
缺点 ● 需持续努力 ● 最昂贵的促销工具	缺点 ● 非人员、单向沟通 ● 总成本高	缺点 ● 短期效应 ● 对建立长期品牌效果不太好	

表 1-4　不同行业销售人员受雇情况

不同行业的销售工作类型	人数	不同行业的销售工作类型	人数
零售人员	4 100 000	房地产经纪人	99 000
生产和批发销售代表	1 900 000	销售工程师	82 000
保险销售代理	381 000	销售人员总数	7 170 000
证券、农产品、金融产品销售代理	300 000	占美国总人口	2.5%
房地产销售代理	308 000		

资料来源：Occupational Outlook, 2004-2005 edition, U.S. Department of Labor, Bureau of Labor Statistics.

当然，随着互联网与移动终端使用的普及，越来越多的人的衣食住行等生活工作习惯由原来的面对面转向线上，如线上订餐、线上洗车、线上购物等。麦肯锡的一项研究指出，如今有 45% 的工作都可以通过现有的技术实现自动化，甚至连首席执行官也不能幸免。有销售专家指出："最底层 10% 或 20% 的 B2B 推销员，尤其是那些推销产品简单、销售周期短的人员，将会被 B2B 电子商务取代。"

尤其在大数据时代，网络营销可做到高效率、精准化、个性化，线上销售能够精准定位客户群体，根据客户浏览习惯、消费心理和上网时间制订更有针对性的营销方案，最大限度地减少线下销售的成本，让客户更深入地了解产品，并对接其需求，从而创造更高的消费转化率。相反，传统的街头发传单、扫楼上门等线下销售方式因效率低下而发展空间变小。

另有研究显示，客户仍然愿意与销售人员相互交流，并希望通过交流创造价值。随着本书的学习，你会发现销售人员可以为客户提供许多仅靠电子商务不能获得的附加价值。未来，销售人员仍可发挥其特有的作用，特别是那些能够通过线上线下结合，建立关系、满足客户需求并能使犹豫不决的客户做出决定的销售人员会成为未来的销售精英。

可惜的是，高校目前没有设置专门的课程，造成相关销售专业人才培养不足。一方面，线下销售人员不懂电子商务和线上销售；另一方面，电子商务专业的大学生，缺乏线下销售的知识和技能，大多数网络营销人员只会简单的 SEO、发帖、群发邮件等，这样难以满足社会对高水平销售人员的需求。因此，本书既为线下销售人员而写，也为线上销售人员而写。希望读者通过本书的学习，进行长远的职业规划，将线下与线上销售进行融合，逐步成长为真正的销售人才。

⊙ 本章习题

一、判断题（对的打√，错的打 ×）

1. 优秀的销售人员是天生的，只有外向型性格的人适合做销售工作。（　　）

2. 随着互联网、移动终端的使用和电子商务的普及，线下销售人员将没有存在的价值。（　　）

3. 未来的销售精英是能将线下与线上销售进行融合、与客户建立关系并满足其需求的人。（　　）

二、单选题

1. 大学生在进行销售职业生涯规划时，下列哪一步是首要且非常关键的一步？（　　）

A. 设定发展方向　　　　　　　　　　B. 自我探索，涉及了解自己及销售工作等

C. 确定发展策略　　　　　　　　　　D. 制订行动计划

2. 在现代市场环境下，下列哪种角色不属于销售人员通常扮演的角色？（　　）

A. 客户关系管理者　　　　　　　　　B. 生产原材料的采购者

C. 渠道管理者　　　　　　　　　　　D. 公司的信息提供者

3. 下列哪些人员不属于销售人员？（　　）

A. 零售人员、批发销售代表　　　　　B. 保险销售代理、房地产销售代理或经纪人

C. 证券、农产品、金融产品销售代理　D. 广告策划人员、市场分析人员

三、简答题

1. 简述各种整合营销沟通工具的优缺点。

2. 简述优秀销售人员的共性特征。

3. 简述跑店系统和巡店系统的主要内容。

⊙ 销售演练

演练 1　为我们的销售潜力打分

下面是有关销售人员潜力的描述，在每一项描述的后面我们都给出了 1～10 的数字，"1"代表"最不符合"，"10"代表"最符合"，请在每项描述后边选择最符合你自己的一个数字，打上"√"。该数字代表被测试者在该项描述上的得分，然后分两大类把所得分数加总。据此，每一位被测试者都可分析自身的销售潜力。

在工作中出类拔萃的销售人员通常是：

1. 友善且渴望让人愉快的   1 2 3 4 5 6 7 8 9 10

2. 性情活跃、反应迅速且高效的   1 2 3 4 5 6 7 8 9 10

3. 勤奋的   1 2 3 4 5 6 7 8 9 10

4. 能够理解客户需求并解决客户问题的   1 2 3 4 5 6 7 8 9 10

5. 见多识广，能够提供创造性帮助的   1 2 3 4 5 6 7 8 9 10

6. 诚信的   1 2 3 4 5 6 7 8 9 10

7. 为客户着想的   1 2 3 4 5 6 7 8 9 10

8. 专注的   1 2 3 4 5 6 7 8 9 10

9. 处乱不惊的   1 2 3 4 5 6 7 8 9 10

10. 乐观的   1 2 3 4 5 6 7 8 9 10

上述 10 个项目的得分总和为：＿＿＿＿＿＿＿＿＿。

优秀销售人员总是能够做到：

1. 专注倾听对方的要求   1 2 3 4 5 6 7 8 9 10

2. 保持积极的态度   1 2 3 4 5 6 7 8 9 10

3. 以诚待人   1 2 3 4 5 6 7 8 9 10

4. 充分了解产品特性及功能   1 2 3 4 5 6 7 8 9 10

5. 避免过多使用专业术语和卖弄词语   1 2 3 4 5 6 7 8 9 10

6. 让客户对你本人和你所提供的信息及你所在的公司产生信任   1 2 3 4 5 6 7 8 9 10

7. 让每个客户感觉到自己很重要   1 2 3 4 5 6 7 8 9 10

8. 满足客户的需要   1 2 3 4 5 6 7 8 9 10

9. 主动争取成交   1 2 3 4 5 6 7 8 9 10

10. 妥善处理客户的不满   1 2 3 4 5 6 7 8 9 10

上述 10 个项目的得分总和为：＿＿＿＿＿＿＿＿＿。

（结果分析见参考答案）

📍 销售案例实训

实训项目 1　销售职业生涯规划训练

1. 实训目的

（1）结合案例，加深对优秀销售人员特质、销售工作实质等知识点的理解。

（2）训练销售职业生涯规划的技能。

2. 背景材料

案例 1-2　中国电商"黄埔军校"阿里铁军是如何锻造的

现在阿里巴巴最主要的营收仍来自电商，但帮助阿里巴巴熬过 2000 年互联网寒冬的，并不是严格意义上的"互联网"团队，而是阿里巴巴的线下销售团队——"中国供应商直销团队"，被马云称作"阿里铁军"。

阿里巴巴集团的诸多高管，如彭蕾、戴珊、蒋芳、孙彤宇、蔡崇信等，都出自这支铁军。互联网行业中的众多重要人物，也从这支团队走出，程维（滴滴打车创始人兼CEO）、干嘉伟（美团网前COO）、吕广渝（大众点评网前COO）、陈国环（赶集网前COO）、张强（去哪儿网总裁）等，也都来自这支铁军。

这些人是如何从一线销售人员一步一步成就职业辉煌的呢？

铁军的一天：分享是销售最好的学习方式

从销售与客户的初步接洽到签订合同、回款，阿里将整个销售过程划分成十分精细的流程，销售人员只需按照步骤操作即可。

首先，阿里客户关系管理（CRM）系统将线索池中的销售线索分配给销售人员后，若特定时间内销售人员并未跟进，线索就会被收回并分配给其他同事。这无形之中给一线销售人员施加了压力：拿到线索后，必须尽快跟进，要么转换为客户，要么关闭销售线索。

其次，为保证线索分配的合理性，管理层每天通过CRM系统为每个销售人员分配30～50个客户。若销售人员认为某条销售线索有更高的成单概率，可放进自己的"个人池"，但同时需要从自己的客户私池里退回相应数量的客户线索。

这样做的好处，一是让销售人员将精力集中到所分配的客户身上，重点攻破最可能成单的潜在客户，提高成单概率；二是让没有任何资源积累的销售新人可以从销售线索池中提取线索，杜绝"销售大侠"大包大揽而新人销售无处着手的现象。

阿里铁军销售与其他公司销售最大的区别还在于其更加依靠团队和组织的力量。

7点钟公司创始人、CEO朱磊，2004年入职阿里巴巴，曾担任阿里巴巴深圳分公司和北京分公司总经理。他这样描述当时阿里铁军的销售日常：

我们的员工一般是8点到公司或者办事处，把客户资料打印出来，排好当天路线。9点，在别人刚刚到公司上班、泡一杯茶的时候，我们的员工已经把所有的东西都准备好出发了。阿里铁军的销售工作在上午9点到下午6点间是与办公室无关的，都在拜访客户。

午饭时间，在城市市场还好，在一些偏远的市场，比如有很多工厂企业就在田间，所以每个人包里就背着矿泉水，带着面包，以防那儿没有吃饭的地方。有的时候可能在饭馆里面稍微坐一会儿、眯一会儿，下午继续拜访。晚上6点回到公司，团队凑到一起分享：白天遇到一些什么类型的客户；什么样的客户有怎样的反馈意见；怎么样处理比较好。

大家交流学习，一起搞团建。比如一起吃晚饭，之后再写日报，把东西写出来，录入系统。然后再开始收集第二天要用的客户资料，基本上到晚上10点才会结束。之后，很多员工带着电脑回家，洗完澡，躺在床上，再收集一点资料，打算第二天尽可能多拜访几家客户。这就是阿里销售人员一整天的主要工作。

阿里铁军有教学相长和群策群力的氛围,奉行客户第一原则、重视团队精神和诚信,这些都是销售团队的灵魂。和同事配合,老帮新,经验、资源分享,对同事坦诚,对客户诚信——这些已经成为铁军的传统。

曾任阿里巴巴 COO 兼执行董事的李旭晖说,记得他刚来的时候,马云在阿里巴巴"遵义会议"上问了一句话:"这个团队要怎么提高?"李旭晖回答说:"根本的一个问题是建立分享机制,让团队快速复制。"当时很多人觉得这怎么可能实现,但后来证明,这种分享可以做到,而且可以一直传承下来。分享是销售最好的学习方式,也是最有助于团队成长的方式。

指哪儿打哪儿:一个有军队文化特征的传统

狭路相逢,勇者胜,军纪严明者胜。阿里铁军以执行力强闻名。超强执行力的一个体现是"指哪儿打哪儿",这就不能不提到铁军另一个有军队文化特征的传统——区域调动。

自铁军建立之日起,区域经理以上层级的管理人员须在全国范围内调动,这作为一个基本经验被总结、沉淀下来。区域销售主管和经理的调动极为频繁,少则几个月,多则一年,平均半年调动一次。

阿里巴巴的销售都是从零做起的。不管付出多少心血,好不容易才打下一块"地盘",有了客户、人脉、资源、队伍,但一道调令,很快把销售调到一个新区域、一块未开垦的处女地,一切都得从头开始。有的抛家舍业,有的举家迁移,但他们居然毫无怨言,不计较个人利益,这就是文化的力量。

区域经理负责一方销售,若做得太久,出现问题的可能性和受到诱惑的概率当然都会增加。但对阿里巴巴来说,轮调制度更多的是为了培养和锻炼管理者。

阿里铁军强调提供给管理人员不同的工作应用场景,不断更换自己的工作地点。线下销售的特点就是没有标准化。每个城市、每个区域,人、商业环境和业务的形态,本地化之后都有很多不一样的地方。不断调动,其实是在不断磨炼人的心智。因为调动的时候,会突然从一个熟悉的环境调动到一个不熟悉的环境,那时候面对的挑战就会很多。

2007 年 4 月,担任区域经理的谢德忠刚到武汉开发市场的时候,妻子已经怀孕 4 个多月。而就在他儿子出生不到 1 个月时,谢德忠接到公司电话,要把他调回福州,处理一个重要事件。这么多年,每次调动,谢德忠都是"一辆车带着老婆和娃",所有家当就在车里面。谢德忠的儿子在 3 个地方读过幼儿园:在江西读小班,在广西读中班,在湖北读大班。

家人随军"南征北战"的日子非常辛苦,但谢德忠完全理解:"这就是阿里一个非常重要的文化特色。今天很多公司的一个管理层调动,下面的人全部会换一遍。但阿里销售团队不同,管理者调动只会带来不同的管理风格,带来新经验、新方法,文化方面不需要更多的适应过程。正是因为这种有意识的调动,才让这个团队活力十足,管理者本身也会有很大的收获。说句实在话,如果两年里我一个位置也没动过的话,可能我自己也要离开了。"

当然,阿里铁军在人员调动上,也会尽可能尊重个人选择。有些人真的为了家庭,选择了相对安逸和稳定的生活,不愿调动。虽然公司对他们不会有什么特别的处理,但个人磨炼确实会少很多。阿里铁军一贯的理念是给人提供舞台，包括在不同区域磨炼提升的舞台。这种执行力，并不是靠强压获得的。

资料来源：作者整理。

3. 实训任务

（1）你觉得现在阿里巴巴的线下销售工作还重要吗？说明理由。

（2）根据背景资料，归纳电商背景下从事线下销售工作面临的具体机遇与挑战。

（3）阿里铁军的销售人员有什么特征？你适合成为其中的一员吗？若你愿意成为其中的一员，请根据图1-1说明自己如何进行销售职业生涯规划。

4. 实训步骤

（1）个人阅读。

老师应督促学生针对实训任务进行阅读，并让其在课前完成。针对中国学生的特点，课堂上老师或学生还需再花费5～10分钟对案例学习要点及相关背景进行简单的陈述。

（2）案例的开场白（3～5分钟）。

你觉得现在阿里巴巴的线下销售工作还重要吗？说明理由。

（3）小组讨论与报告（20～30分钟）。

主要在课堂进行，围绕实训任务展开讨论。同时老师应鼓励学生提出新的有价值的问题，要求每个小组将讨论要点或关键词按小组抄写在黑板上的指定位置并进行简要报告，便于课堂互动。小组所报告的内容尽可能是小组成员达成共识的内容。

小组讨论与报告

小组名称或编号： _____ 组　长： _____

报告人： _____ 记录人： _____

小组成员： _____

1）小组讨论记录：

发言人1： _____

_____

发言人2： _____

_____

发言人3： _____

_____

发言人4： _____

_____

发言人5： _____

_____

发言人6： _____

_____

发言人 7：——

——

发言人 8：——

——

2）小组报告的要点或关键词（小组成员达成共识的内容）：

任务 1：——

任务 2：——

任务 3：——

（4）师生互动（30～40 分钟）。

主要在课堂进行，老师针对学生的报告与问题进行互动，同时带领学生对本章的关键知识点进行回顾，并追问学生还有哪些问题或困惑，激发学生的学习兴趣，使学生自觉地在课后进一步查询相关资料并进行系统的回顾与总结。

（5）课后作业。

根据课堂讨论，要求每位学生进一步回顾本章所学内容，形成正式的实训报告。建议实训报告以个人课后作业的形式完成，其目的是帮助学生在课堂学习的基础上，进一步巩固核心知识，联系自身实际思考并解决问题，最终形成一个有效或学生自认为最佳的解决方案或行动计划。要求学生在制订方案时应坚持自己的主见，学以致用。实训报告的提纲如下。

实训报告

根据 "1.1.2 优秀销售人员的共性特征" 的相关内容，列举自己所具备的优秀销售人员的素质：

1）————————————————————————————————————；

2）————————————————————————————————————；

3）————————————————————————————————————；

4）————————————————————————————————————；

5）————————————————————————————————————

——

——

——

根据 "1.2 销售工作的实质" 的相关内容，请分析阿里铁军的销售职责：

1）————————————————————————————————————；

2）————————————————————————————————————；

3）————————————————————————————————————

——

——

——

从线下与线上销售融合的视角，根据图 1-1，请对自己的职业生涯进行简要规划：

若自己适合销售工作：

若自己不适合销售工作：

（6）实训成果的考核：根据学生课堂表现和实训报告质量，评定实训成绩。

客户关系管理的实质及过程

全世界最伟大的推销员是我们的妈妈。

——乔·吉拉德

现在，客户不再是大众消费者，而是复杂的个体，每一个客户都在寻求选择权、控制力与影响力，公司追求的不限于效率，也不是可能产生更多问题的普遍交易，而是有助于解决具体问题的关系。

——哈佛商学院，肖莎娜·朱伯夫教授

学习目标

1. 了解客户、客户关系的内涵及类型。
2. 深刻理解客户关系管理的本质及过程。

引例

刘园与张欣同学的对话

刘园和张欣是天津工业大学管理学院大三的两位学生。刘园同学来自河南省，张欣同学来自山东省，两人从不认识到认识，如今已成为好朋友。今天是开学的第一天，二人在学校食堂一起边吃饭边聊天。以下是他们聊天的节选。

刘园：张欣，你这学期最不喜欢的课程是什么？

张欣：还不知道呢，等上完所有课程的第一节课后便知道了，应该是英语听力吧！

刘园：那你估计最喜欢的课程是什么？

张欣：客户关系管理。

刘园（不屑地轻声一笑）：不会吧，听说这门课程主要是培养销售人员。

张欣：是的，我大学毕业后想做销售工作。

刘园：真的呀，你太诚实了，不适合做销售人员！我记得有一次超市收银员多找了你5元的零钱，你马上将钱退了回去，这件事我永远也不会忘记。我倒觉得你挺适合做一名会计人员。

　　张欣：噢，你错了，我一见数字，脑袋就大了，我真的不太喜欢和数字打交道。据上一届同学说，客户关系管理这门课不仅仅对销售职业有用，而且对与人际交往有关的职业都有用。

　　刘园：客户关系不就是简单的买卖关系嘛，难道有什么深奥的内容？

　　张欣：具体我也不太清楚，我只是听人说这门课程不错。我猜想，客户关系，类似同学关系，有远有近，有好有坏。有的同学可以成为终身朋友，而有的却不能。

　　刘园：这样说来，客户关系管理或许与人际交往有关，我将来想做人力资源管理工作，说不定这门课程也有帮助。

　　张欣：或许，可以把任何人都看作我们的客户吧。

　　刘园：有道理，不过，我们之间的关系算不算客户关系呢？

　　张欣：也许是。不管怎样，先试听一下再说。

　　刘园：好，我们一起去试听这门课吧。

思考：

1. 你觉得"客户关系类似同学关系"这种说法有道理吗，为什么？

2. 你认为刘园还是张欣抓住了客户关系管理的实质？

　　现实生活中，不仅仅是大学生会对客户关系管理产生误解，事实上，许多多年从事销售工作的人士都可能对此一知半解。因此，认识客户、客户关系的内涵及类型，深刻理解客户关系管理的本质及基本过程，非常重要。其不但可以帮助学习者进一步提高系统学习相关理论知识的效率，而且可以在客户关系管理实践中少走弯路。

2.1　客户与客户关系

2.1.1　客户内涵及类型

　　客户是指通过购买产品或服务满足其某种需求的个人或组织。客户通常可分为以下几种类型。

1. 消费客户

购买最终产品或服务的零散客户，通常是个人或家庭。许多销售人员向消费者推销保险、汽车、服装、房地产，这属于消费者客户，不是本书讨论的重点。

2. 中间商

通常包括分销商、代销商及各种零售商。此类客户购买产品用于销售，或作为该产品在该地区的代理，但不是直接为卖方工作的个人或机构，通常无须卖方支付工资。

3. B2B 客户

大学毕业生经常从事向行业企业、政府部门、各种机构销售的工作，这属于组织对组织的购买行为，这样的客户称为 B2B 客户。这是本书讨论的重点。第 3 章将介绍中间商和各类 B2B 客户的特点及购买行为规律。

4. 内部客户

企业（或相关企业）内部的个人或机构，需要利用企业的产品或服务来达到其商业目的。这类客户往往最容易被忽略，而随着时间的流逝，他们也是最能盈利的（潜在）客户。

不同企业由于产品与营销策略不同，所以对客户的分类方法也会有所不同，如 IBM 根据客户价值（营业额、利润）的大小，将其客户分为四类，即钻石级、黄金级、白银级及其他。钻石级客户通常由集团副总裁、集团客户关系总监负责，提供个性化咨询与服务；黄金级客户通常由区域总裁负责，提供个性化方案设计；白银级客户通常由大客户经理负责，提供标准化的服务方案；其他客户由客户代表负责，提供标准化的方案或产品。惠普公司将其客户分为三类，即全球客户、大客户和本地知名客户。联想公司将客户分为销售渠道客户和终端用户两种。渠道客户又分为分销商、区域分销商、代理商、经销商和专卖店；终端用户又分为商用客户和消费客户（个人或家庭客户）等。其中，商用客户又分为订单客户、商机客户、线索客户和一次性客户。订单客户再细分为直接订单的知名大客户、间接（渠道）订单的知名大客户和区域大客户。具体结构如图 2-1 所示。

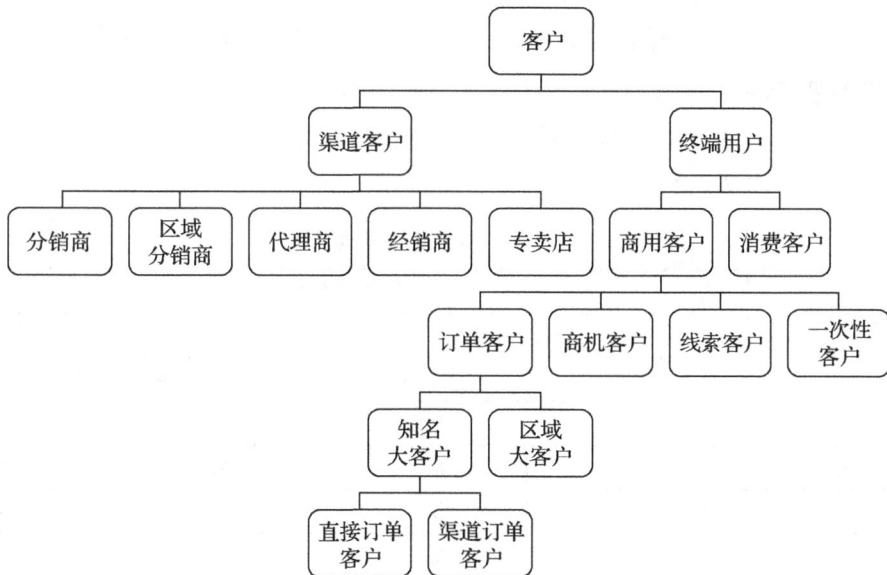

图 2-1 联想公司的客户细分示意图

2.1.2 客户关系的内涵及类型

1. 客户关系的内涵

在客户关系管理活动中，关系指客户整个生命周期的买卖关系。在具体实践中，关系体现在企业与客户的每次交互上，这些交互可能加强或削弱客户购买产品及服务的愿望。关系涉及宽度、长度和深度三个维度。宽度指客户数量的多少，长度指客户关系生命周期的长短，深度指客户关系质量的高低。

由于不同国家或民族有着不同的文化，由此形成的关系及行为也会有不同的特点。中国文化背景下的客户关系内涵具有一定的特殊性，往往表现为个人与个人之间的关系，且呈现不平等性、不透明性及依附性特点。西方文化是个体主义取向的，强调个人的自由、权利及成就，注重个人独立与自主。在这种文化背景下，西方的客户关系一般多表现为组织与组织之间的互动，易于形成透明、平等的关系，且组织间的关系一般不会因为一个人的离去而结束。

许多企业的产品没有差异化价值，只能一味地"迁就客户"、"乞求客户"，把用户当成"上帝"来侍候。这样做违背了利益平等交换的基本原则。如果企业真的相信"用户是上帝"，那么企业就应当把所有的产品或服务免费地送给"上帝"才对，因为没有人可以和上帝做交易，更不可能与上帝讨价还价。确切地说，用户是伙伴，若能为客户创造实实在在的价值，客户必然会信赖你、喜欢你，并成为企业忠诚的伙伴。

总之，在市场经济环境中，企业与用户是平等的合作关系，进行的是利益的平等交换。市场营销的目的是为客户创造价值，而不是把产品卖给客户。只要你的产品有独到的价值，能解决客户的问题，那么就无须"求着"客户，双方的地位就是平等的。但是如果你的产品没有独到的价值，或者说你不清楚其与同类产品的差异，就不得不"求着"客户或陪吃陪玩，祈求客户的"施舍"，形成不平等的交易关系，但这种关系很难持久。

2. 客户关系类型

客户关系可分为两个基本的类型：市场交换关系和伙伴关系。其中每一种类型又包括两小类，概括于表 2-1 中。

表 2-1　客户关系类型

客户关系中涉及的因素	客户关系的类型			
	市场交换关系		伙伴关系	
	一次性交易	购销关系	合伙关系	战略伙伴关系
时间范围	短期	长期	长期	长期
对另一方的关心程度	低	低	中等	高
信任度	低	低	高	高
在关系中的投资	低	低	低	高
关系的本质	冲突，讨价还价	合作	调和	协同
关系中的风险	低	中等	高	高
潜在的利益	低	中等	高	高

（1）市场交换关系。市场交换（market exchange）是买卖双方之间的交易，在这种交易中每一方都关心自己的利益。卖方关心的仅仅是销售，买方关心的是用最低的价格

买到商品。大多数的商业交易都是市场交换，它包括两类：一次性交易和购销关系。

1）一次性交易（solo exchange）。一次性交易指买卖双方都不打算再一次发生交易关系的交易。在这种交易中，买卖双方都追求自身利益的最大化，彼此都不太关心对方的利益。比如，假设你在旅行途中发现你的汽车刹车出了问题，你便去了一个服务区，那里的服务人员告诉你，你的车子需要更换新的刹车，更换刹车共需要花费 1 500 元（包括安装费）。这时你可能会支付他所要的价格，或与服务人员讨价还价达成一个较低的价格，或者开车去下一个服务站。当你挑选了一个服务站，就价钱达成协议，更换了新的刹车，支付了服务费用后，你就完成了一次简短的市场交换。无论是你还是服务站的服务人员都不会期望还有下一次交易。

2）购销关系（functional relationships）。购销关系是以行为忠诚为特征的长期的市场交换关系。购买者购买同样的商品是出于习惯和常规，但是前一次购买一定会影响到下一次购买。只要购买者满意，他们就还会购买。在这种情况下，购买时较少的麻烦意味着更多的购买者利益。比如说，某学校的采购人员为保洁人员购买诸如毛巾、肥皂、清洁剂和拖把等清洁物品。可是，采购人员和清洁用品的供应商几乎都对这种共同紧密的合作没什么兴趣，因为这种关系对学校的成功不是至关重要的，买卖双方都是在例行公事而已。如果供应商的服务质量低下或者产品不好用，或者另一家渠道商为了得到这笔交易而做得更好，采购人员可以决定和另一家供应商合作。

即使在这种长期的市场交换中，买卖双方也主要都是关心自己的利益，并不关心对方的利益。在市场交换中，价格是至关重要的决策因素。从根本上讲，买卖双方在市场交换中总是经常磋商怎样"切分蛋糕"或者如何在交易中得到的更多。通常在每一次交易之后结账，或者至少是按照某种周期结账，这表现为不同的账单周期。比如说，如果清洁产品的供应商每个月给这个大学开发票，那么每一方都将按月结账并计算利润。又比如说，如果学校的采购人员认为看上去买贵了，为了能使物有所值，采购人员下次可能不会再通过中间商而选择其他的方式，如直接去商店购买这些物品。

从积极的方面来看，市场交换给买卖双方提供了很大的灵活性。买卖双方不必被一种持续的关系锁定，并且买方为了赚取更高的交易利润，它可以选择从一个供应商转移到另一个供应商。然而，当买卖双方有机会通过进一步开发产品或服务而把蛋糕做大来满足他们的需要时，双方这种脆弱的关系是远远不够的，因为这些更复杂的交易是不能仅仅在价格基础上进行的。由于买卖双方需要分享敏感信息，这就需要建立一种更高层次的信任和承诺来经营这些类型的客户关系。

（2）伙伴关系。伙伴关系有两种：合伙关系和战略伙伴关系。在伙伴关系中，所有当事人都关心相互的利益并发展双赢关系（win-win relationships）。通过共同协作，所有当事人的利益都因为蛋糕的做大而增大。

1）合伙关系（relational partnerships）。许多时候，购买者和销售人员有着很密切的朋友关系，从而使他们更有效地交流。这种朋友关系在销售人员和购买者之间形成了一种合作氛围。当合作双方在这种关系中都感到安全和可靠时，坦率真诚的交流就发生了。销售人员和购买者会在一起解决重要问题。合作双方并不关心细节，因为他们彼此足够信任，相信这些问题可以解决。这种类型的伙伴关系对任何一方的企业来说都不必是战略层面的。

合伙关系的好处不只是增加短期利益，还有助于建立一个更长久的工作关系。在中国，私人承诺是建立组织关系的初期形式，合伙关系就像亲密的朋友关系。在亲密的朋友关系中，关系双方并不关心蛋糕每天是怎样切分的，因为从长远来看，双方相信都会得到公平的份额，相信蛋糕会因为彼此的友谊而越做越大，你相信你的朋友关心你，而且对方也相信你会回报。美国最大的连锁百货商店的创始人詹姆斯·凯希·彭尼（James Cash Penney）曾说："所有伟大的生意都是建立在友谊之上的。"

2）战略伙伴关系（strategic partnerships）。战略伙伴关系是一种基于高度信任，伙伴成员间共享竞争优势和利益的长期性、战略性的协同发展关系，它能对外界产生独立和重大的影响，并为合作双方带来深远的意义。在这种关系中，合作双方会用足够的投资来提高双方的收益率，"以实际行动而非空话"获得彼此的高度信任，常常冒着风险去做大蛋糕，使他们的伙伴关系比其他公司更具战略优势。

最早的战略合作伙伴关系出现在日本。20世纪70～80年代日本企业的崛起引起了美国学者的关注，他们通过观察发现，日本企业与其供应商在产品研发上的紧密合作关系或者说特殊的合同关系，是日本企业超越美国企业的关键因素。20世纪90年代末以来，许多国家或企业，都根据自身利益及其在国际体系中的位置，努力寻求与其他国家或企业结成某种战略伙伴关系，谋求在更多方面的合作和发展。

战略伙伴关系是为了发现和开发合作机会而建立起来的，近年来，其也得到许多中国企业的重视。这些企业积极寻求合适的战略伙伴，如京东商城（www.jd.com）与全球最大的管理咨询和技术服务供应商埃森哲（Accenture）、山东浪潮集团与美国微软公司、中国电力与埃森哲等都签署了战略合作伙伴协议。但协议只是双方合作的开始，要建立真正的战略伙伴关系需要双方积极行动、相互支持，并经得起时间的考验。如可口可乐与麦当劳、奥运会的关系就是一种远远超越了买卖关系的战略伙伴关系，见案例2-1。

案例 2-1　◆◆◆　可口可乐与麦当劳、奥运会的战略伙伴关系

麦当劳与可口可乐的合作至今已有50余年的历史。由于可口可乐公司在世界许多国家都建立了销售网络，销售可口可乐的国家比有麦当劳的国家多两倍，所以搭乘可口可乐公司的"快车"，麦当劳也迅速向世界各国进发。

但可口可乐和麦当劳的结盟完全没有任何书面协议。据可口可乐公司原董事长艾弗斯特说，他们靠的只是"一种共识和相互信任"。当有人问可口可乐公司收入的多大比例来自与其他公司的结盟时，公司董事长响亮地答道："100%。"他解释说，这个饮料巨头赚的每一块钱都来自某种形式的经营伙伴，如灌装厂、分销商等。

可口可乐与奥运会的战略伙伴关系时间更长。2005年，离北京奥运会举行不到3

年，国际奥委会主席罗格先生和可口可乐公司董事会主席兼首席执行官聂奕德先生共同宣布，可口可乐与国际奥委会签署的全球合作伙伴协议将再续 12 年，由 2009 年延续至 2020 年。由此，可口可乐与奥运会持续合作时间达到 92 年，这是史无前例的。

　　资料来源：作者根据网络资料（https://wenku.baidu.com/view/679d35d133d4b14e8524681c.html; https://wenku.baidu.com/view/a09f63ee1fb91a37f111f18583d049649a660e0e.html）整理。

　　大部分销售人员与客户同时保持一次性交易与购销关系。只要客户一次性购买之后所有事情进展顺利，就会形成购销关系，行为比较忠诚。还有一些客户会变成朋友，但只有极少客户会发展到战略伙伴关系。当然，每一种客户类型都有缺点。市场关系尽管无法使公司形成战略优势，但关系双方可以保持更大灵活性与选择权。战略伙伴关系可以形成双赢与长期合作的局面，但要求双方都忠诚于对方，合作的灵活性有所降低。

2.2　成功伙伴关系的基本要素

　　战略合作伙伴关系是衡量一种长期关系是否成功的最高标准。建立战略合作伙伴关系包括以下 5 个基本要素，如图 2-2 所示。

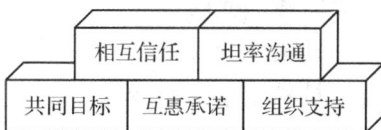

2.2.1　相互信任

　　信任对成功建立长期的客户关系最为重要。信任即一方让另一方相信其能够兑现承诺。信任是相互的，若买卖双方彼此信赖，彼此就会愿意分享各自的想法、阐明目标和问题，从而更加有效地沟通，双方信息共享更加全面、准确和及时。在这种情况下，经常监控和审查对方就没有必要了。信任由 5 个因素组成。

图 2-2　成功伙伴关系的要素

　　可靠性（dependability）。可靠性即购买者对销售人员、产品及其所代表的公司兑现其承诺的感觉。解释销售人员的可靠性是困难的，需要其许下承诺并真正兑现。在销售过程的早期，销售人员应想方设法表明其可靠性，如可采取打电话前征得对方许可、准时或提前赴约、按承诺提供信息服务等方式；也可采取第三方介绍（如其他客户的现身说法或者案例说明）的方式。随着客户关系的发展，销售人员可以通过对以前销售工作经历的介绍和进行相关培训来提升客户对他们的信赖感，也可通过产品功能演示、参观工厂来增强客户对产品和企业的信赖感。这样，久而久之，客户就会想当然地认为对方是可靠的。一个客户在采购产品时可能会不假思索地说："就找 ×× 公司的某某吧。"这时某某作为销售代表，已经在客户心目中建立起可靠的口碑。口碑可在客户中传播，但若销售人员不加维护，不能继续信守承诺，可靠的口碑会很快消失。

　　能力（capability）。研究表明，能力是获得客户信任的关键因素。销售人员的能力体现在其所掌握的客户、产品、行业以及竞争对手方面的知识和信息比较专业。通过运用这些知识，销售人员易于获得客户信任。例如，当一名医药企业的销售代表能够用一些医学术语来讨论疾病时，医生更容易相信这名销售代表的能力。销售人员向客户表现能力是必要的，但切忌不懂装懂、伪装自己。有些客户在初次接触销售人员时，可能为试探销售人员的可靠性而问一些难以回答的问题，这时销售人员一定不要胡乱回答，应不知为不知，可以实事求是地回答不知道，但要承诺很快答复并兑现承诺。同时，销售人员介绍产品功能时，尽量做到客观而不夸大。

客户导向（customer orientation）。客户导向要求企业先通过市场研究以及诸如 STP（segmentation、targeting 和 positioning）等市场分析工具来确定目标客户市场，然后再根据这群目标客户的需要来推出相应的产品以及确定其他的市场营销组合。这对于新创办的企业或小公司是行不通的，因为这些企业大多是先有产品，然后老板才开始招聘销售人员和市场人员。而客户导向强调先有客户后有产品。在这种情况下，要求销售人员做一些变通，抓住客户导向的本质，在不能改变公司产品的条件下，利用现有的关系和资源，挖掘客户的需求。在销售产品时，经常进行换位思考，强调客户的独特需要、利益和具体解决方案，让客户感觉到或推断出销售人员的客户导向。同时，销售人员要表现出强烈的服务愿望并及时付诸行动。例如，对客户问题快速专业的回应，主动说出"若您有需要，随时可以找我"，提供免费电话服务、语音邮件服务等，都可以表明销售人员的客户导向。

真诚（honesty）。与真诚相反的是欺骗，谎言迟早会被客户识破。多数情况下，销售人员易于给客户造成"王婆卖瓜、自卖自夸"的感觉，这个时候不仅不能取得客户的信任，在客户眼里也是不够真诚的表现。真诚与销售人员的坦率程度有关，比如，销售人员对自己企业及产品的评价要客观，若能从正反两方面介绍产品，会让客户感觉更加真诚；遇到难以回答的客户问题，敢于承认自己不知道。此外，销售人员对客户需求的分析要有独到的见解，不是人云亦云，对竞争对手的评价要以褒为主且点到为止。比如在销售中经常会遇到客户谈到竞争对手产品的优点，此时，销售人员最不应该马上反击，或者与客户争论。理想的做法是首先要肯定竞争对手在这些方面的优势，然后帮助客户分析这个方面对他们的利益，并表明自己的产品在此方面更有独到之处，强化自己的产品优于竞争对手的地方，转移客户的注意力。有时客户会提出一些超出你的服务范围内的产品与服务的要求，此时，如果随意承诺、拒绝或表示无能为力，不但不会给客户以真诚的感觉，反而会造成客户的误解。不妨通过询问的方式，了解他们的要求，看看能否利用自身的资源优势以其他方式帮客户实现愿望，体现对客户的真正关心。案例 2-2 描述了南方丰田销售部经理王军用真诚做好销售的做法。

案例 2-2　　　　　　南方丰田销售部经理王军：用真诚做好销售

深圳南方丰田汽车销售服务有限公司创建于 2002 年 5 月，总营业面积 11 000 平方米，其中有 1 200 平方米的汽车展示厅及 600 平方米的会员俱乐部。南方丰田连续多年获得全国销售冠军。目前南方丰田在全国丰田授权 4S 经销店中销售业绩名列前茅，享有非常高的客户满意度。

　　王军已经做了近 8 年的销售工作了，销售经验颇为丰富，从销售代表到销售经理，王军不仅学会了怎么做好销售，还系统地总结了一套做好销售的方法，这是他能够带着南方丰田的销售团队创造优异业绩的重要原因之一。

　　其实王军在做销售之前从事与汽车行业无关的技术工作。他坦言，刚开始做销售时确实有困难，也是慢慢才摸出了门道。他说做好汽车销售人员主要从两方面入手：一方面是要掌握好销售技能，一个成熟的销售顾问不仅要掌握专业的汽车知识，还要有良好的沟通能力和技巧；另一方面是要有良好的职业素质，其中职业道德最重要，一位好的销售顾问是对客户和公司都有责任心的。

　　王军说做销售最忌讳的就是"耍小聪明"，因为销售人员最重要的是真诚对待客户，正所谓"路遥知马力，日久见人心"，只有真诚对待客户，销售才能做得长久，才能最终被客户认可，才能拥有越来越多的客户。

　　王军不会向客户一味介绍一款不适合的车或推荐并不需要的服务，他是真心关心客户，理解体谅客户，或许刚接触王军的人会觉得他不那么"热情"，但体验过他的服务后就绝不会再找另外的销售顾问，因为他的服务会让你真切地感受到他的真诚。

　　资料来源：作者根据相关资料整理。

　　关系（guanxi）。社会学家费孝通先生提出，中国是一个"以己为中心的差序格局"的关系社会，用句通俗的话说，中国是一个基于"小圈子"的社会，中国人实际是以自己和本家为中心，不太相信圈子外面的人，而更相信小圈子的人。越靠近自己的人越容易达成互信，离自己越远的人越难以达成互信，如图 2-3 所示。

图 2-3　中国的关系：差序格局

　　费孝通认为，西方有社会的概念，中国没有，中国只有小圈子。"社会"实际上是超越"人"之上的，社会上的成员可以不认识，但由于法律、法规和宗教的影响，西方人可以去和一个陌生人打交道，做生意更注重信守合同。而中国人做生意更讲究小圈子，所以很多中国本土企业的销售人员，总是把寻找"关系户"作为销售的重要武器，不少跨国公司在华企业也积极寻找这样的"捷径"。若仅仅是为了短期销售，这种方法可能有道德风险；若为了建立一种利益共享、风险共担的长期关系，可利用亲缘关系、熟人关系及类亲缘关系（如同学、战友、师生关系等）来扩大客户源，但须平等对待各类客户。优秀的销售人员不会过分依赖小圈子或私人关系，他们把私人关系看作与客户建立信任关系的方法之一，与各类客户建立一种透明的、平等的互信关系。

2.2.2　坦率沟通

　　坦率沟通是发展成功伙伴关系的关键环节。有时销售人员因担心说错话或做错事而避免与客户分享观点,有时客户担心伤害销售人员的感情而不愿坦率沟通。这样,久而久之,会造成沟通不畅甚至发生冲突。当然,即使牢固的伙伴关系也会发生冲突,如何处理冲突非常关键,通常通过坦率沟通、共同协商来解决问题,更能巩固伙伴关系。相互指责、推诿或掩盖事实真相会破坏这种关系。需要指出的是,在伙伴关系中,客户更多通过销售人员与销售组织沟通,而在战略合作伙伴关系中,更多的是客户组织与销售组织之间的直接沟通。比如,当发生运输问题时,销售部门的储运部会直接与客户组织的采购部门联系。关于有效沟通的方法和技巧,将在本书第4章中介绍。

美国加利福尼亚州立大学对企业内部沟通进行研究后得出了一个重要结论,即沟通的位差效应。他们发现,来自领导层的信息只有20%~25%被下级知道并正确理解,而从下到上反馈的信息则不超过10%,平行交流的效率则可达到90%以上。进一步的研究发现,平行交流的效率之所以如此之高,是因为平行交流是一种以平等为基础的交流。因此,平等交流是进行有效客户关系管理的基础。

销售人员在客户沟通时要注意文化差异,比如,想说"不"时,所有文化都有避免说"不"的方式。在中国、日本甚至很多亚洲国家文化中,建立一种长期稳定的关系非常重要,为了避免伤害彼此关系,客户很少直接说"不",往往会采用委婉的说法,诸如"我们会考虑"、"再说吧",有时客户表示沉默,可能表明想说"不"。

2.2.3　共同目标

共同的目标会给关系双方巨大的动力去发挥其能力并寻找机会。销售人员有自己的销售任务,客户有自己的采购任务,优秀销售人员善于根据客户的任务找到共同的目标。在战略伙伴关系中,关系双方组织会在销售收入、及时交货、服务反应时间等方面确定共同目标,每月通过绩效评估来确定目标是否实现,这样可以彼此协作,迅速解决共同面临的问题,这是维持双方合作关系和未来更加紧密合作的强大动力。在伙伴关系建立的早期阶段,销售人员对客户购买行为的深入了解是确立共同目标的基础。关于客户购买行为的规律,将在本书第3章介绍。

2.2.4　互惠承诺

成功的伙伴关系需关系各方对关系做出承诺,并采取积极行动来建立双赢的关系。关系双方的相互投资是成功伙伴关系的重要标志。百麦馅饼公司和麦当劳已有30余年的长期合作关系,专门为麦当劳提供苹果派、饼干和烘烤类食物。在麦当劳迅速发展时期,百麦公司没有能力提高产量来满足麦当劳的需求,麦当劳主动提供资金帮助其扩大生产。显然,麦当劳实力强于百麦公司,但由于双方的伙伴关系,所以做出互惠承诺,双方平等合作,相互依赖,共同寻求有效的方法做大蛋糕,缩短因处理利益分配而产生冲突的时间。

2.2.5　组织支持

组织支持主要体现的是对与客户、供应商打交道的员工的支持，包括适当的组织结构和文化与培训。一方面，在建立伙伴关系的过程中，关系双方的组织必须接受销售人员和采购人员的角色，整个公司，不管是公司总部还是分支机构，必须有建立伙伴关系的文化导向，否则，没有组织机构和文化支撑的伙伴关系难以持久。另一方面，关系双方对相关员工应加强培训。实践中，众多供应商愿意花费巨资培训其销售人员，提高销售能力及建立伙伴关系的能力。艾睿公司是一家全球电子产品分销商，它通过加强培训来提高销售人员的能力。该公司的每一个销售人员上岗前都要接受 90 天的培训，一旦进入销售领域，销售人员还要接受额外的为期 6 个月的培训，结果培养出了一支具备高超能力的销售团队，他们能够与客户建立伙伴关系，销售业绩非常突出。表 2-2 给出了艾睿电子公司提高销售人员能力的培训方案，体现了该公司组织层面的支持。

表 2-2　美国艾睿电子公司提高销售人员能力的培训方案

阶段 1		阶段 2		阶段 3
室内培训（公司总部，纽约，3 周）	室外培训（全美各部门，2 个月）	室内培训（公司总部，纽约，2 周）	室外培训（全国各部门，3 个月）	室外培训（各销售部门指派，3 个月）
● 电子产品分销行业入门 ● 客户和供应商的动态变化 ● 产品的技术培训 ● 超越客户和供应商的期望 ● 实地参观客户工厂 ● 职业能力开发 ● 商业头脑对第一天从事销售工作者的影响 ● 客户服务、团队建设、沟通技巧	● 如何在销售经理指导下与客户积极合作 ● 参与客户与供应商的拜访 ● 在客户的生产设施中操作艾睿的设备	● 艾睿销售系统 ● 角色与责任 ● 团体间的销售策略 ● 库存管理 ● 专业销售技巧 ● 协作式销售 ● 客户管理 ● 财务管理：建立盈利性业务 ● 职业能力开发 ● 职业发展与个人学习 ● 销售陈述技巧	● 如何在销售经理指导下与客户积极合作 ● 客户潜力与客户战略 ● 指定客户与供应商的战略合作	● 根据所表现出的专业技术能力和公司人员配备的整体需求，支配培训对象到某个销售领域 ● 培训对象在业务团队中继续进行专门培训 ● 销售激励与超越销售目标

2.3　客户关系管理的本质

客户关系管理（customer relationship management，CRM）是企业通过运用适合的技术以及合理的人力资源，洞察客户的行为及其价值，迅速有效地回应客户需求，以便与客户建立满意与忠诚的长期合作关系，提高客户终身价值（lifetime customer value，LCV）的过程。关于长期客户关系的价值及如何发展长期客户关系的内容，本书第 7 章会重点讨论。

CRM 系统是一种运用网络、通信、计算机等信息技术来提高 CRM 效率和效果的工具。CRM 系统能够协助销售人员及管理者更好地完成客户关系管理的两项基本任务：识别和保持有价值客户。国内外 CRM 系统技术供应商很多，如用友软件、金蝶软件、微软、Onyx、PeopleSoft、TurboCRM、AKuP 和 Powerise（创智）、Salesforce.com、Turbo-CRM（特博深）、SalesLogix、MyCRM（联成互动）、SAP 等。

在西方，CRM 系统实施的失败率高达 70%；在中国，失败率会更高。失败的原因很多，其中最重要的原因是：许多中国企业认为"CRM 等于软件"。西方已经开始意识到了这个错误，并开始明白软件或技术只是整个 CRM 实施过程中的一小部分，而先进的管理思想及管理模式才是客户关系管理的灵魂。要成功实施 CRM 系统，需首先确定 CRM"策略"和目标，然后为"人"提供适当的思想和技能培训。在这之后围绕着"策略"和"人"设计内部和外部流程。最后是技术，相比前三个步骤而言，技术是最简单的部分。CRM 系统实施的过程就是围绕着"策略""人"和"流程"选择合适的软件、平台及技术的过程，图 2-4 给出了实施 CRM 系统的金字塔。

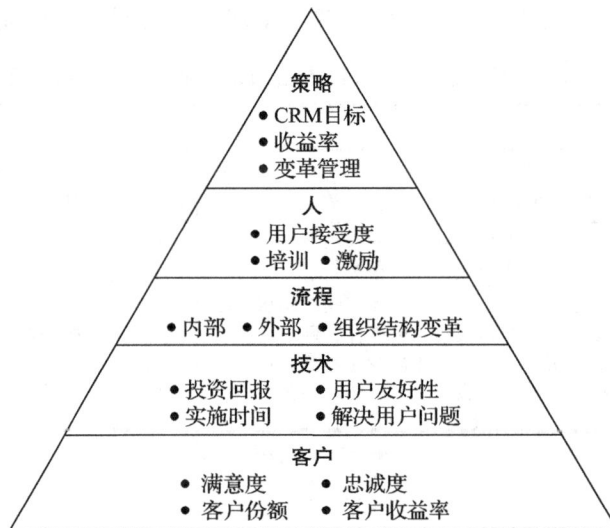

图 2-4　CRM 系统实施的金字塔

在图 2-4 的 CRM 金字塔中，人是 CRM 系统成功实施的关键要素，不少企业实施 CRM 的主体是 IT 经理。事实上，公司老板等高层管理人员、销售人员应是客户关系管理的主体。企业的老板，特别是中小企业的老板，多数会希望自己的销售团队不断提升效率，提升跟踪订单的有效性，从而为企业赢得更多的销售订单，获取更多利润。销售人员自身也希望能够通过提高销售业绩获得更大的回报，乍看起来，这是一个两相情愿的好事，理应取得共识，但是在实际情况中，往往事与愿违，老板等高层管理人员和销售人员出发点不同，各有所想，不容易在具体问题上达成共识，甚至会造成管理者和销售团队之间的矛盾和冲突。

在选择销售管理软件的过程中，企业的高层管理者需要首先明确一个目标：销售管理软件不完全是管理销售团队的工具，而必须能够给销售团队的自我管理提供辅助。简单来说：销售人员不会对约束和限制自己的软件感兴趣，却会接受能够给自己销售带来帮助的工具软件。很多企业在推行销售管理软件时，不得不采用行政指令强行推进。对于只考虑管理层感受的 CRM 软件，应用效果往往较差，其阻力主要源自销售人员内心的抵触。为此，必须选择能够给销售人员带来"实惠"的软件，其设计必须重视销售人员的感受，像是一个专为销售人员服务的专属助理。例如，许多 CRM 管理软件中为销售人员个人时间管理提供了销售目标管理、待办任务、日程的管理和每日工作的总结等工具，就像是专门服务于销售人员的工作助理。该提醒的提醒、需提示的提示，为销售人员的时间安排提供了极大的便利。本书侧重探讨销售人员进行客户关系管理的相关问题。

关系营销是把营销活动看成一个企业与消费者、供应商、分销商、竞争者、政府机构及其他公众发生互动作用的过程，其内容比较宽泛，涉及与所有公众建立和发展良好关系。本书的客户关系管理可理解为狭义的关系营销，主要指与销售工作紧密相关的营销活动，可称为关系销售。关系销售是指建立、维系和发展客户关系的销售过程，目的是建立客户的忠诚度。它有别于传统交易销售的地方，就在于为客户增加经济的、社会的、技术的支持等附加值。从销售的实践角度看，关系销售更能把握住销售概念的精神实质，因为企业不仅要达成交易，还要与客户建立稳固的关系，而这些关系是促成客户持续购买的重要因素。客户关系管理的最终目标是增加关系销售的比重和客户终身价值。优秀的销售人员善于与客户建立朋友关系或联系，倾听他们的需要。一旦建立了这种关系，表达了关心并且赢得了他们的信任，他们就很可能成为忠诚客户。了解客户需要并发现他们内心的忧虑，这可以帮助销售人员找到完全符合客户需要的解决方案并建立更为稳固的关系。只要建立了稳固的关系，细节问题就变得简单容易了。如果事先没有关系，这些细节会成为销售的障碍。

综上所述，客户关系管理（CRM）的本质是一个获取、保持和增加可获利客户的方法和过程。它是一种以客户为中心的管理思想及管理模式，其目的是提高客户满意度与忠诚度，通常以销售人员为活动主体，以信息技术为管理工具，通过售前关系开发、售中关系推进和售后关系维护，以期达到提高销售业绩并增加客户终身价值的效果。

2.4　客户关系管理的过程

从实战角度而言，客户关系管理的过程是销售人员在认清客户关系管理本质的前提下，建立短期关系并维系长期关系，从而增加关系销售与客户终身价值的过程。在这一过程中，销售人员实际上承担关系经理人的角色，既要管理好自我，又要管理好销售团队。本书以销售人员为活动主体，以短期客户关系的建立及长期客户关系维系的过程为主线，将内容分成五个模块，图 2-5 给出了本书的内容框架。

1. 模块一　销售与客户关系管理（第 1～2 章）

本模块分成两章。第 1 章主要帮助每一位学习者从探索自己开始，了解自己是否适合从事销售工作，认识销售工作的实质及回报，增强学习本课程的动力。第 2 章帮助学习者了解客户、客户关系的内涵及类型，深刻理解客户关系管理的本质及过程，为系统学习本课程构建一个理论框架。

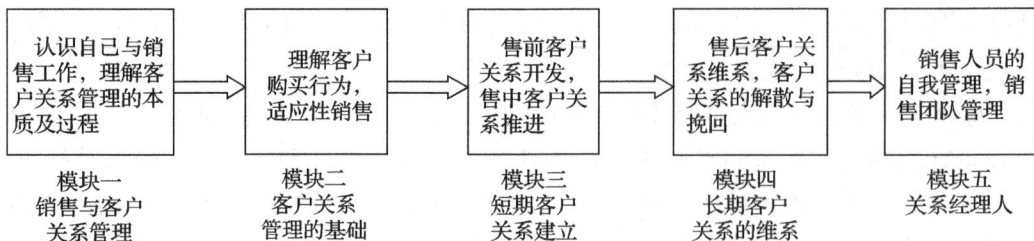

图 2-5　本书的内容框架

2. 模块二　客户关系管理的基础（第 3～4 章）

本模块分为两章。第 3 章帮助学习者在了解不同客户特点的基础上，深度理解并遵循客户购买行为规律，这是构建合作型客户关系的基石。第 4 章介绍适应性销售的内涵、训练框架及主要内容，这是建立客户关系的基本法则。

3. 模块三　短期客户关系建立（第 5～6 章）

短期客户关系的建立是建立长期客户关系的前提。本模块分为两章。第 5 章介绍识别及获得客户源的方法，帮助学习者学会制订销售访问计划并掌握完成实际销售访问任务的技巧。第 6 章介绍销售推介的工具与处理异议的基本方法，帮助学习者掌握成交与谈判销售的技巧。

4. 模块四　长期客户关系的维系（第 7～8 章）

本模块分为两章。第 7 章介绍长期客户关系的价值，帮助学习者掌握售后客户关系维系的阶段及其技巧，这是建立长期客户关系的重要保障。第 8 章帮助学习者系统理解客户关系解散的原因，介绍客户关系挽回的基本方法，这是实现客户关系价值最大化的战略选择。

5. 模块五　关系经理人（第 9～10 章）

销售人员要成为一名优秀的客户关系经理人，挑战重重。第一，要学会自我管理，不但要掌握目标管理与资源配置的方法，而且要掌握时间管理与区域管理的技能，同时，还要学会压力管理和灰色关系管理的基本技能（详见第 9 章），这是成为优秀客户关系经理人的一项基本素质。第二，要对销售团队进行有效管理，深刻理解销售团队的作用、构成及主要形式，了解创业型销售团队的内涵及类型（详见第 10 章），这是销售职业生涯持续发展的必然要求。

需要强调的是，适应电子商务蓬勃发展的需要，本书第 2 版在各章中增加了利用现代网络等信息技术实现客户关系管理自动化、智能化的内容，以帮助销售人员提高客户关系管理的效率和效果。未来，企业应通过整合线上和线下的客户资源，获取核心竞争优势。案例 2-3 讲述了哈罗出行在一年半时间逆袭摩拜和 ofo 成为行业第一的过程。

案例 2-3　　　　　　　哈罗出行逆袭摩拜和 ofo 成第一

哈罗出行是一家致力于为用户提供轻活、自由出行工具的共享单车公司。2017 年 3

月，首批 5 万辆哈罗单车亮相武汉街头。2018 年 5 月，蚂蚁金服（支付宝的母公司）向哈罗出行增资 20 亿元人民币，占股比例上升至 36%，成为其第一大股东。

提到共享单车，许多人第一时间想到的不是摩拜就是 ofo 小黄车，哈罗的曝光率远不及两者，顶多属于二流，而且在二线城市推广多。2018 年 3 月，哈罗出行宣布"全国免押战略"，芝麻信用 650 分以上者，可通过支付宝"扫一扫"车身二维码，即可实现在全国免押金骑行哈罗单车。这一举措受到用户好评，使得原本就不喜欢付押金的人转向哈罗单车。哈罗单车的用户数量也因此而明显激增，发展势头越来越盛。

为吸引和维护客户，哈罗单车第一个月骑行完全免费，之后可以仅付 5 元购买骑行月卡，不限次数骑行；开锁也方便，只需要扫描二维码就可以，而且存放地点不限制，想骑到哪儿就哪儿。如果发现坏了，还可以直接通过支付宝或是哈罗出行 APP 上报故障，就会有人去维修。最重要的一点是，只要骑了哈罗单车，就会有自动保险，这点以往并没有哪一个共享单车能够做到。

截至 2019 年 4 月，哈罗出行已拥有 2 亿注册用户，就这样，哈罗出行通过整合线上和线下的客户资源实现了逆袭。面对 ofo 濒临破产、摩拜亏损严重的行业困境，哈罗出行在蚂蚁金服的支持下成了一个强有力的竞争者。目前，蚂蚁金服一方面利用哈罗出行平台赢得移动支付业务，另一方面与摩拜的所有者美团公司激烈争夺电子商务客户。

资料来源：作者根据网络资料（http://www.cneo.com.cn/article-74720-1.html）整理。

📍 本章习题

一、判断题（对的打√，错的打 ×）

1. 客户是指通过购买产品或服务满足其某种需求的个人或组织，通常可分为消费客户、中间商、B2B 客户、内部客户等类型。（　　）
2. 客户关系管理（CRM）的本质是一个计算机软件。（　　）
3. 购销关系是衡量一种长期客户关系是否成功的最高标准。（　　）

二、单选题

1. 麦当劳与可口可乐的合作至今已有 50 多年历史，二者的客户关系属于下列哪种类型？（　　）

A. 合伙关系　　　　B. 战略伙伴关系　　　　C. 购销关系　　　　D. 一次性交易关系

2. 在社会学家费孝通先生所提出的"以己为中心的差序格局"的社会关系中，哪种关系最难以获得相互信任？（　　）

A. 亲缘关系　　　　B. 类亲缘关系　　　　C. 生人关系　　　　D. 熟人关系

3. 讨价还价最易出现在下列哪种客户关系中？（　　）

A. 合伙关系　　　　B. 战略伙伴关系　　　　C. 购销关系　　　　D. 一次性交易关系

三、简答题

1. 简述成功伙伴关系的基本要素。

2.简述 CRM 系统实施的金字塔。

3.简述客户关系管理的过程。

销售演练

演练 2　客户关系管理到底管什么

说明：本演练让学生以某个字开头，进行即兴对话。演练非常有趣，结果不可预测，可刺激每个参与者快速思考，帮助学生模拟销售人员，学会与客户攀谈并与之建立有效的关系。具体步骤如下。

（1）分组。

将学生每两个人分成一组，让他们决定谁来扮演销售人员，谁来扮演客户。

（2）设想销售情景。

让参与者自己设想销售情景（如设想销售什么产品或服务，产品或服务越具体越好）。

（3）对话。

销售人员开始说第一句话，客户以这句话的最后一个字开头做出应答；紧接着，销售人员以客户作答句子的最后一个字开头继续应答，直到无人想出下一个合适的句子，第一轮句子接龙结束。鼓励销售人员快速应答，不要斟酌谈话内容。示例如下：

销售人员：下周，我们的产品将以特价销售一星期。

客户：期待这个特价幅度较大。

（4）互换角色，重新开始上述步骤。

（5）结合上述演练，请每个参与者简要总结客户关系管理的实质。

客户关系是什么？

客户关系管理的主体是谁？

客户关系管理的目的是什么？

如何衡量客户关系管理的效果？

在客户关系管理的过程中，主线是什么？

在客户关系管理的过程中，最大的挑战是什么？

◉ 销售案例实训

实训项目 2　理解客户关系管理的本质及过程

1. 实训目的

（1）加深对客户关系管理本质的理解。

（2）系统理解客户关系管理的内容框架。

2. 背景材料

案例 2-4　通用公司的客户关系管理缘何陷入困境

1994 年，通用汽车金融服务公司的商业抵押业务（GMACCM）被拆分成独立公司，当时公司只有 50 亿美元的抵押资产，现在其资产已超过 1 000 亿美元。商业抵押业务成功的原因之一是把业务建立在最新、最先进的 IT 平台上。20 世纪末，通用公司投资 300 万美元把贷款文件数字化，且可以快速在全球范围内互相传送。这个平台使商业抵押业务可以提供更快更有效的客户服务。"我认为，没有一个竞争对手在商业抵押方面做了与我们相同的技术投资。"商业抵押业务的执行副总裁迈克·利普森（Mike Lipson）说。公司 CIO 帕特尔（Patel）把客户关系管理看成能更好地留住客户、从市场脱颖而出的妙方，于是聘请普华永道帮他重新设计 CRM 系统。帕特尔说："我们的目标是更高的自动化程度与效率，让呼叫中心员工对客户有更多的了解。"

项目的技术实施进展得很顺利，但 CRM 系统却成为一块难啃的骨头，其原因是普华永道对客户群的复杂性产生了根本性的错误理解并陷入其中。对商业抵押业务的客户复杂性，利普森解释道："他们的平均贷款额是 300 万美元，贷款额度从 10 万美元到 16 亿美元不等。任何客户都有可能给我们打电话咨询，上到公司总裁，下到付款部门的某个普通员工。"

新 CRM 系统基本按照相同的方式对待所有的客户。"这很不好，"帕特尔说，"咨询顾问们没有对我们现有的客户结构提出质疑，依旧按照职能来划分客户服务，只对回答初次贷款问题的销售人员和处理贷款后服务问题的销售人员进行了区分。我们的 CRM 系统经过这样的'大修'后，给我们打电话的客户必须对商业抵押业务内部的客户服务结构有足够的了解，他们才会知道谁能回答他们的问题，然后再去找对应的部门。"

更糟糕的是，普华永道建议商业抵押业务应试着采用效率更高、成本更低的自动应答系统来回答尽量多的客户询问。于是，GMACCM 安装了一套复杂的语音应答系统。"设备运转起来后，我们发现 99% 的客户直接按'0'选择和人工座席直接交谈。"利普森说："尽管个人银行的客户愿意在电话上按一长串数字查询账户信息，可当他咨询商业贷款时，却不愿意这么做。"

"在最初的几个月里，我们两万个客户中的大多数给我们打电话时，疯狂按'0'退出。"

利普森说:"竞争对手甚至将此作为攻击我们销售工具的由头。"在估计由此带来的损失时,他说:"我们惹恼了很多客户,他们不愿意继续同我们做业务;内部抱怨也很多,借贷部的员工说他们丢失生意是因为客户对我们的服务不满意。"新的 CRM 系统为商业抵押业务带来的损失比收益要多,利普森必须对刚"大修"过的系统再次进行"大修"。

利普森在销售人员的帮助下,首先取消了自动应答系统,又按照产品线重组了客户服务运作体系。"客户完成借贷后,我们会给他一个 800 电话的指定销售代表,以方便其将来的联系。"另外,利普森还提高了客户中心的员工水平,雇用了一批有房地产行业经验的销售代表。

资料来源:作者根据相关资料整理。

3. 实训任务

(1)通用汽车金融服务公司的客户关系管理陷入困境的根源是什么?

(2)你觉得如何避免上述困境?

4. 实训步骤

(1)个人阅读。

老师应督促学生针对实训任务进行阅读,并让其在课前完成。针对中国学生的特点,课堂上老师或学生还需再花费 5~10 分钟对案例学习要点及相关背景进行简单的陈述。

(2)案例的开场白(3~5 分钟)。

你觉得通用公司可以避免案例中所描述的困境吗?请简要说明理由。

(3)小组讨论与报告(20~30 分钟)。

主要在课堂进行,围绕实训任务展开讨论。同时老师应鼓励学生提出新的有价值的问题,要求每个小组将讨论要点或关键词按小组抄写在黑板上的指定位置并进行简要报告,便于课堂互动。小组所报告的内容尽可能是小组成员达成共识的内容。

小组讨论与报告

小组名称或编号:_____ 组 长:_____

报告人:_____ 记录人:_____

小组成员:_____

1)小组讨论记录:

发言人 1:_____

_____

发言人 2:_____

_____

发言人 3:_____

_____

发言人 4:_____

_____

发言人 5：--

发言人 6：--

发言人 7：--

发言人 8：--

2）小组报告的要点或关键词（小组成员达成共识的内容）：

任务 1：--

任务 2：--

（4）师生互动（30～40 分钟）。

主要在课堂进行，老师针对学生的报告与问题进行互动，同时带领学生对本章的关键知识点进行回顾，并追问学生还有哪些问题或困惑，激发学生的学习兴趣，使学生自觉地在课后进一步查询相关资料并进行系统的回顾与总结。

（5）课后作业。

根据课堂讨论，要求每位学生进一步回顾本章所学内容，形成正式的实训报告。建议实训报告以个人课后作业的形式完成，其目的是帮助学生在课堂学习的基础上，进一步巩固核心知识，联系自身实际思考并解决问题，最终形成一个有效或学生自认为最佳的解决方案或行动计划。要求学生在制订方案时应坚持自己的主见，学以致用。实训报告的提纲如下。

实训报告

根据课堂讨论，归纳客户关系管理的本质：

根据"2.4 客户关系管理的过程"的相关内容，帮助通用公司提出实施 CRM 系统的具体建议或行动方案：

1）--

--；

2）--

--；

3) --

----

4) --

（6）实训成果的考核：根据学生课堂表现和实训报告质量，评定实训成绩。

客户关系管理的基础

理解客户购买行为是构建合作型客户关系的基础，适应性销售是建立客户关系的基本法则。本模块分为两章：

第 3 章　CHAPTER3

理解客户购买行为

　　对销售人员来说，销售学知识无疑是必须掌握的，没有学问作为根基的销售，只能视为投机，无法真正体验销售的妙趣。

——佚名

　　不了解客户的需求，就好像在黑暗中走路，白费力气又看不到结果。

——哈佛商学院，肖莎娜·朱伯夫教授

学习目标

1. 帮助学生了解不同客户及组织市场的特点。
2. 了解组织购买决策的任务及过程。
3. 了解科学技术对组织采购的影响。
4. 了解线上线下客户购买行为的异同与冲突。

引例

利乐公司原大客户经理周传毅如何理解客户购买行为

　　瑞典利乐公司是全球知名企业，世界 500 强之一。它的包装材料、饮料加工设备和灌装设备行销全世界。1985 年，利乐（中国）公司成立，自此挺进中国市场。沈阳乳业成立于 1999 年。2000 年年初，沈阳乳业从利乐公司引进先进的生产和包装设备，开始进军中高档液体奶市场。当时，周传毅是专项负责沈阳乳业项目的利乐（中国）公司大客户经理，联纵智达咨询公司全面负责沈阳乳业"辉山"牌利乐枕液态奶的上市推广。

　　2006 年 5 月 1 日，联纵智达一行六人抵达沈阳，首先接待他们的是周传毅。访谈足足进行了 6 个多小时，周先生从牛奶营养成分的构成、对人体的好处、生产加工工艺与流程、销售的主要渠道与环节，一直讲到世界发达国家牛奶消费现状、中国液态奶发展趋势，以及沈阳市液态奶市场实态和"辉山"奶在当地的实际处境等，思路清晰，数据翔实。

　　由于辉山利乐枕要在 6 月初上市，留给企划作业的时间不足一个月，时间十分紧迫，大量的市场调查、信息整理任务繁重。联纵智达项目组成员白天要与相关人员进行深度访谈、走访经销商和终端，查看市场；晚上又要汇总信息，展开讨论，头脑激荡，一连 7 天每天最多睡两三个小时。令人惊奇的是，利乐公司的周传教自觉成了"编内"成员，全程陪同，协助咨询公司工作，同样一天睡两三个小时。

为了了解鲜奶的整个物流过程，项目组成员不得不从晚上 8 点开始，对液态奶的整个生产流程：牧场收奶，车间生产，成品入库、出库、装车；奶站收货、配货、发货；零售商提货、上架；送奶员送奶上门；订奶户意见反馈等，进行全程跟踪。而这一跟就是一整夜，运气差点，有时会遇到一幢楼只有 7 楼才有一个订奶户的情况，一阶阶爬上去再走下来。送奶员们个个体格健壮、训练有素，三阶并作一步跨，可苦了他们这些习惯乘电梯的小"白领"，一夜下来，人就像散了架，腿肚子在哪儿都找不到了；而周传教也换了一身运动服，拿个数码相机，全程陪同，全无怨言。

接下来的一个多月，每次项目组成员抵达沈阳时，周传教都已提前赶到。参加讨论、协助制订方案，其投入程度不逊于沈阳乳业和咨询公司的任何一位。而且，平时周传教与沈阳乳业的领导交谈，很少提及设备、包材和款项的话题，谈论的多是市场营销、企业管理、团队建设、发展战略等内容。

联纵智达帮助沈阳乳业进行新品推广的想法，是由利乐公司提出的，并且后者还支付了一半费用。经了解得知，沈阳乳业的学生奶设备也是利乐白送的，甚至连"辉山学生奶项目"的负责人，也是利乐出高薪从瑞典聘请的……在随后的两年间，联纵智达与沈阳乳业接连不断地合作了七八个项目，每次合作利乐公司都全程介入，并主动承担一定费用。

按理说，利乐公司仅仅是包材和设备的供应商，是产业链中的上游企业，沈阳乳业仅是利乐众多客户中的一家，沈阳乳业经营管理和营销的好坏似乎与利乐关系不大，但是，沈阳乳业的设备引进、产品开发、技术培训、市场信息、营销体系构建、新品上市，利乐公司无不深度介入，全程参与。甚至在沈阳乳业对某项决策犹豫不决时，利乐都会主动拿出一部分资金来无偿支持，帮客户下决心。此外，利乐还帮沈阳乳业引进"外脑"，提供专项服务等。

在联纵智达为沈阳乳业提供后续服务的两年多时间里，除了周先生本人，利乐公司的设备专家、技术专家、包装设计专家、人力资源专家甚至财务专家一直频繁往返于利乐公司和沈阳乳业之间，共同深入生产和市场一线，共同发现问题，寻找解决问题的方法，有时还一起接受培训，开联谊会、庆功会等。

资料来源：作者根据网络资料（https://wenku.baidu.com/view/607f966daf1ffc4ffe47ac4b.html）整理。

思考：

1. 作为一家包材的供应商，利乐公司为什么要介入沈阳乳业的经营活动呢？
2. 作为客户经理，你觉得周传教的做法适用于所有客户吗？

3.1　不同客户的特点

本书重点讨论 B2B 客户和中间商客户中的四类客户，即生产商、中间商、非营利组织及政府。

3.1.1 生产商

生产商在购买产品或服务后进行生产，然后将生产出的其他产品或服务进行出售以获得盈利。这些购买者是很多产品的用户，从未经加工的原料到已经被其他厂商生产出来的产品。生产商可细分为两类客户，即 OEM 采购商和终端用户。

1. OEM 采购商

作为采购商，初始设备制造商（original equipment manufacturer，OEM）采购零部件、组件、原材料或半成品等物品，目的是直接用于自己公司所制造的产品里。例如通用汽车公司从 PPG 公司采购挡风玻璃，每年还会花费超过 60 亿美元从其他公司购买诸如钢铁、室内装潢材料和轮胎等产品，直接用于汽车产品的制造。

销售人员在向 OEM 客户销售产品时，需展示所提供的产品如何帮助客户生产出品质更优越的产品。例如，由于英特尔处理器性能和品质优良，所以许多个人电脑制造商都在自己的电脑上贴上使用英特尔处理器的标签或广告。同时，销售人员还需与 OEM 采购商的不同部门打交道，通常会与采购部门进行谈判并签订合同；与设计师讨论所提供产品的设计、产品规格的详细说明；还会与制造、品保部门合作，确保准时保质交货。

OEM 采购商通常喜欢与几个供应商建立合作关系。因此，销售人员与 OEM 采购商建立长期合作关系尤为重要。

2. 终端用户

终端用户（end user）购买产品或服务不是用于产品本身，而是支持或辅助产品的生产或运营。终端用户通常提供购买重要设备或保养、维修、营运补给等服务。

重要设备通常是重大的采购，需要较大的财政支持。因此，销售人员需要和许多购买决策人一起工作，包括公司的高层执行官。由于一个设备的故障会影响生产商的运营，所以，销售人员必须说明产品的可靠性与相应的服务支持。同时，设备要长期使用，所以用户通常关注设备寿命而非初始采购价格。这就要求销售人员必须说明资金投入、运行特性及收益方面的情况。营运补给及服务的费用支出较少，对企业相对而言不是太重要，所以采购部门只是例行审查，通常不想花太多时间来评估，而是愿意从有过多年合作关系的卖主那里购买。但营业补给品的耐用性很关键。例如，某工业机器人体内的一个价值 60 元的电动机出了故障，就会导致整个装配线停产。一些专业性的服务，如会计、广告、咨询服务，也可能像重要设备那样进行采购。

3.1.2 中间商

中间商，又称转售商，是指购买产品后，将其转售或租赁给其他组织以获取利润的个体或组织，包括零售商和批发商。零售商主要将产品转售给最终消费者，而批发商则将产品转售给零售商或其他组织购买者。例如，国美电器属于零售商，它将冰箱、洗衣机、空调以及彩电等放在它的各家门店中，转售给终端消费者。

中间商在决定销售什么产品时，重点考虑三个因素：利润率、周转率和投入。利润率与投资收益相关，指每一次交易能挣多少钱。周转率指某产品多快卖完，需要多少投入。中间商总是希望自己的总投资收益率最大。因此，与中间商一起工作的销售人员，应该从总投资收益的角度出发，帮助中间商选择售卖的商品和服务，协助其在售卖点进行产品展示和促销，扩大销量。

值得注意的是，同一客户，既可以是 OEM 采购商、终端用户，也可以是中间商。如戴尔电脑，购买微处理器时扮演 OEM 采购商角色，购买原材料处理设备时是终端用户，而购买软件再转售给其他客户时扮演中间商角色。

3.1.3　非营利组织及政府

非营利组织是指学校、幼儿园、医院、疗养院、监狱和教堂等组织，他们购买产品和服务并不以营利为目的，而是为了满足某种社会需求，向其他人提供帮助、辅导和咨询。

销售人员应了解非营利组织的以下购买特点：①他们往往是以低预算或固定预算为基础的，一般不能超支。②他们的购买一般要受到严格的控制。例如医院购买食品时，必须符合病人食用的质量标准，因为这些食品是医院总体服务的一部分内容，如果医院将劣质食品提供给病人，病人就会抱怨诉苦，这有损于医院声誉。③购买决策一般是集体做出的，常常由管理者、专业人员甚至外部咨询顾问一起参与对供应商的评估。

政府市场是由各级各类政府部门构成的市场。各类党政部门每年都需要工商企业提供大量的各种商品和服务，有时是独特的需求，如社会服务和与国防相关的一系列产品。《中华人民共和国政府采购法》规定，政府采购方式为公开招标、邀请招标、竞争性谈判、单一来源采购、询价和国务院政府采购监督管理部门认定的其他采购方式。其中，公开招标是政府采购的主要采购方式。

销售人员在向政府机构进行销售时，需对政府需求及其独特的采购程序和规则有全面的了解。中国中央政府采购从 2003 年执行协议供货采购制度，它是指通过公开招标方式确定协议供货的供应商和协议产品。在确定中标供应商后由集中采购机构代表采购人与协议供应商签订框架协议，框架协议的主要内容包括协议供应商及其指定的经销商、协议产品的规格型号、协议最高限价、协议有效期限等。在协议有效期内，采购人可以直接选购协议产品，不需要再进行招标。在这种制度下，采购人是自行挑选产品，没有人会根据价格给两种产品打分，没有竞争的情况下，价格自然是想多高就多高。

从 2011 年 8 月开始，中央国家机关政府采购中心开始推广一种新型的采购制度——批量采购，它是由各部门在月初将所需要的采购产品数量和配置汇总，然后上报采购中心，通过一次招标选定中标人。从采购结果看，这种采购制度最大的优势就是价格低廉。据财政部工作人员介绍，台式计算机批量集中采购中标价格比协议供货价低了 10%~15%，比市场价低了 10%。批量采购的招标文件明确规定，价格分数占 30 分，满足招标文件要求且投标价格最低的投标报价为评标基准价，其价格分为满分。其他投标人的价格分统一按照下列公式计算：

$$投标报价得分 = (评标基准价 / 投标报价) \times 30\% \times 100$$

这种评分标准之下，价格如果比对手高 100 元左右就会丢失一分，价格太高根本无法中标。

中国政府采购从 1999 年的 130 亿元，发展到 2008 年的 5 900 亿元。2017 年中国政府采购规模超过 3 万亿元。据中央国家机关政府采购中心统计，中央国家机关 2008 年台式电脑采购总额为 8.32 亿元，以联想为代表的 TOP5 品牌采购总额已达到 8.09 亿元，占采购总额的 97.1%；笔记本电脑采购总额为 7.42 亿元，联想等位居前 5 名的品牌采购额也达到 7.09 亿元，占采购总额的 95.6%。联想公司是成功进行政府采购的典范，它深通政府采购之道，认为政府对定制的需求较大，比如，政府强调信息安全、强调自主知识产权。曾任联想集团副总裁兼中国区大客户业务总经理的童夫尧表示，"我们的销售真正是在经营客户，而不是像一些厂商那样只是为了争取到订单。"案例 3-1 描述了联想公司是如何向政府销售的。

案例 3-1 ◆◆◆ 联想如何向政府销售

从中央政府采购网看，2011 年时联想台式机销售占据了前 10 名中的 8 位。联想曾成功地为 2008 年北京奥运会提供 IT 服务，也是 2010 年上海世博会的高级赞助商，成为政府采购的大赢家。2009 年，联想电脑通过政府采购，成为全国两会"无纸化办公"有关项目中最终中标的产品。有资料显示，2009 年 1 月，全国政协经过严格的选型和严格的质量测试等一系列程序，确定由联想独家提供 2 500 台昭阳 E43G 笔记本电脑和 2 500 个容量为 2G 的 U 盘，供两会期间政协委员们使用，总金额 1 000 多万元。在两会召开前夕，联想曾组织了大规模的笔记本巡检、维护、更新，并为应用在两会代表驻地、新闻中心和代表办公中心等地的笔记本电脑进行了"无纸化"办公环境和系统安全的配置。同时，联想组建了一支由 14 人组成的技术保障小组，并预留备机和备件，以保障两会顺利召开。2010 年 3 月 4 日，联想宣布提供 55 台联想 idea 电脑产品为两会服务，这些产品包括笔记本和两款一体电脑，被安置在两会新闻中心、议案组、建议组、工作组，以及两会代表驻地等场所，承担信息处理、会议保障、网络应用等工作，为两会代表以及来自世界各地的新闻媒体提供服务。此外，联想 2010 年还取得了北京市海淀区"两会"政府采购电脑项目，总金额 500 多万元。

与此同时，联想集团也积极向国外政府销售电脑。2005 年 3 月 20 日，联想的美国合作伙伴 CDW 获得美国国务院近 16 000 台电脑、1 300 万美元的合作，然而该交易自宣布之日起就遭到美国一些人的阻挠，某些美国国会议员更是趁机炒作中国的"安全威胁"。据报道，戴尔的一位销售人员在给客户的电子邮件中，以"避免支持中国政府"为由，试图劝说 IBM 的原客户采购戴尔的产品。对此，时任联想集团 CEO 的杨元庆表示，自收购 IBM PC 业务之后，联想在美国政府采购中一直严格遵守美国的相关协议和流程，也完全满足对生产地点和服务方式等方面的严格限制，但依然遭受了不公平的待遇。而在欧洲等地，联想甚至已经获得了国防部等政府部门的采购订单。尽管美国政府采购金额只占联想销售额不到 1%，但关键是影响到联想的品牌和声誉，并强调联想是一家完全国际化、市场化的企业。最终，因联想和众议院美中经济安全审查委员会的强烈反对，美国国务院维持与联想的合同，但调整了联想电脑的用途，将只用于非保密系统，并将对今后采购的电脑进行更严格的审核。

尽管面临严峻挑战，2012 年 8 月 1 日联想取代戴尔与 EMC 结盟，开始大举进入美国教育和政府 PC 市场，而该市场占据了戴尔当时营收的 1/4 以上。据时任联想集团北美地区副总裁兼总经理的托马斯·卢尼介绍，联想对美国中小学以及各级政府机构的 PC 销售能够实现超过 20% 的"超高速增长"。

联想集团 2017 年营收为 2 851 亿元。根据 Gartner 2018 年调查显示，联想个人电脑（PC）市场占有率达到 21.9%，重回全球首位，惠普、戴尔、苹果以及宏碁分别居二至五位。此外，2018 年联想名列《财富》世界 500 强榜单第 240 名。

资料来源：作者根据政府采购信息网内容整理，有改动。

3.2　组织市场的特点

组织市场（organization market）是指购买商品或服务用于生产性消费，以及转卖、出租，或用于其他非生活性消费的企业或社会团体。与消费者市场相比，组织市场具有一些鲜明的特征。

3.2.1　购买者数量少，但购买量很大，购买者在地理区域上相对集中

在消费者市场上，购买者是个人或家庭，购买者数量众多，但购买量很小；而在组织市场上，购买者为企业或其他组织，其数量必然比消费者市场少得多，但每个购买者的购买量都很大。例如，英特尔公司所生产的微处理器的购买者主要是戴尔公司、惠普公司以及联想公司等计算机生产商，买者有限，但每一家的购买数量都相当大。

购买者在地理区域上相对集中，这是由产业布局的区域结构决定的。生产者的这种地理区域集中有助于降低产品的销售成本，这就要求组织的销售人员注意客户的地理分布问题。

3.2.2　需求具有衍生性，缺乏弹性且波动大

产业市场的需求带有派生需求的特点，也就是说组织购买者对商品或服务的需求，是从消费者市场对生产性产品或服务的需求中衍生而来。例如，汽车轮胎制造商把汽车轮胎卖给汽车制造商，汽车制造商再把汽车出售给消费者。由此可见，正是由于消费者

对汽车的需求，才派生出汽车制造商对汽车轮胎的需求。

在组织市场上，购买者对产品的需求受价格变化的影响不大，因为购买者不能对其运营方式做许多变动。当价格下降时，组织不会大量采购；而当价格升高时，需要这种产品的厂商也会继续购买，以保证生产顺利进行。

组织需求是有波动的需求，而且波动幅度较大。组织对于产品或服务的需求比消费者对产品或服务的需求更容易发生波动。由于组织需求是一种派生需求，所以消费者需求的少量增加能导致组织购买者需求的大大增加。经济学家称之为加速效应。有时，消费者需求仅上升 10%，却能在下一阶段引起组织市场需求上升 200% 或更多；而当消费者需求下降 10% 时，可能会令组织市场需求发生雪崩。

3.2.3　专业性的直接采购

组织购买者通常直接从供应商那里购买产品或服务，而非经过中间商环节，对于那些技术复杂、价格昂贵的产品或服务则更是如此，如服务器或飞机等。

组织采购是由受过专门训练的采购代表来执行的，他们必须遵守组织的采购规定，如对报价、计划和合同的要求。通常组织里除了采购部门外，其他部门的相关人员（如工程师、产品经理、商业分析师及高级管理人员）也会参与到采购决策过程之中。通常情况下，当组织需要购买时，应该先成立一个采购中心（buying center）。这个采购中心由参与购买决策和购买过程的所有个人和部门组成，从其扮演的角色看，可以划分为五类成员：使用者、影响者、决策者、购买者和监督者（即把关人），如图 3-1 所示。

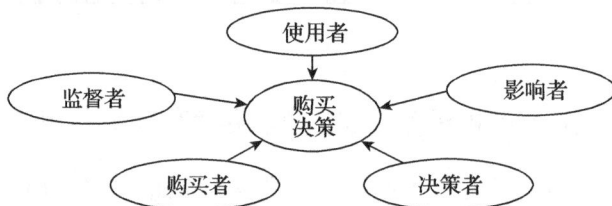

图 3-1　采购中心的角色

使用者（users）。使用者就是真正使用所购产品或服务的组织成员。在许多情况下，使用者一般最先提出购买建议，并协助确定所需产品的品种、规格和型号等。

影响者（influencers）。影响者指那些通过提供建议和分享专业知识，来直接或间接影响购买决策的人员，如技术人员就是非常重要的影响者。销售人员需要分辨谁是采购核心中的主要影响者，并说服其相信他们所提供产品或服务的优越性。

决策者（deciders）。决策者是在采购核心中做出最后决策的成员。在常规购买中，购买者常常就是决策者，在更复杂的购买中，一般由采购组织的经理们充当决策者。

购买者（buyers）。购买者就是负责实施购买行为的人。尽管购买者常常也参与确定和评估各个可供选择的供应商，但是，购买者最主要的作用就是处理一些购买中的细节问题。一旦公司做出了购买决策，销售人员就要将精力转移至购买者，与其洽谈一系列细节问题。成功的销售人员应该知道，在这一环节提供周到细致的服务是进行再次交易的关键。

　　监督者（gatekeepers）。监督者控制着进入采购中心的信息。通常，这个控制者是采购代表，他们负责从销售人员那里收集信息和资料，安排展示时间，并在购买决策过程中控制供应商与采购核心的其他成员进行接触。其他监督者还包括技术人员、电话交换机接线员甚至高层管理者的私人秘书等。

　　综上所述，组织采购过程较为复杂，组织采购经常要经过广泛的商业评估和长时间的谈判，完成一项采购所需要的平均周期为 5 个月。这就对销售人员提出了新的要求：

　　一方面，销售人员经常需要进行多次拜访来搜集和提供各种信息，包括客户信息、产品技术资料、服务信息等。例如，某通信公司的一个销售主管，在过去的 3 年半时间里，至少每个季度要会见一位客户，从建立关系和搜集信息开始，一直到合同复审。到复审阶段，共接受 8 个专业人士的严格审查。在 3 个月的复审期间，为搜集更多信息，该销售主管共进行 7 次面对面的销售访问，此外，还进行了 4 次合同谈判会议。接下来，仅签订合同就持续了 10 个月的时间，最终分别签下 1 500 万元和 2 000 万元的合同，共进行了 15 次销售访问。

　　另一方面，销售人员必须和客户公司的更多人士建立关系并一起工作。例如，国际香精香料公司的销售人员在向纳贝斯克食品公司销售香精时，需要和纳贝斯克公司的广告、产品开发、法律咨询、制造、质量控制、售后服务人员打交道，该销售人员还需了解该香精能给纳贝斯克带来的技术、经济效益以及对其客户的好处。

3.3　组织购买决策的任务

　　根据采购情况的复杂程度，组织面临直接重购、调整重购和新购三种采购决策任务。

3.3.1　直接重购

　　直接重购（straight rebuy）是指组织的采购部门按以往的采购目录，不做任何调整，再次向供应商采购的购买行为。在这种情况下，采购决策最简单。采购人员的工作只是从以前有过购销关系的原供应商中，选取那些供货能满足组织需要，并能使组织满意的供应商，向他们继续订货。采用自动重购系统（automatic reordering systems），可以使采购者有效地节省重购时间。

3.3.2　调整重购

　　调整重购（modified rebuy）是指组织用户根据本身的需要对以前的采购目录或供应商进行调整或变更后再采购的购买行为。变更的项目可能包括产品的规格、型号、价格、交货条件，也可能包括寻求更合适的供应商。在这种情况下，购销双方需要重新谈判，因而双方均需有较多的决策人员参加。这时，原有供应商会尽最大努力以保住该客户；其他的供应商则会提供"更加优厚的条件"，以便与该组织建立新的客户关系。

3.3.3　新购

新购（new task）是指组织首次采购某种所需产品或服务的购买行为。这是一种最复杂的购买情况。在这种情况下，新购的成本费用越高，风险越大，决策的参与者就越多，需要搜寻的信息量也越大，制定决策所花费的时间也就越长。购买者必须确定产品的规格、供应商、价格条件、付款条件、订购数量、运送时间和次数，以及其他服务条件等。新购由于没有现成的渠道，所以对所有供应商都是非常好的市场机会。供应商应派出得力的销售人员，对购买者尽可能地施加影响，同时向其提供尽量多的有用市场信息和其他服务，努力争取获得订单。

3.4　组织购买决策的过程

组织购买者要承担很多的责任。他们必须决定同哪些供应商做交易，以及向其购买哪些具体的产品或服务。组织购买者所需采购的产品或服务在价格和重要性上会有很多不同，会涉及小到文件夹、大到价值上百万元的计算机系统等各类产品和服务。显然，理解这些决策是如何制定的就显得至关重要。美国学者以决策最复杂的新购为准，将组织采购决策过程划分为 8 个阶段（见表 3-1）。至于直接重购和调整后重购，由于情况较为简单，只需经过 8 个阶段中的部分阶段。

表 3-1　组织购买阶段与采购任务

购买阶段	采购任务		
	直接重购	调整重购	新购
需求认知	否	可能	是
确定总体需求	否	可能	是
确定产品规格	是	是	是
物色供应商	否	可能	是
征求建议	否	可能	是
选择供应商	否	可能	是
正式订购	否	可能	是
绩效评估	是	是	是

3.4.1　需求认知

组织采购过程开始于企业内部有人提出对某种产品或服务的需求。需求认知就是组织内部有人认识到需要购入某些产品或服务才能解决某个问题或满足某种需求。需求认知可能是由内部或外部的刺激引起的。内部刺激的情况包括：企业决定推出一种新产品，需要购置新生产设备和原材料；组织原有设备发生故障而需要购买新的零部件或更新；企业采购经理对现有供应商的产品质量、服务或价格等不满意而需要新的供应商。外部刺激的情况包括：采购人员在某展销会上看到一种新型设备，或者接受了广告宣传的推荐，或者听取了某个推销员的建议等，进而产生需求。事实上，供应商经常在其广告中，针对组织购买者的现状提出一些问题，然后说明他们的产品能提供何种解决方案，以刺激需求认知。

3.4.2　确定总体需求

当认识到某种采购需求后，组织购买者就要确定拟采购项目的总体特征和数量。这一步骤对标准化的产品是不成问题的，但对于非标准化的产品，采购人员就有必要同工程技术人员、使用者和其他有关人员共同确定拟购项目的总体特征，如可靠性、耐用性、价格和其他必要的属性，并按其重要程度排出先后次序。在此阶段，销售人员应帮助购买者详细确定总体需求，提供关于不同产品特点和价值的信息，这对争取到订单是有好处的。销售人员在确定总需求时需考虑组织需求和个体需求。组织需求受经济标准、质量标准等组织因素影响，个体需求受采购中心成员需求、个人风险等个体因素影响，如图 3-2 所示。

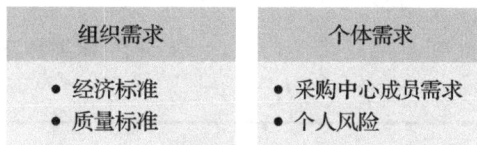

组织需求	个体需求
• 经济标准	• 采购中心成员需求
• 质量标准	• 个人风险

图 3-2　影响组织购买需求的因素

经济标准通常关注以最低的价格购买产品和服务。专业的组织购买者采用精细方法评估设备成本，他们不只关注价格，还考虑安装、配件、运输、维护、运营、能源等费用。

质量标准可包含产品质量与服务质量标准。销售人员易于说明如何帮助用户实现产品质量目标，但是要确切说明如何满足客户的服务需求则充满挑战。

采购中心成员需求涉及个人的目标和渴望。采购人员往往希望获得加薪、升职，获得领导的认可或展示才能的机会。为满足这种需求，销售人员可向采购商展示一个新产品如何降低成本并增加其奖金收益。

个人风险涉及采购人员对既得利益损失的担心。采购人员往往担心错误的采购决策会对个人声誉、回报、组织业绩产生负面影响。为了降低风险，采购人员通常采用收集可靠信息、培养现有供应商的忠诚度、与几个供应商合作等方法来分散风险。这些降低风险的方法为销售人员提出了很大的难题。比如采购人员倾向于质疑销售人员所提供的信息，而喜欢从商业周刊、同事及外部咨询人员等独立渠道获取信息。这就要求销售人员必须与客户建立起信任的关系，可通过不断的承诺兑现、产品小范围试用等方法来逐步实现。

3.4.3　确定产品规格

这一阶段，组织购买者需要进一步确定采购项目详细的技术规格，这项工作经常需要一个价值分析工程团队的帮助。价值分析是降低成本的有效方法，这种方法通过仔细研究产品的每个组成部分，来决定是否需要重新设计，是否可以标准化，或者是否有更廉价的生产方法等。价值分析团队将对高成本的零部件逐一进行检查，对照其使用要求找出是否存在降低成本的可能性。同时，销售人员也可以把价值分析作为一个工具使用，通过向购买者展示制造产品的更好形式，使直接重购转化为能给他们提供新业务的新购。

3.4.4　物色供应商

首先，通过各种渠道，如翻阅工商企业名录、由其他企业推荐、上网检索、查阅广告或其他有关资料等方式进行初步选择，列出初步合格的供应商名单；其次，对已经列入初步合格名单的供应商进行登门拜访，了解其生产设备、人员配备、管理水平以及其他影响产品质量的环节，从中选出最理想的供应商。通常来说，越是新购，或者所采购的产品项目越是复杂昂贵，选择供应商所花费的时间就越多。表 3-2 给出了深圳辉达盛电子公司供应商评估打分表，据此，销售人员可了解采购商选择供应商时重点关注的内容。

表 3-2　深圳辉达盛电子公司供应商评估打分表

日期：

一、概况	
（1）厂名：	
（2）地址：	
（3）电话：	传真：
（4）联络人：	职称：
（5）主要产品：	
（6）可做到的精密度（即最少公差值）：	（7）全部员工人数：
（8）有没有委托其他工厂加工：　□ 有　　□ 没有　加工种类：1.　　　2.　　　3.	

二、品管系统（30分）	得分
（1）品管组织是否独立，人员配置是否适当。（1分）	
（2）品管人员是否专职从事检验、测试工作。（1分）	
（3）有无适当的检验场所。（1分）	
（4）品管人员有无独立判断能力。（2分）	
（5）进料检验是否有抽样计划或其他材料证明书。（2分）	
（6）进料检验是否有作业指导书或样品。（4分）	
（7）工程图。（3分）	
（8）是否有制程检验。（2分）	
（9）是否有最终检验。（2分）	

（续）

二、品管系统（30 分）	得分
（10）制程检验、最终检验是否有作业指导书。（4 分）	
（11）检验是否有完备的记录。（1 分）	
（12）检验是否有适当的量具。（1 分）	
（13）作业人员是否依作业指导书作业。（2 分）	
（14）不良品管制是否适当。（2 分）	
（15）是否有降低不良率的品质计划。（2 分）	
三、制程管制（25 分）	得分
（1）生产线是否有作业指导书。（4 分）	
（2）制程异常时是否有分析改善并记录存查。（3 分）	
（3）是否有"首件检验"。（3 分）	
（4）重要仪器是否有操作书。（4 分）	
（5）重要仪器是否有校验。（4 分）	
（6）作业人员是否依作业指导书作业。（3 分）	
（7）生产设备是否订明保养办法并执行。（2 分）	
（8）生产设备是否能满足本公司需求。（2 分）	
四、工程（15 分）	得分
（1）各项产品是否有完整的工程资料。（5 分）	
（2）工程变更是否有明确文件资料依据。（5 分）	
（3）对工程或制程异常是否分析改善，效果如何。（3 分）	
（4）是否定期开会检讨异常事件。（2 分）	
五、包装、储存与出货（15 分）	
（1）是否有包装标准书。（3 分）	
（2）包装材料是否能适当保护成品。（2 分）	
（3）包装外是否有明确标准。（2 分）	
（4）良品与不良品是否有标识并区分。（2 分）	
（5）是否有先进先出管理办法。（2 分）	
（6）出货前是否依规定检验。（2 分）	
（7）出货记录是否完整。（2 分）	
六、信赖度与客诉（15 分）	得分
（1）是否有各类相关规格资料（如 CNS、JIS、MIL 等）。（2 分）	
（2）是否有足够仪器设备进行品质信赖度的实验。（3 分）	
（3）是否建立客诉事件处理流程及办法。（3 分）	
（4）对客诉事件是否有改善报告。（3 分）	
（5）对改善动作是否定期稽核并记录。（2 分）	
（6）对协办厂商（或委外加工）是否评估并记录。（2 分）	

备注			总得分	
核准		审核		制表	

作为供应商，主要任务是将本企业列入客户的采购名录中，并在市场上建立良好信誉；作为销售人员，应当时刻关注客户寻求供应商的过程，确保本企业在备选供应商之列，并争取最好结果。

3.4.5 征求建议

在征求建议阶段，购买者将邀请合格的供应商提出建议。此时一些供应商将提供产品目录或派出销售人员。但当所采购的产品价格昂贵、技术复杂时，则采购人员会要求每个合格的供应商提出详细的书面建议。所提建议应是销售文件而不是技术文件，因此除了说明产品的性能、规格等技术性指标外，还包括定价、支付条件、提供的服务以及供货企业的能力、资源条件和其他能表明其竞争能力的因素。

生命周期成本（life-cycle costing）指提供产品或服务的总成本，是确定产品及服务在整个使用周期内的成本的一种方法。为提出专业建议，销售人员可采取该法，来说明其所提供产品或服务的总成本最低，满足客户的经济标准。表 3-3 给出了一个生命周期成本的例子。

表 3-3　生命周期成本

	产品 A	产品 B
初始成本（元）	25 000	20 000
设备寿命（年）	10	10
年均能量消耗（元）	3 000	3 500
10 年内运营及维护成本预计（元）	18 000	20 000
生命周期成本（元）	73 000	75 000

价值分析（value analysis）可帮助供应商与客户共同努力，既能将成本降至最低，又能满足客户产品和服务质量标准。价值分析通常会提出如下的问题：

- 产品中的某个部件是否可以省去？
- 可否采用一个价格更低的标准部件？
- 这个部件的性能是否超过了实际应用中所需要的性能？
- 一些不必要的加工过程和对产品完美无缺的要求，是客户明确提出的吗？

销售人员可运用上述价值分析方法建议客户购买新产品，该法对直接重购客户更为有效，它可以帮助客户确定产品的使用成本是多少，而非产品本身的成本是多少。

3.4.6 选择供应商

这时，组织的采购中心将评估供应商提供的建议，并选择一个或几个比较满意的供应商。在选择供应商时，采购中心将首先列举出所期望的供应商的属性特征及其相对重要性。例如在一项调查中，采购经理列出了一些影响供应商与客户之间关系的重要因素，如高质量的产品和服务、供货及时、合乎道德规范的企业行为、真诚的沟通与合作、有竞争力的价格等；其他次重要因素包括维修与服务能力、地理位置、历史业绩和市场上的声誉等。然后，采购中心成员依据这些因素对供应商进行排队，确定最佳的供应商。

在做出最后决定之前，购买者可能还要和选中的供应商进行谈判，以争取较低的价格和更优惠的条件。最终，他们将确定一家或多家供应商。一般采购者可能倾向于确定多家供应商，以避免完全依赖单一供应商对经营活动的制约。通过多个渠道购货，采购者可对价格、服务和履约情况进行比较，也可从供应商的竞争中得到好处。

3.4.7　正式订购

在这个阶段，采购者要准备一个详细的订购单，并将其发给选中的供应商。订购单所列项目包括：技术规格、所需数量、交货时间、退货政策和保障条款等。对于维护、修理和操作项目，采购者可能使用一揽子采购合同，而非定期采购订单。这种一揽子合同适合于建立长期的购销关系，即供应商承诺将按照双方同意的价格定期向购买方重复供货。在这种情况下，一般由卖方控制存货，当买方需要进货时，通过计算机自动将订单传递给卖方，卖方立即送货。这种综合合同避免了每一次采购都要重新谈判的烦琐而昂贵的程序。

综合合同的发展必然导致越来越多的单一渠道供货，以及从该单一渠道购买许多其他类别产品的情况，而这将使买卖双方的联系更加密切，使"局外"供货竞争者很难插入。只有当买方对卖方的产品、价格或服务不满意时，竞争者才有进入的机会。

3.4.8　绩效评估

在这个阶段，采购者将对各供应商的绩效进行逐一审核。采购者可能要与使用者交流，要求使用者按满意度打分；或者直接对供应商的有关属性（如产品质量、价格、服务、信誉等）采用加权法进行综合评价；或者计算由于供货绩效不好而多花费的成本。绩效评估的结果可能导致购买者继续保留、调整或剔除原供应商，因此销售管理者应该随时了解购买者进行评估所考虑的因素，确保购买者的高度满意。

以上所述组织采购的 8 阶段模型对产业购买过程进行了简单的描述，但采购者未必总按此固定程序行事，实际采购过程可能要更为复杂，也可能很简单。每一个组织都以自己的方式购买，每一个购买类型也有独特的要求，采购中心的不同成员也可能参与不同的采购阶段。

3.5　科学技术对组织采购的影响

科学技术的进步给组织购买过程带来了巨大的影响。越来越多的组织购买者通过供应链管理（supply chain management，SCM）或因特网（Internet）采购所需产品和服务。这种高技术下的采购行为将使购买者方便地接触新的供应商、降低采购成本、简化订购程序，并且保证及时进货。反过来，销售人员也可以在网上与客户共享有关的营销信息，促进产品和服务销售，为客户提供服务支持，维持并加强与客户的长期合作关系。

目前，供应链管理已成为一种控制成本的库存管理战略，它包括准时制（just-in-time，JIT）和供应商关系管理系统（supplier relationship management，SRM）。JIT 被制造商用于减少库存，借助每天一次的频繁运送，准时及时生产各种产品。理论上，供应商运输每个产品时，每次必须按照制造商的产品计划所规定的数量和品种运送，其终极目标是零库存。为了紧密协作，制造商倾向于选择一个供应商，选择标准不是成本最低，而是灵活性。随着供应商与制造商关系的发展，供应商的销售人员会在客户公司里设立办公室，与客户一起参加价值分析会议。这时，销售人员扮演一个促进者、协调者的角色，与客户的采购中心一起开展工作。

为跟踪库存、订单和运输，许多公司采用电子数据交换方法，即将自己的电脑系统与供应商的联系在一起，共享销量、产量、装运、订单等方面的信息，利用精准的电脑系统可以帮助客户发现和减少由于供应商运输不及时或产品缺陷造成的进度问题。例如，联邦快递公司（FedEx）通过 Powership 等自动运送系统为客户提供订单处理、包裹跟踪和发票寄送等系列服务，这一服务体系节省了客户的时间和金钱，巩固了客户对公司的忠诚度，从而实现了公司与客户的双赢。

SRM 可用来评估供应商的相对重要性，客户以此来确定和谁发展伙伴关系。第一步，确定年度费用，即从每个供应商那里购买产品的年度费用总额，此费用反映供应商持续销售的能力和谈判能力，体现其对购买者的相对重要性。第二步，进行供应商分析。组织购买者常根据价格、质量、性能、送货的及时性等标准对供应商进行评价，衡量其满足利润和需求的情况。第三步，按照各个指标的重要性进行打分，得出某供应商的总分和评价，如表 3-2 所示，不同购买者的评估指标及其权重会有所差异，销售人员可根据不同购买者的评估要求提出有针对性的销售策略及建议。

目前有不少客户运用 SRM 软件来管理供应商和采购业务，英国自助零售商 Dixon 证实了 SRM 的作用。该公司每年通过 60 多个零售点销售 125 000 辆汽车，每一辆车都通过当地采购人员完成，这些采购人员还要采购零件、维修设备。由于采购人员多、费用高，公司无利可图。公司通过 SRM 软件分析表明，该公司采购费用主要来自零件而非汽车，为此，公司新任采购经理上任后首要的工作是把采购人员数量减少到 1 200 人，并逐步减少到 200 人。同时，改过去分散式采购为集中采购，这样可为公司节省 25%～35% 的采购费用，仅此项措施每年就可为公司增加利润 10%。中国徐工集团通过导入 SRM 系统，对订单、排程、送货及对账等采购业务进行管理，并通过建立门户、交流平台、询报价及供应商认证功能对供应商进行管理。供应商可通过该系统查看计划需求，其计划制作、报价、送货等都可在系统上完成，极大优化了供应环节，使供应系统更加科学高效。

互联网对于客户关系产生了革命性影响，如亚马逊、京东商城直接通过互联网向客户销售商品（属于 B2C），但是更多公司通过互联网管理供应商与采购商之间的商务活动（B2B），如借助 EDI 传送电子订单。由于通过公众互联网传递信息的安全性不受保护，所以这些订单需通过企业外部网络（extranet）传送，即通过一种安全网络将买方与供应商连接起来。

在网络时代，许多人持销售工作将会消亡的观点，认为所有的信息都在网上，客户很容易得到它们：从网上获得的数据已经足以让客户做出决定，而要下订单，他们只需要按一下鼠标就行了。事实上，大多数企业将其网站视为一种支持工具而非替代销售人员的工具。互联网可以接受订单并且展示产品，但是有其局限性，它不能深度发掘客户的需求，也不能建立伙伴型的客户关系，只有当销售人员进入到销售流程中时，整个流程才完整。客户通常先浏览供应商的网页，获取产品详细说明、用途、订购地址等信息。当与销售人员交谈时，他们对供应商的产品、竞争对手都有了一定程度的了解，所以其通常一开始便希望进行深度交流。

因此，销售人员需尽快进入到发现客户深层需求和与客户建立关系这一阶段，而不是停留在教育客户的阶段。尽快发现客户最关心的问题，并且将所提供产品与客户的问题相联系。这是一个互动的过程，销售人员要了解方方面面的情况，并且把这些信息和购买需求联系起来。目前，大多数公司网上采购占采购总量的 14%，并且有增加的趋势。销售人员将在交易中花更少的时间，而把更多的时间用在关系的建立上。要适度利用 QQ、博客、论坛、Facebook 这些社交网络工具，但事实上，许多这类工具对销售人员起着负面的作用，因为太多的销售人员躲在它们的后边，而忽视面对面的交流，这会影响销售业绩和持久客户关系的建立。

3.6　线上线下客户购买行为的异同与冲突

3.6.1　线上线下客户购买行为异同

尼尔森的研究表明，线上与线下消费者不同。从性别来看，线下购物者女性居多，男性的比重较小，但线上男性购物者比例要远远高于线下；从年龄来看，线下购物者年龄相对偏高，特别是 18～30 岁的线下购物者比例较低。线上消费者的主要特点有：高学历，高收入和年轻化。18～30 岁的消费者占比将近一半，这对于生产商、品牌商提出了更高的要求。虽然 B2B 客户不同于一般消费者，但通常情况下，线上和线下客户购买行为都存在以下差异：

- 线上客户不够专注、聚焦，注意力易于分散。
- 线上客户行为极度碎片化。
- 线上客户的主导作用更强。线下谁强势，谁就主导场景。
- 线上产品切换成本极低，而且切换时没有任何心理或人情压力。

销售人员必须首先认识到线上行为和线下行为的差异，然后有针对性地设计线上产品。如果试图只是通过在产品层面做各种引导，客户就会按照产品的设计路线去购买，这是几乎不可能的。线上交互往往比线下面对面交流要肤浅得多，客户往往走马观花、浅尝辄止，难以产生线下交互那么强烈的心理效用。线上客户通常购买的目的性更强，所以一般线上产品设计应以直接满足客户的核心目的为宜，越直接越好。如果购买流程过于复杂，客户不会耐心操作，而是转换购买。

由于线上客户转换购买成本较低，所以销售人员应重点关注客户存留率与使用时长两个关键问题。针对这两个问题，最好的解决办法一是通过精准与个性化，吸引客户的注意力。例如 Facebook 和今日头条所采用的算法推荐、微信公众号的推送行为，它们每天推送客户感兴趣的东西，不用客户自己去找。二是实现规模化。既然个体的停留或客户的忠诚是不可控的，那就寄希望于客户群体基数足够大，从而实现销售总量的稳定。虽然 B2B 客户不易实现规模化，但与多家客户建立伙伴关系也是大势所趋。比如近年来，电商、新零售大规模兴起，促使格力电器公司加快自己的渠道变革，先是与国美电器时隔十年再度牵手，全线进驻其线上线下门店，后又与阿里巴巴、京东达成合作协议，并与十多年未曾合作过的苏宁结盟。

3.6.2 线上线下客户的冲突

线上线下客户冲突的情形不同，处理冲突的方法也各异。

有的企业，线上线下两手抓，都全力去做，但由于实力不足，且当前买家偏向于传统渠道，最终导致的结果是眉毛胡子一把抓：传统的线下渠道利润一落千丈，而线上业务也并无起色。对于这种情况，企业管理者和销售人员要分清主次，先保证企业生存所必需的利润来源，再利用余力布局线上销售。

很多传统企业，其产品销售采用代理制和经销制，线上销售会出现跟代理商和经销商冲突的情况，情况严重的还会激起二者的反抗。体育用品厂商李宁的情况就是一个典型例子：为了缓和厂商与经销商之间的矛盾，李宁公司首先决定线上销售最好只针对不存在代理商的地区；其次，线上销售新型号产品，而该型号不在线下渠道销售，避免冲击线下经销商；最后，等代理经销授权到期后，终止代理授权，以彻底终结厂商和销售商之间的矛盾冲突。

有些企业线上销售的产品与线下实体门店的一样，导致线上线下销售混乱。针对这种情况，企业可以采取上下有别的方法，即线上销售线下已经下架的库存、过时产品等，同时设计生产专供网络销售用的型号产品，避免上下相争。此外，限量版和纪念版等产品可以只在线上销售；一些探索市场的产品，也可以前期先做线上销售，若市场反响好就坚持线上销售，否则，就转到线下。

针对厂商和自己的代理商或经销商冲突的情况，除了采取区别经营外，还可以采取合作和协作的方式解决冲突。客户线上下单，就近到线下代理商或经销商的实体店或仓库提货，或是由就近的实体店或仓库发货，这样可以降低物流等成本。但这种方法需要双方协作能力强，且需要有强大的信息系统支持。

有的企业面对的客户都是企业，采取线上销售后往往出现的问题是大客户用力不够、小客户发力过多。通常情况下，大客户是大企业，对企业的收益贡献大，不能失去，这些客户往往采用传统渠道交易；小客户是小企业，针对它们的销售，往往成本高、收益低。因而，可以采用线下主攻传统大客户，线上主攻中小企业类的小客户的方法。

有一些企业处在扩张阶段，传统渠道方面还没有完成全省、全国布局，却同时将线上销售也全面铺开，造成线上线下渠道都难做好的困境。针对这种情况，已经完成线下布局的地区，企业可以专心做线下渠道，保证盈利来源；而没有进行线下布局的地区，则全力做线上布局，以争夺市场。

还有一些企业采取线上销售后，线上渠道做得风生水起，而传统渠道则日渐惨淡，且耗费了公司的大量资源。对于这种情况，企业可以"壮士断腕"，果断抛弃传统渠道，全力做线上渠道。当然，线下积累的客户不能丢，特别是大客户，具体做法是停止线下渠道的营销工作，只做好老客户的维护工作，并逐步把老客户转移到线上。

⊙ 本章习题

一、判断题（对的打√，错的打 ×）

1. 生产商中的终端用户购买产品或服务不是用于产品本身，而是支持或辅助产品的生产或运营。（　）

2. 在专业性的直接采购中，采购中心的使用者、影响者、购买者、决策者和监督者等五类角色通常由一个人担任。（　）

3. 影响组织购买需求的组织因素通常只涉及经济标准。（　）

二、单选题

1. 下列哪一种组织购买决策的任务最复杂？（　）

A. 直接重购　　　　B. 调整重购　　　　C. 新购　　　　D. 不确定

2. 下列哪一项不属于组织市场的特点？（　）

A. 购买者数量多，购买量很小，购买者在地理区域上相对分散

B. 专业性的直接采购

C. 需求具有衍生性，缺乏弹性且波动大

D. 购买者数量少，购买量很大

3. 下列关于线上与线下客户的描述，哪一项是错误的？（　）

A. 线上客户不够专注、聚焦，注意力极度分散

B. 线上客户行为极度碎片化

C. 线上客户比线下客户的主导作用弱很多

D. 客户购买线上产品切换成本低

三、简答题

1. 简述非营利组织的购买行为特点。

2. 简述组织购买决策的过程。

3. 简述线上和线下客户购买行为的差异。

销售演练

演练 3 了解客户购买的基本过程

说明：本演练让学生扮演供应商的销售人员，拜访下面三个客户的其中之一。具体步骤如下。

（1）了解客户基本信息。

沃尔玛公司：

你所在的大学：

康师傅公司：

若不方便，可选择其他组织作为拜访客户：

（2）谁会参与购买决策过程？试着找到你所能找到的人。

（3）与参与购买决策的关键人物会面。

可通过参加展览会或实地访问会见关键人物。设想你从寒暄开始，感谢购买者所提供的会面机会，然后介绍自己和公司，紧接着告诉购买者他们应该会询问的几个问题的答案。

请你根据本章所学知识，询问购买者几个关于购买过程的问题。

问题 1：

问题 2：

（4）通过上述销售演练，看看能否用图表示购买者的组织结构和采购中心的构成。

购买者的组织结构	购买者采购中心的构成

⊙ 销售案例实训

实训项目 3　深度理解客户购买行为

1. 实训目的

（1）训练学生换位思考的思维。

（2）帮助学生深度理解客户购买行为的规律。

2. 背景材料

案例 3-2　华为公司的销售人员如何把握客户购买行为

以下是华为公司某销售人员的自述：

本人在华为公司有六年的销售经历，之后又负责华为公司市场营销新员工的培训工作，主讲"专业销售技巧"课程。当我有机会亲自在销售中运用这些方法和技巧时，才真正感受到其价值所在。现将整个项目的销售过程在此与大家分享。

项目背景及分析

2001 年 3 月初，国内第五大电信运营商中国铁通挂牌成立（2015 年更名为"中移铁通"）。为了与其他电信运营商竞争，铁通必须进行电信本地网的建设。而铁通在这方面的基础完全是空白，所以铁通本地网建设项目"铁通一号工程"成为铁通成立后的第一个重大项目。由于电信行业的特点，对设备供应商来讲，这不只是一个单纯的销售项目，而且会直接影响到其将来市场战略格局的划分，各个厂家无不倍加重视。

"铁通一号工程"分为两期进行，一期项目是各个省会城市本地网建设。作为一个城市的本地网，一般情况下只可能使用一种机型，而且省会城市的设备选型情况会直接影响到以后其他城市的设备选型，所以一期项目的重要性非同寻常。本人受命与另外两个同事组成项目组，负责 J 省"铁通一号工程"项目，本人负责客户关系平台的建立和项目协调，另外两位同事负责技术推广工作。

"铁通一号工程"由铁通总部对国内三个知名厂家进行招标，但各省分公司有权自己选择机型。除华为公司以外，另外两个厂家分别为 B 公司和 Z 公司。

接到任务后最重要的事是做深入的调查研究：一方面了解 J 省铁通内部的组织结构和决策链以及关键人物的个人背景与彼此之间的关系；另一方面，了解相关各厂家与 J 省铁通交往的历史和现有设备使用情况，并根据了解到的情况对项目进行了 SWOT 分析。

根据了解，华为公司的设备在J省铁通以往只有少量的应用，客户的反映一般。华为的优势在于设备功能比较强，有一定的品牌优势；劣势在于价格相对较贵，而且客户关系十分薄弱，平时与客户几乎没有交往，甚至不知道客户的工作地点在哪里。而B公司在J省铁通已有8 000门的交换机在网上使用，可是设备比较陈旧，功能较差，而且运行不很稳定。但该公司与J省铁通有长期的交往，关系密切。而且当时铁道部持有B公司的股份，所以B公司有来自铁通上层的支持，在与客户关系上占有明显的优势。Z公司设备性能与华为公司不相上下，优势在于其设备价格低、市场策略灵活，但该公司产品在J省铁通从没有过应用，同样没有客户关系。综合以上情况，我们认为，相比之下B公司对我们的威胁更大，是主要竞争对手。

如何把握客户购买行为

第一，真正做到以客户为中心。作为销售人员应该清楚地知道，通常情况下客户最不信任的人就是销售人员，如何取得客户的信任是进行销售的第一步。要想取得客户的信任，关键是要让客户感受到你为客户服务的良好态度，所以要处处为客户着想，站在客户的立场上去看待问题，帮助客户去解决问题。在与客户交往的过程中，我特别注意设身处地为客户着想，在为客户提出任何意见和建议时，都要告诉客户这样做对他的好处。铁通的市场人员都是技术维护出身，没有丝毫的市场经验和意识，我就利用我在这方面的优势，和他们探讨铁通未来如何经营，主动为他们上销售技巧课，并且以他们的客户经理的名义，为他们拓展重要的客户，使客户感到非常高兴和满意。在客户要进行网络规划设计时，我们就主动和他们一起连续几天干到深夜。当发现他们的建设思路存在问题的时候，就主动为他们写了一篇铁通市场分析报告，做市场的SWOT分析并提醒他们在电信网建设中应注意的问题，等等。我们不仅做到了客户期望厂家要做的工作，而且还做了许多超出客户期望值的事情。当你为客户做了这么多工作，而你的竞争对手却没做到时，客户对不同的销售人员和厂家的态度就可想而知了。

第二，抓住客户主要需求，迅速切入。"铁通一号工程"一期项目时间非常紧迫，从开始运作到最后的投标日期只有不到三个月的时间，在这种情况下，如果按照通常的方式先拉近客户感情再打入产品的话，时间上不允许，而且在个人关系上也很难超越B公司。所以，只有抓住客户的主要需求，迅速切入。通过与客户的初次交往，我们发现客户有强烈的危机感。铁通初建，他们不仅没有设备、没有市场，更没有电信运营的经验，对未来的发展感到困惑和茫然。在这种情况下，人人考虑的都是铁通如何生存，而无暇考虑个人利益。用马斯洛的需求层次理论进行分析，客户的需求应该在高于生理（物质）需求的安全需求层次上，把握住这一点，就确定了我们市场关系的切入点。本人有着十几年在电信行业的工作经验，对电信的建设和运营有比较深入的了解，而这正是客户所缺乏和急切想知道的。于是在和客户交往的时候，不是一味地去宣传公司的产品优越性，而是和客户畅谈电信运营商的建设和经营之道，这对客户非常有吸引力。所以客户非常乐意与我进行交流，这样使客户关系迅速地建立起来。同时，也把握住了客户本地网建设的建设思路。

第三，发现问题，引导客户。虽然客户关系迅速地建立起来了，但在产品问题上并没有得到客户的完全认可。客户长期使用 B 公司的交换设备，对此设备的操作和维护都比较熟悉和了解，虽然不是十分满意，但客户并不打算引进新的机型。客户对华为公司设备的认识也仅仅是对公司品牌的认可和对原来使用的少量设备形成的印象而已。所以，客户再三表示："听说你们公司交换机模块的功能比较强，所以这部分我们想用你们公司的，但汇接局我们还是要用 B 公司的，因为我们原来就用他们的设备，对它比较了解。"这是个非常严重的情况。因为了解电信行业的人都十分清楚，如果在电信本地网中不能占据汇接局这一战略制高点的话，你只能充当一个配角，随时都有可能被挤出本地网。但在这种情况下，靠强力的推销是不起作用的。此时我们没有急躁，而是冷静地通过询问来使客户发现问题，寻找机会引导客户。我们有意识地询问客户 B 公司设备的使用情况，终于在客户陈述的情况中我们发现了机会。客户说他们使用的 B 公司 8 000 门交换设备不具备局间计费功能（事实上B 公司的新设备未必不存在此问题），所以与中国电信间的结算只能完全由中国电信说了算，估计每个月损失十几万元。于是我们进一步询问客户："如果 8 000 门的交换机一个月损失十几万的话，那么将来铁通发展到几十万门、几百万门的时候将会怎么样呢？"一句话顿时使客户感到了问题的严重性。同时，我们在技术交流当中除介绍本公司交换设备的一般功能外，着重介绍了它的局间计费功能和由此能为客户带来的经济利益。这样就使客户完全动摇了对 B 公司交换设备的信心，而完全信赖了华为公司的交换设备。最终，一期项目的 3.7 万门交换设备被华为公司尽收囊中，并为下一步拓展市场打下了良好的基础。

第四，因势利导，扩大客户需求。一期项目刚刚尘埃落定，二期项目随之而来，即 J 省内五个城市本地网交换设备建设项目。由于省会城市的一期项目被我们全部得到，所以二期扩容非华为公司莫属。J 省经济发达，市场潜力很大，但由于客户在当时看不到未来的市场空间，对市场前景缺乏信心，所以另外四个城市的交换机建设总量只有 2.65 万门。这样小的建设量不仅根本不能满足客户的市场需要，而且不足以使华为公司交换设备占据市场的主导地位。同时，将价格昂贵的主控设备分摊到这么少的用户线上，会使平均价格变得极高，客户不可能接受。这种情况下必须想办法扩大客户的建设量。恰好此时，为了帮助其他办事处建立市场关系，我为 S 市铁通进行了一次市场培训。回来后，我借机把 S 市铁通在本地网建设上的大胆做法介绍给客户，从侧面对客户施加影响。同时亲自为客户拓展了几个重要客户，树立起客户对市场前景的信心。同时铁通总部也对 J 省铁通提出了扩大建设量的要求。在内外因素的共同影响下，客户把建设量逐步扩大到三十几万门，一跃成为全国铁通各分公司建设量之首，使我们有了更大的市场空间。

第五，把握客户的思路。B 公司和 Z 公司在一期项目失利后，在二期项目中都加强了市场工作的力度，使市场竞争更加白热化。各个公司的产品都有其特点，厂家为客户提出的解决方案都是要最大限度地发挥自身优势。B 公司的本地网设计为汇接局下带若干个需要有人值守的端局，华为公司的设计则是汇接局下带若干个不需要人员值守的模块。如何把客户的思路引导到我们的轨道上来呢？在与客户的交流中，我们从电信经营的角度与客户探讨如何才能减员增效，如何才能及时灵活地拓展市场。这些问题都引起了客户的共鸣，而这也正是能够充分发挥华为公司设备优势的地方。客户接受了我们的经营思想，其建设思路也就纳入了华为公司的轨道，并且由我们帮助客户做本地网设计，这样客户的购买意向也就必然倾向于华为公司的产品了。

第六，强调利益，克服缺点。虽然客户对华为公司的交换设备有了高度的认可，但华为公司的交换设备价格在三个厂家中是最高的。如果客户全部选用的话，要多花四五百万元，对资金十分紧张的客户来说是个不可忽视的问题。而且竞争对手为了争夺市场，纷纷向客户许诺给予更多的优惠条件，使客户在给予华为公司多大的市场份额问题上产生疑虑。在此情况下，我们在交流中充分阐述华为公司交换设备的优势所在，强调产品功能为客户带来的长期利益，帮助客户从投入产出的角度算一笔账，使客户明白，虽然前期投入大一些，但得到的回报则是长期的，这样的投入是值得的。通过此方法，解决了华为公司在价格方面的缺点问题，客户表示愿意尽可能多地选用华为公司的交换设备。

第七，有条件让步，一箭双雕。随着投标的日期一天天临近，厂家间的竞争更加激烈。竞争对手不仅各自抛出更优惠的条件，而且通过高层关系向客户施加压力，而这正是我们的劣势所在。在此情况下，要想百分之百地占有市场是不可能的，所以为了尽可能多地占有市场，我们适时提出了华为公司的优惠条件：如果客户购买华为公司交换设备超过24万门的话，华为公司将免费赠送8 000门的交换机设备。我们还特别声明，这8 000门的交换设备是可以等价转换成华为公司其他通信产品的。此时，我们不仅考虑到二期项目的市场占有率，而且为下一步传输设备进入J省铁通埋下了伏笔。因为，我们估计到客户订购的三十几万门交换设备大概需要两年才能消化掉，另外再多8 000门的交换设备对客户并不十分重要。可以预见的是，交换设备间的传输问题将马上成为客户的迫切问题。由于我们提供了这样的优惠承诺，使客户更加坚定了使用华为公司交换设备的决心。在二期项目招标中，客户顶住了来自上级的压力，订购华为公司交换机设备近29万门，金额约1亿元人民币。更重要的是，几个本地网的汇接局全部使用了华为公司的设备，而B公司和Z公司只各自得到一个县的端局。"铁通一号工程"由此结束，华为公司交换设备在J省铁通本地网上已占据了绝对的主导地位。

第八，有所为，有所不为。在拿下了J省铁通交换设备项目后，华为公司其他产品部门也都想利用这个市场关系平台销售自己的产品，如通信电源、配线架等。在与客户交流之后，我决定放弃在销售这些产品上的努力。因为，大客户销售的特点之一是集体决策，作为销售人员要想得到一个决策群中所有人的支持几乎是不可能的，反对意见存在是必然的。在"铁通一号工程"中，交换设备作为本地网核心产品，其好坏直接关系到客户集体利益和决策者个人利益。所以，决策者在选择使用华为公司交换设备时能顶得住来自上级压力和内部的反对意见。但如果要使决策者全部使用一家公司的产品，他将承受反对者舆论的压力，有可能对自身造成伤害。况且，像电源、配线架之类的产品，其质量问题对客户直接的影响相对比较小，决策者则可以通过购买上级领导推荐的产品，给上级面子，还领导人情，所以此时我们把下一个重要的产品销售目标放在了传输设备上。

第九，把握节奏，步步为营。在销售过程中，抓住客户最迫切需要解决的问题也就是抓住了重点。交换设备和传输设备作为本地网建设的基础，对设备生产厂家而言，其销售同等重要，哪个都是不能放弃的。但在销售过程中要抓住重点，把握节奏。在"铁通一号工程"项目中，我们没有为了展示公司的"实力"把公司的各种产品统统介绍一番，只重点针对客户当时最关心的交换设备进行交流和介绍。而在得知"铁通一号工程"二期项目被我们拿下之后，当客户马上面临传输问题的时候，我们则提前一步提醒客户该考虑传输设备问题了，然后才开始对传输产品进行介绍。当时客户已经拓展了一些用户，对传输设备的需要迫在眉睫，但由于铁通百废待兴，资金非常紧张，再拿出一笔钱来购买传输设备是很困难的。我们不失时机地向客户建议，把原来向客户承诺赠送的 8 000 门交换设备等价转换成传输设备，客户非常高兴地接受了我们的建议。紧接着，我们又从提高客户经济收益的角度出发，向客户推荐华为公司的智能网产品。在本人离开这个项目组、离开华为的时候，传输设备已经顺利地"送"进了客户的本地网，抢占了市场先机，智能网项目也已经提上了客户的日程。

取得如此的销售业绩，而我们付出的销售费用仅仅几千元而已。在整个销售过程中，既没有给客户送厚礼，也没有请客户吃大餐，能够得到客户的认可，是因为我给予了客户更需要的东西，那就是帮助他们获得事业上的成功。

回顾整个销售过程，我深深地感受到成功的销售源于理性的思考、系统的分析和具体的方法。而这一切不仅源于几年销售经验的积累，更得益于我在几年培训工作中对销售工作的深刻理解和认识，我从中真正感受到了"观念的改变导致行为的改变，行为的改变导致结果的改变"的深刻含义。

资料来源：作者根据访谈整理。

3. 实训任务

（1）你认为铁通总部和 J 省铁通在"铁通一号工程"采购决策中谁发挥的作用更大，为什么？

（2）从铁通公司的采购过程看，作为华为公司的销售人员，最大的挑战是什么，如何应对？

（3）你觉得华为公司能与客户建立长期合作关系吗，为什么？

4. 实训步骤

（1）个人阅读。

老师应督促学生针对实训任务进行阅读，并让其在课前完成。针对中国学生的特点，课堂上老师或学生还需再花费 5~10 分钟对案例学习要点及相关背景进行简单的陈述。

（2）分组。

在授课教师指导下，以 6~8 个人为单位组成一个团队，要求学生选出组长、记录人、报告人等角色。

（3）小组讨论与报告（25 分钟）。

主要在课堂进行，围绕实训任务展开讨论。同时老师应鼓励学生提出新的有价值的问题，要求每个小组将讨论要点或关键词按小组抄写在黑板上的指定位置并进行简要报告，便于课堂互动。小组所报告的内容尽可能是小组成员达成共识的内容。

小组讨论与报告

小组名称或编号：.. 组　长：..

报告人：.. 记录人：..

小组成员：..

1）小组讨论记录：

发言人1：..

....

发言人2：..

....

发言人3：..

....

发言人4：..

....

发言人5：..

....

发言人6：..

....

发言人7：..

....

发言人8：..

....

2）小组报告的要点或关键词（小组成员达成共识的内容）：

任务1：..

任务2：..

任务3：..

（4）师生互动（15分钟）。

主要在课堂进行，老师针对学生的报告与问题进行互动，同时带领学生对客户购买行为等关键知识点进行回顾，并追问学生还有哪些问题或困惑，激发学生的学习兴趣，使学生自觉地在课后进一步查询相关资料并进行系统的回顾与总结。

（5）课后作业。

根据课堂讨论，进一步回顾本章所学内容，要求学生撰写正式的实训报告。实训报告建议以个人课后作业的形式完成，其目的是帮助学生在课堂学习的基础上，进一步巩固核心知识，联系实际思考并解决问题，最终形成一个有效或学生自认为最佳的解决方案。要求学生在制订方案时应坚持自己的主见，并提供数据、事实的支撑和分析，以帮助学生学会在复杂和挑战的环境下，提高分析解决问题的技能。实训报告的提纲如下。

实训报告

1）请画出铁通公司采购中心结构图：

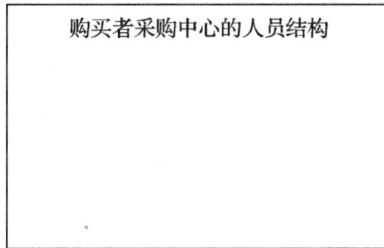

购买者采购中心的人员结构

2）说明每个采购人员的主要职责：

3）谁是"铁通一号工程"采购项目的关键人物：

4）作为华为销售人员，如何利用线上线下渠道的结合，更好地满足铁通公司采购过程中出现的各种需求：

需求认知：

确定总体需求：

确定产品规格：

物色供应商：

征求意见：

选择供应商：

正式订购：

绩效评估：

5）要与铁通公司建立长期合作关系，作为华为公司的销售人员，还需做些什么工作？

（6）实训成果的考核：根据学生课堂表现和实训报告质量，评定实训成绩。

适应性销售

> 销售代表有时像演员，要学会扮演好不同的角色。
>
> ——佚名
>
> 销售是 98% 的了解人性 +2% 的产品知识。
>
> ——美国销售大师，甘道夫博士

学习目标

1. 理解适应性销售的内涵。
2. 掌握适应性销售训练的框架及主要内容。
3. 了解人工智能对适应性销售的作用。

引例

南侨公司为何采购光正公司的仪器

天津南侨化学工业股份有限公司准备采购一架高精密光学分析仪器，用于食用油脂成分的分析。于是，众多销售人员纷纷上门纠缠这家公司负责采购和审查的高先生。他们大多声嘶力竭地为自己的仪器摇旗呐喊，而沈阳光正分析仪器有限公司的销售人员张小姐则诚恳地对高先生说，他们公司的仪器可能不是最好的，但正在努力改进，并表示希望高先生能抽出时间给他们的产品提出专业的改进意见。感觉备受尊重的高先生非常高兴，尽管他的日程安排得满满的，但还是抽空研究了那台仪器，并在和张小姐的交谈中娓娓谈起自己的工作经历。结果，在销售过程只是充当聆听者角色的张小姐把自己公司的仪器卖给了南侨公司。

资料来源：作者根据访谈整理。

思考：

1. 张小姐取得销售成功的最重要原因是什么？
2. 如果客户不是南侨公司，张小姐的这种销售方法还能成功吗？

4.1 销售介绍类型

4.1.1 标准记忆型

标准记忆型介绍（standard memorized presentation）是一种机械背诵型的销售介绍。销售人员介绍产品时，对不同客户，采取同样的顺序，陈述同样的要点。不少公司要求销售人员背诵销售介绍内容，并一字不差地进行陈述，也有一些公司允许销售人员可以进行适当的小的调整。

标准记忆型介绍可确保销售人员能完整、准确地提供公司产品和政策信息，其中包含最好的介绍方法和技巧，可以帮助新的销售人员迅速成长并获得自信。但这种介绍不能使销售人员根据具体情况进行有针对性的介绍，不能更好地满足客户需求，所以其效力是有限的。

4.1.2 概要型

概要型介绍（outlined presentation）是一种预先安排好的销售介绍。通常包括标准介绍、对客户常见问题的标准回答、劝说客户订购等标准程式。概要型介绍可以提前进行充分的准备、演练，所以销售介绍会十分高效且显得自然，既可以为客户与销售人员提供更多的互动交流机会，又可采取灵活的方式，突出关键点。表 4-1 给出了概要型介绍的示例，是宝洁公司的一位销售人员给一家杂货店的老板打电话的情景。

表 4-1 宝洁公司的概要型销售介绍示例

概要型销售介绍步骤	话　　语
巩固已有成功	张老板，您好啊！前两天我去您店里了，听说上周末佳洁士产品的端架陈列效果很好，这是您的一个店员聊天时告诉我的，他得把订货量提高 3 倍，看来您经营有方啊
重申客户的需求	我知道，您看中的是利润和资金的快速回笼
介绍新的清爽型牙膏产品的推广活动	我们马上开展清爽型牙膏产品的推广活动
解释广告推广和赠券促销	我们将在电视台一档节目里推出这个新品的广告，我们还会在产品包装上印刷 2 元优惠券的活动信息，并在您的商店里张贴促销海报
解释折扣政策	若您今天购买清爽型牙膏产品，我们会给您每箱 7.5 元的折扣
要求客户专设端架陈列，确认购买量	我建议您在 2 号通道设立一个端架陈列货架……您可以订 20 箱
感谢客户的订购	谢谢，相信像佳洁士其他产品一样，此次推广效果会非常好

4.1.3 定制型

定制型介绍（customized presentation）是一种根据对消费者需求详细分析后所进行的口头或书面介绍。这种介绍要求销售人员首先与客户进行深度沟通，发现客户的需求和问题，然后提出最有效的解决方案来满足其需求。客户通常把销售代表看作一个帮助他们解决问题的专业人士，而不只是卖东西的。定制型介绍允许销售人员进行深入的介绍，建立这种意识将是发展伙伴关系的一个重要步骤。

上述三种介绍方式需要的技巧、成本和灵活性有所不同。标准记忆型介绍易于操作，只需经过短期培训即可掌握，且花费低，适用于缺乏销售技巧的销售新人。定制型介绍难以掌握，花费大，需要较高销售技巧的人来分析客户需求，才能满足客户个性化需求。但销售人员一旦掌握这种介绍方式，销售效果将大大提升。

4.2　适应性销售与销售成功

非适应性销售的一个极端例子就是采取完全的标准记忆型介绍，对所有客户采用同样的介绍方式。与此相反，适应性销售就是采取定制型介绍，针对每个客户的个性化需求进行个性化的设计。

适应性销售是客户关系管理的基本法则。它迫使销售人员具有市场观念，深度了解客户需求及购买行为，首先通过售前、售中的沟通，与客户建立短期的交易关系；然后通过售后服务，不断增强客户信任并加深合作；最终与客户建立长期伙伴关系，从而提升终身客户价值。

为取得适应性销售的成功，理解客户购买行为是基础，一个不研究客户购买行为规律的销售人员就像盲人摸象，可能在某个时期会获得某个客户的认可，但很难获得其他客户或者整个客户群体的认可。案例 4-1 介绍了工商银行公积金业务部门老王的非适应性销售情况。

案例 4-1　　　　工商银行公积金业务部门老王的非适应性销售

工商银行某市分行公积金业务部门的老王曾经是上司眼中的"红人"，主要原因是老王颇有些江湖豪气，跟客户中几个企业的老总关系甚好，经常"酒肉穿肠过，合同桌上摆"。可是 2012 年银行在发展公司金融业务方面有新的战略调整，提出业务开发重点要向新兴的中小成长型企业倾斜，本来在几个重点大客户面前还得心应手的老王，在负责新客户开拓上却屡屡碰壁、不得要领，反而是让一位 MBA 出身的新人小刘占尽先机，业务开展得顺风顺水。

原来在老王的意识里，认为客户和银行，不外乎就是一个借贷关系，只要在审批手续、利率、还款形式等方面做好对接和服务，再加上酒桌上勾兑勾兑，融洽融洽关键人的关系，自然就是十拿九稳。而这位新人小刘，面对"一穷二白"的客户资源和关系，他首先列出了重点辖区的各类客户，然后再仔细研究这些客户的行业特点、发展趋势和需求情况，最终将业务突破口放在新兴的优质成长企业上。这些客户不但关心银行的常规服务，还关心自己企业是否能更好地利用资金获得发展。显然，他们需要"技术含量"更高的银行信贷员来提供服务，哪怕企业并不一定在乎银行信贷人员提供的经营谋划，但起码这是一个很好的沟通方法，会让客户感觉到有人在真正关心他的需求，甚至还有可能得到更多的启发或帮助。这样的做法，会得到客户更多的认可，从而提高成交概率。基于此，小刘针对不同客户的实际状况，拿出了若干不同的有针对性的方案，结果顺利敲开许多企业老总的大门。

　　资料来源：作者根据访谈整理。

　　每个客户都是不同的。理想状况下，优秀组织是由一群志同道合、有着共同梦想和价值观的人组成的机构，但事实上，"大同"社会是不存在的。在职场中，即使在同一个组织中，人们形形色色：有些人，一方面高瞻远瞩，富有远见和才华，另一方面可能不太容易合作；有些人，可能涉世未深，管理经验不足，不会鼓励别人；有些人，可能不善于平衡利益，更多只会为自己考虑。每个人身上都有自己的优点和缺点，这些都是实实在在存在着的不同社会个体。不同国家、不同民族、不同性别、不同性格的人都存在差异。优秀的销售人员需要的是"大异"中的包容，要能在"和而不同"中实现自己的梦想，实现共赢。每个客户是不同的，销售人员需要客观观察，在认识到每个客户差异性的基础上去打交道，不要奢想客户和自己是一样的，要在不同的基础上寻求共同利益和双赢。

　　适应性销售就是要适应不同客户的需求，即针对不同的客户需求选择适当的销售策略，并在客户互动中进行适当的调整，这是实现销售持续成功的关键。例如，有些客户不愿意发展伙伴关系，而愿意保持一种交易关系，那么销售人员就应适应这种需求，不能操之过急。

　　需要指出的是，适应性销售并非隐瞒产品和个人真实感受，而是要求销售人员改变销售介绍的方式和侧重点，这样客户更易于接受或者更利于客户价值的发现。

4.3　适应性销售的训练框架

4.3.1　洞察客户的真实需求

　　适应性销售须建立在洞察客户真实需求的基础之上。优秀的销售人员从来不打无准备之战，从不盲目销售或自以为是，一厢情愿地主观臆断客户的需要，甚至强迫客户接受自己的想法。他们在与客户沟通时，善于捕捉客户的需求信息，而不是滔滔不绝地介绍。因为，真正能打动客户的不是你的夸夸其谈，而是你能满足他的需求。

　　销售人员必须了解客户内心真正需要的是什么，他们的心理需求是什么。一般来说，客户购买行为要经过这么一个心理过程：你是谁—你要说什么—你说的是否可信—我为什么购买—我为什么向你购买。客户见到销售人员，首先想知道的是"你是谁"。在搞清楚你是做什么的后，接下来客户想知道"你要说什么"。等你说完后，客户会想"你说的是否可信"。如果觉得你说的可信，客户会想"我为什么购买"，为自己找个购买的理由。如果确定购买，客户还要考虑"卖的人这么多，我为什么向你购买"。在这五个心理过程中，销售人员如果不能了解客户的心理，不能激起客户的兴趣，不能解决客户的疑虑和问题，客户就不会做出购买决定。

通常情况下，客户关心的是产品或服务能不能满足自己的需求，自己的开支能产生多大效益，而销售人员关心的是产品能否卖个好价钱。销售人员要能从这种矛盾中洞察客户的真实需求，只有满足客户的真实需求，实现双赢，矛盾才能转化为统一，才能实现成交。

适应性销售的核心任务是训练销售人员掌握洞察客户真实需求的方法和步骤。一些优秀销售人员会采取以下步骤洞察组织客户的真实需求。第一步，了解客户组织的目标，即客户在某时间段内计划达成的事项（通常带有指标），这些目标通常是由上（总部）往下落实的。第二步，明确关键成功要素（critical success factors，CSF），即为了达成企业目标，必须要做成功的事项，最好说明如何衡量 CSF，并设定指标。第三步，识别客户的问题（issues）或障碍（obstacles），这些问题或障碍解决后，组织应可顺利完成计划目标；若这些障碍不可去除，要明确还会有哪些连带的负面影响。第四步，发现需求信息，搞清哪些信息有助于解决组织的障碍或问题，这些需求信息可以由粗到细，逐渐深化细化，最终洞察客户的真实需求。在实践中，这四个步骤的任务通常通过客户高层领导和客户部门的焦点访谈来完成。图 4-1 给出了某企业洞察客户真实需求的工作步骤。

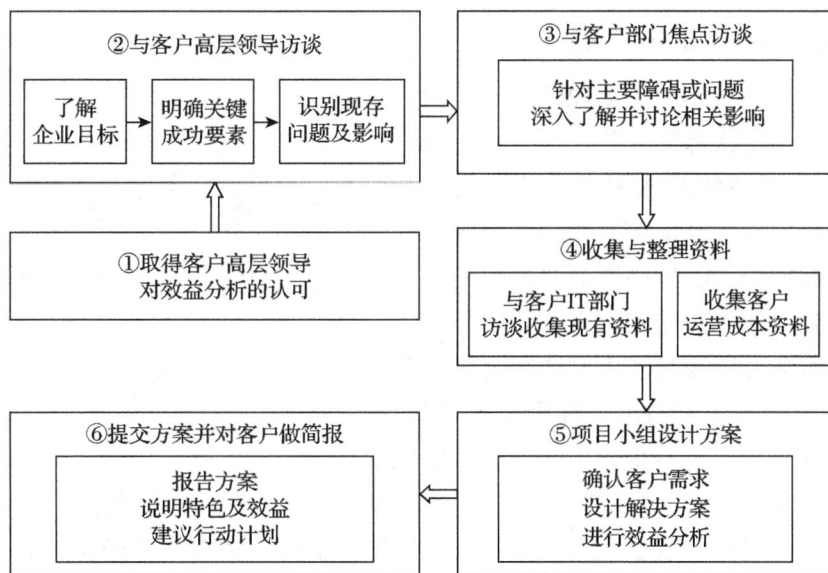

图 4-1　某企业洞察客户真实需求的工作步骤

在战略合作伙伴关系中，许多企业为真正洞察客户的真实需求，主动邀请客户参与到产品设计与生产过程当中。据估计，一些高新技术行业中有 30%～70% 的新产品创意来自客户，从企业为客户研发产品，到企业与客户一起设计产品，乃至企业被客户设计产品，这是一种客户逐步深入参与的过程。现已并入国际香料香精有限公司的普博雅香料公司是一家全球性供应商，它向雀巢等公司提供特色香料。该公司设计了一个工具包，专门用于帮助客户开发出他们自己需要的香料，然后由普博雅香料公司进行生产。

在软件领域，一些公司让客户在其标准产品上添加一些定制模块，然后把这些模块的最佳部分加以商业化。开放式软件允许客户自行设计、制作、发行和支持计算机程序，而不需要制造商介入。在材料领域，通用电气公司也为客户提供了基于网络的工具，以便设计更好的产品。杰夫·伊梅尔特曾任通用电气公司 GE 董事长兼首席执行官，他有一个远大的目标，那就是培养一支能够对公司所在市场和客户需求具有深刻洞察力的队伍。曾任宝洁首席营销官的吉姆·施滕格尔要求销售人员大幅增加与客户沟通的时间。在 2000 年，宝洁每名营销员平均每月与客户沟通的时间不足 4 小时，现在已超过 12 小时。销售人员还被要求深入客户的实际生活，到客户家中观察他们洗衣服、擦地板、给婴儿换尿布等活动，从中了解其生活方式和希望解决的麻烦。宝洁公司正在采用一种"反向设计"理念，即先了解客户需要什么，可承受的价位是多少，然后据此确定、设计产品的功能，剔除可能会使产品价格上升的不必要的功能。A.O. 史密斯公司是福特汽车的车架供应商，在新产品早期设计过程中，福特就把 A.O. 史密斯公司拉了进来，这让他们的合作关系也变得稳定且具有战略性了。原来 A.O. 史密斯公司在福特新车投产前才能得到一年期合同，但是后来其参与到早期汽车设计中并做出了贡献，结果在新车投产前三年就获得了五年期的合同。

4.3.2　深度理解产品的内涵

销售人员需从三个层次上理解产品的内涵（见图 4-2），每个层次都可带来更多的客户价值。

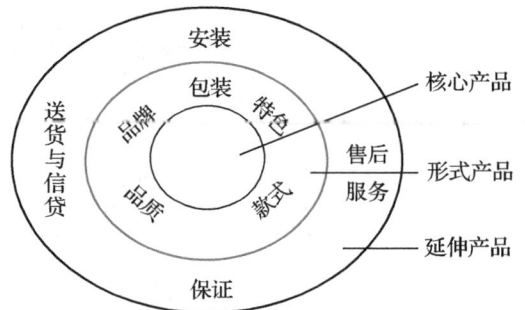

图 4-2　产品的三个层次

中心层是核心利益或服务（又称核心产品，core benefit or services），指向客户提供的最基本的利益或服务。核心产品要解决的问题是：客户实际上要购买的是什么？客户要购买某种产品或服务并不是为了占有或获得该产品或服务本身，而是为了满足某种需要。例如，某客户购买计算机，并不是为了获得先进的硬件与软件，而是这种装置能提高办公的效率和便利性，而另一客户购买计算机是为了满足国外购买者发展网上电子商务的需求。在介绍产品时，销售人员必须首先定义产品将为客户提供什么样的核心利益或服务。

第二层称为形式产品（actual product），是核心产品借以实现的外在形式，通常表现在五个方面：品质、特色、款式、品牌、包装等。不论是物质产品还是无形服务，都有形式产品。例如，一台索尼照相机的形式产品为它的名称、零部件、款式、特色、包装以及其他属性等。又如金融服务，它的服务技术和手段、服务类别、时间安排和对客户的态度等外在形式就是类似的形式上的特点。销售人员应从满足客户的核心利益需要出发，寻求实际利益得以实现的合理形式，进行产品介绍。

第三层是延伸产品（augmented product）或扩大的产品，指客户购买形式产品时所能得到的附加服务和利益。例如，上述的索尼照相机，消费者所需的不仅是涉及机身的形式产品，还有附加的服务，如使用说明书、及时的维修服务、保证和保修期以及有任何问题时的全免费电话等。

优秀的销售人员会在头脑中储存大量有关自己公司产品的知识，也可通过公司网站、销售手册、业务通讯、销售会议、参观工厂和商贸杂志作为储存知识的辅助手段。当然，销售人员还需通过贸易展会、渠道调查等方法搜集主要竞争对手的产品情报。很多公司用客户关系管理系统软件来支持他们的销售人员。如惠普公司，通过使用电子销售伙伴（ESP），为 1 500 名销售人员查询相关知识提供方便。在 ESP 系统中，有超过 30 000 个文件，这些文件包括产品说明书、竞争对手情况、销售业绩图例和自动提问的回答。销售人员在销售过程中，可通过任何一台电脑来访问这些文件。ESP 系统很受销售人员欢迎，每隔 1.2 秒，就有一个惠普员工进入这个系统。当然，面对海量的产品知识，客户通常也没有时间或者没有耐心关注产品的每一个细节，所以在介绍产品时，销售人员没有必要做到面面俱到，可侧重核心产品的介绍，这是促进客户购买的最关键因素。

4.3.3　识别客户的社交风格

在了解客户的真实需求和产品三个层次的基础上，销售人员需设计并形成适应不同客户的销售介绍内容。社交风格矩阵（social style matrix）是一种流行的训练销售人员适应不同沟通风格客户的方法。每个人都是不同的，为了简化，这个矩阵根据两个维度，把世界所有的人分成四个类别。销售人员的任务是首先明确自己属于哪一类；接着，分析客户属于哪一类；最后，调整自己的行为来适应客户的风格。

1. 社交风格的维度

可以根据两个维度来解释人们的社交风格：自信度和敏感度。自信度（assertiveness）是人们持有对问题的看法及在公开场合向他人明确表达自己想法的程度。高自信度的人善于发表演说，做出强硬的表态，有承担责任的态度，在紧要关头倾向于面对现实。而低自信度的人，能很好地掌控社会局面，经常保留自己的观点。表 4-2 给出了不同自信度在语言和行为上的表现。

表 4-2　自信度表现指标

低自信度	高自信度	低自信度	高自信度
以"问"为主导	以"说"为主导	常往后看	常往前看
趋从的态度	掌管的态度	间接目光接触	直接目光接触
合作型	竞争型	说话慢、温和	说话快、热情
支持者	指挥者	深思熟虑后开始行动	迅速行动
避免风险	敢冒风险	很少陈述	大量陈述
决定缓慢	决定迅速	表达中庸观点	表达强硬观点
向后倾斜	向前倾斜		

　　敏感度（responsiveness）是人们在社交场景中表现出的感性程度。敏感的人易于表达喜怒哀乐，看起来更关心他人，在社交场合显得不那么正式，更随意。低敏感度的人，做出更多努力来控制自己的情绪，显得谨慎、理智、严肃、正式和讲究实际。表 4-3 给出了不同敏感度在行为上表现的指标。

表 4-3　敏感度表现指标

低敏感度	高敏感度	低敏感度	高敏感度
控制情绪	流露感情	行动拘谨	行动随意
冷淡、不易接近	热情、易接近	没有手势	手势多
以事主导	以人主导	着重正式	着重随便
用事实	用观点	守时	时间观念不强
严肃	爱开玩笑	控制面部表情	面部表情生动
客观、冷漠	主观、友好	声音单调	声音多变

2. 社交风格的类型

　　在社交过程中，尤其是在销售人员与客户进行沟通的过程中，往往会呈现不同类型的沟通风格。有学者把不同类型的社交风格进行了细致的分类，并归纳出四种社交风格类别：掌控型、分析型、外向型和随和型，为便于理解，这四种类型可形象地分别用老虎（tiger）、猫头鹰（owl）、孔雀（peacock）、考拉（koala）四种动物来代表，所以，该分类方法又称 TOPK 四型社交风格学，如图 4-3 所示。

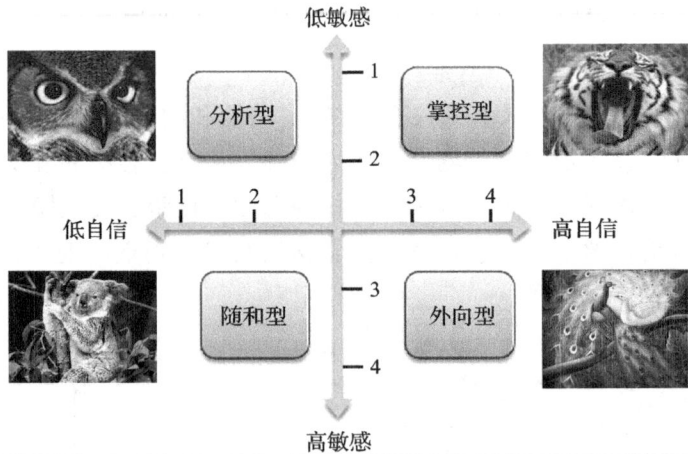

图 4-3　TOPK 四型社交风格学说

　　掌控型（driver）的人表现为低敏感度和高自信度。这类人任务至上，喜欢单打独斗，万不得已时才和别人一起做事，有很强的做领袖的欲望，行动力强，其口号是："走自己的路，让别人去说吧"。他们敏捷，做事当机立断；关注现在，胜于过去和将来；做决定前，会寻找几个替代方案；做决定时，尊重事实、敢于冒险；喜欢事实和数据分析，关注结果，不喜欢纯技术性信息。

为提高向掌控型人介绍的效果，销售人员需事先准备充分，采用直接、实用的方式，行动迅速并能够及时跟进，需强调购买决定对效益的影响。

分析型（analytical）的人表现为低自信度和低敏感度。这类人崇尚事实，坚持原则与逻辑；对权力与个人关系心存疑虑，努力回避，寻找那些不依靠权势的做事方法；很在乎决策的正确性，做决定缓慢但严谨，显得深思熟虑；重视系统分析过去和现实，依此预测未来。

为提高向分析型人介绍的效果，销售人员不要过多表达个人主观意见，需强调证据的可靠性、产品的技术特色及其长远利益。

外向型（expressive）的人表现为自信度和敏感度都很高，热情、易接近，做事比较直接，喜欢竞争。外向型的人追求个人回报和认可，看重权力和政治因素。虽然他们对个人关系感兴趣，但关注与支持者和追随者的关系，以此实现其个人目标。他们关注未来，将时间和精力集中在实现其梦想上，并不关心现实中的一些细节；做决定时，主要依靠主观认识和他人的观点；行动迅速，敢于冒险，但易于不冷静与改变主意。

当销售人员向外向型人销售产品时，要强调产品在帮助客户实现个人地位和认同方面的功能，弱化事实描述和技术细节。外向型人喜欢实物性、创意性、图表性的销售介绍方式，也喜欢知名公司或知名人士的推荐，因为这样可满足其对个人地位和身份的需求。若销售人员称外向型人为尝新者或第一个吃螃蟹的人，他们会愿意试用。

随和型（amiable）的人表现为高敏感度和低自信度。这类人关注个人关系与合作，愿意与人一起工作，营造相互尊重的气氛，不靠权力与威严实现个人目标。他们做决定慢，尽量征求相关人员的同意，常常回避冲突和风险。

为回避冲突，随和型人喜欢取悦他人而不表达自己内心的想法，所以想了解随和型客户的真实想法是困难的。为此，销售人员需与随和型客户建立私人关系，通过产品和服务的承诺、兑现来获取客户的信任，销售介绍应强调客户满意度方面的效果。

分析型和随和型的人通常对供应商比较忠诚，前者忠诚的基础是个人感情，后者忠诚的基础是决策理由充分或无须重新审核。

3. 识别客户社交风格的线索

销售人员可利用其沟通技巧来观察客户行为、倾听客户的语言、询问一些问题，从而区分客户的类型。图 4-4 给出了识别客户社交风格的一些线索。

识别客户的社交风格类型是困难的，需要近距离的观察。销售人员不能基于有限的信息就匆匆得出结论。为做出准确的判断，销售人员需注意：①关注客户行为本身，忽略自己的感觉，以免感觉错误；②避免这样假设，即特定的职业与社交类型有联系，比如工程师是分析型的；③验证判断，即不断寻找线索和信息，来验证原有判断的正确性。

掌控型的人	分析型的人	外向型的人	随和型的人
• 理科背景 • 墙上没有任何鼓励性的宣传 • 日历放在显著位置 • 家具摆放在可以与人隔着桌子交流的地方 • 保守的着装 • 喜欢群体活动（如政治、团队活动）	• 理科背景 • 奖状都贴在墙上 • 办公室物品摆放很有条理 • 显得很有活力 • 保守的着装 • 喜欢单独活动（如阅读、个人运动）	• 文科背景 • 墙上贴有鼓励性的口号 • 办公室的气氛友善开放 • 杂乱的办公桌 • 休闲、华丽的着装 • 喜欢群体活动（如政治、团队活动）	• 文科背景 • 办公室的气氛友善开放 • 墙上贴着家人照片、个人重要信息 • 桌子摆放易于开放式交流 • 休闲、华丽的着装 • 喜欢单独活动（如阅读、个人运动）

图 4-4   识别客户社交风格的线索

4.3.4　进行有效沟通

1. 发挥语言的力量

语言是工具，优秀的销售人员应避免方言或陈词滥调与晦涩、污秽的语言，而应善于用简洁、生动而有吸引力的语言来展示个人语言的力量与魅力。具体来讲，销售人员可从两个方面提高语言沟通的技能：①语言图像，即帮助客户在脑海中形成形象化认识而设计的语言故事，其像可以描绘的准确可信的画面一样，有利于客户理解产品的好处及特点。②声音特征，包括讲话的速率、语气、语调与发音。语速过快或过慢会让客户对销售人员的专业性产生怀疑，通常情况下，简单信息适于快语速，复杂信息适于慢语速。语气方面，应避免单调，注意轻重变化与抑扬顿挫。语调高低要自然，不刻意模仿别人。发音要尽可能清晰，嘴巴张开恰如其分，以唇舌能运动自如为最好。

2. 积极倾听

有些销售人员虽充满热情但缺乏经验，总是试图告诉客户所有他所知道的信息，希望通过滔滔不绝的宣讲来赢得客户。专家建议采用 80/20 倾听准则：销售人员在与客户沟通时，80% 时间用于倾听，20% 时间用来讲话。研究表明，人们每分钟能听 800 字，而人的讲话速度是每分钟 120～160 字，这会造成听说差异。因此，许多销售人员会变成懒惰而不专心的倾听者，即使刚听过的话也只会记住 50%。为避免错过有效信息，销售人员应进行积极倾听，即把自己投入到讲话者的思想中并尽可能换位思考。积极倾听的方式包括：①重复所听信息，即销售人员完全重复客户所说的话。②重述或改述信息，即销售人员用自己的话重新叙述客户所说的话。③澄清信息，即问一些可以获得更多信息的问题，以真正搞清客户的意图。④概括信息，即对客户所说内容进行简要概括，销售人员可以借此改变谈话的方向。⑤容忍沉默。在沟通过程中，有些问题比较尖锐或难以回答，客户需要思考或调整，会有短暂的沉默，这时销售人员可能会觉得不自在而说点什么，但可能会影响客户的思考，因此，容忍沉默是积极倾听的重要方式。⑥保持注意力。销售人员会因客户的话语及情绪变化而转移对所关心问题的注意力，此时不要有过激反应，应换位思考，真正听进去客户所说的话。

3. 利用非语言手段

非语言行为专家认为，人们的身体语言和行为毫无保留地泄露了其真实想法或隐藏的感受。对销售人员而言，应利用非语言手段提高沟通的有效性，可从以下两方面着手。

一方面，应读懂客户的非语言信息，通过观察客户的身体语言去收集信息：①身体姿势。前倾通常表示一种积极的态度，侧身则表示不安全感或怀疑。相反，后仰则往往表示厌倦、忧虑或生气。更换位置可能表示客户想结束对话、十分赞同或反对销售人员所说的话，或者打算订购。②面部表情。眼睛睁大往往表示兴奋或惊讶，所以许多玉石的买家会戴上墨镜以掩饰其特别的兴趣，便于讨价还价。眨眼频率也可透露许多信息，正常对话中，每分钟眨眼平均约 25 次，若眨眼超过 50 次说明高度紧张。眼珠位置可表明客户思考的过程，眼珠直视前方意味着客户正被动接受信息；凝视对方意味着冷淡、生气或不喜欢；眼睛向下看可能是在思考。客户转脸时间较长可能是想结束会面。客户脸红可能表示生气或窘迫。面部肌肉紧绷可能表示紧张和生气。③手臂动作与手势。强有力的手臂动作表示强调。两臂交叉、面无微笑往往表示客户持反对观点。双手分开是一种积极信号，双手手指交叉置于面前表示想显示自己的权力和权威。掌心相对、自然放松是一种积极的信号，不停搓手表明紧张，攥紧拳头表示信心或积极信号。④腿部姿势。不交叉双腿往往传递合作、自信、友好与兴趣。当然，在商业和社会环境中，客户经常用非语言方式显得礼貌，结果使销售人员难以判断客户的真实想法，需要销售人员通过各种语言及非语言的细节及一致性来判断客户的真实感受（见表 4-4）。

表 4-4　销售介绍的非语言表达方式

积极方式	消极方式
不交叉双臂或双腿	交叉双臂或双腿
身体前倾	身体后仰或将脸转向别处
微笑、愉悦的表情	额头紧皱、噘嘴、皱眉
点头	摇头
深思状	焦躁不安状
用眼神交流	不用眼神交流
精力旺盛、开心的反应	面无表情、无反应

另一方面，销售人员可通过非语言方式向客户传递信息。①身体语言。在 30 分钟的销售对话中，约有 800 个非语言交流信号，敏锐的销售人员尽量利用表 4-4 中的积极方式进行交流，避免使用消极方式。当然，要尽量做好自己，最自然的姿势才是最有效的，矫揉造作会给人一种不真诚的感觉。②空间距离和身体接触。在商业和社交环境中，有四种经常使用的空间距离：亲密空间 0～60 厘米，用于最亲密的关系；个人空间 60～250 厘米，用于亲密朋友与具有共同特殊兴趣的人之间；社会空间 120～350 厘米，

用于商务交往与其他私人关系；公众空间约 350 厘米，用于演讲、上课、与陌生人谈话等场合。一般来讲，销售人员应从社会空间开始与客户交往，逐步向个人空间靠近，若客户认为销售人员侵犯了其亲密空间或个人空间时，可能表现出后退、合拢双臂等消极反应。在身体接触方面，有些客户通过身体接触表示热情及友善，有些客户则不喜欢这样。通常，销售人员除了握手之外应减少身体接触。③外表。销售人员应尊重客户公司的着装规范，可遵守 5 项基本原则：考虑季节与天气因素；为客户着想，尽量与客户的着装、期望一致；遵守自己公司的着装要求；满足自己的期望，通常销售人员期望穿着高于自身的级别；体现个人风格，但不能令人瞠目或难以接受。

4. 利用沟通技术

科技使信息传递变得快捷和便利，但它也减少了销售人员与客户之间面对面交流的机会，不利于增进双方友好关系的建立。表 4-5 比较了面对面交流与其他沟通方式的不同。销售人员应根据不同场合，采用不同的交流方式，提高沟通的效率与效果。

表 4-5 销售人员各种沟通方式对比

	面对面	电话	短信	传真	电子邮件
反应时间	快	快	慢	慢	慢
能否口头沟通	是	是	否	否	否
能否听到客户的口头反馈	是	是	否	否	否
能否深度理解客户的非口头信息	是	否	否	否	否
发送信息量	大	中	小	不确定	不确定
客户反馈信息量	大	中	小	无	不确定

5. 适应文化差异

文化差异影响沟通的方式。有些国家（如美国、法国、德国等）属于低情景文化，沟通时不太看重彼此的背景，重视口头信息；而中国、日本、韩国和墨西哥等国家属于高情景文化国家，更多的信息往往在谈话之外的背景、伙伴关系、价值观、私人关系等因素里。表 4-6 比较了高 – 低情景文化下商业活动的差异。

表 4-6 高 – 低情景文化下商业活动的差异

	高情景	低情景
常用语言	非合同	合同
律师	不太重要	很重要
空间距离	近，私人关系	讨厌侵犯私人空间，公私分明
时间	每件事拖到最后时限才完成	避免浪费时间
谈判	低效	高效
竞标	不太透明	很透明

国际间的销售沟通常用语言是英语，若销售人员或客户的母语并非英语，二者沟通时一定注意措辞，避免犯错或误解。研究表明，若关系双方语境文化差异较大，利用电话和传真协商的数量会增加。

4.3.5 调整销售人员的行为

为提高销售介绍效果，销售人员须做到知彼知己，除了识别客户的社交风格类型之外，销售人员也需了解自身的社交风格类型。许多接受培训的销售人员惊奇地发现，他们平时所想象的自己与客户眼中的自己有很大的不同。所以，销售人员判断自身的社交风格类型时需要特别谨慎。演练 4 给出了评估销售人员社交风格类型的方法及步骤。

对销售人员来讲，没有哪一种社交风格类型是最好的，没有哪一种类型适合所有销售情景。掌控型的人高效、果断，但往往对客户固执己见、独断专行；外向型的人热情、有创意、吸引人，但会被客户认为是顽固、无原则、不坚定的人；分析型的人做事严谨、有条理且仔细周密，但客户可能觉得他们顽固、机械且保守；随和型的人可靠、易于相处，但客户会认为其无原则。

不同类型社交风格客户的期望是不同的，在销售过程中，销售人员应当调整其介绍方式，使其与客户期望一致。表 4-7 给出了各种社交风格下客户的期望。

表 4-7　不同社交风格下客户的期望

客户的期望	客户社交风格			
	掌控型	外向型	随和型	分析型
销售会晤氛围	务实、井井有条	友好、轻松	轻松、真诚	务实、井井有条
销售人员的时间利用	高效	培养关系	不紧不慢，培养关系	周密、精确
访谈节奏	快	快	从容不迫	从容不迫
得到的信息	销售人员的身份；产品价值	销售人员所想的；认识谁	值得信任的证据；友好表示	解决问题的专业能力
获得认可	证据、结果	赞美	对顾客有兴趣	证据
销售介绍的利益点	产品能干什么	谁用过该产品	为何是最佳选择	产品如何解决问题
决策的关键因素	各种选择及解释	推荐信	保证和承诺	证据及服务

尽管不同客户对销售人员的期望不同，但销售人员的销售介绍往往取决于其自身的社交风格。如掌控型的人喜欢对所有客户采取强行推销的做法，若遇到随和型客户，这种做法可能显得高效且专业化，但随和型客户的内心还是更喜欢与一个重关系、重友情的销售人员打交道。当销售人员碰到和自己处于同一象限的客户时，很容易赢得好感，但遇到不同象限的客户时，尤其是对立象限（老虎和考拉，孔雀和猫头鹰）时就相当难受。这时，就要求销售人员受点委屈，及时调整自己的销售行为。通俗地讲，老虎喜欢

控制，销售人员必须表现出服从的样子；猫头鹰喜欢被尊重，销售人员必须像对待专家一样和他讨论问题；考拉需要别人支持，销售人员需要不断地把别人的建议、想法和赞同传递给他；孔雀喜欢赞赏，销售人员需要给他表扬并注意采纳其建议。通常情况下，随机应变的销售人员比不会调整销售行为的人更有效率。图4-5对善于应变和不善应变的销售人员的行为进行了对照。

不善应变	善于应变
• 可预知的	• 不可预知的
• 以自我为中心	• 以顾客需求为中心
• 专业的	• 博学的
• 爱好单一	• 爱好广泛
• 坚持原则	• 商量问题
• 只看问题的一个方面	• 多角度看问题

图 4-5　销售人员应变能力对照

许多公司借助社交风格矩阵之类的工具设计销售人员的训练项目，帮助销售经理发现销售人员在随机应变方面存在的问题，并提出相应的改进方法，从而帮助销售人员调整自己的销售行为。表4-8从自信度和敏感度两个方面给出了调整销售行为的一些技巧。

表 4-8　调整销售行为的技巧

维　度	调整对策	
	弱　化	强　化
自信度	征询客户意见	直击要点
	认可客户观点的优点	不要模棱两可或含糊不清
	倾听，不打断客户讲话	主动讲述信息，敢于说不
	从容不迫	占据一个立场
	让客户主导谈话过程	主导谈话内容
敏感度	务实	用语言表达感受
	说话少	显得热情
	抑制过度热情	表达个人的称赞
	基于事实做决定	在建立关系上多花点时间
	停下来思考	参与社交活动
		利用非语言沟通方式

需要强调的是，准确划分客户类型非常困难，且同一客户可能会随销售情景变化而呈现差异性。如一个客户遇到新的购买情况时，可能是分析型的；而直接重购时，可能是随和型的。若心情不好，随和型客户可能变得像个掌控者。销售人员不能生搬硬套，

而应在销售的每一个环节中保持灵活性，随机应变，真正领悟适应性销售的精髓，这是提高销售实战技能的关键。

4.4 人工智能助力适应性销售

人工智能（artificial intelligence，AI）是研究、开发用于模拟、延伸和扩展人的智能的理论、方法、技术及应用系统的一门新兴的科学技术。目前，人工智能技术主要运用于 B2C 营销领域。如在 Facebook 或谷歌上出现的广告，过去其行为追踪、人口数据统计、位置信息等都是针对个人客户的，由于没有人工智能的协助，这一过程是无法在一定规模上完成的。以下内容重点讨论人工智能在 B2B 营销领域中的应用。

在 B2B 营销领域，人工智能在客户关系管理方面也有极大的应用空间。人工智能技术能帮助销售人员做好客户开发、优先级安排、销售线索验证、销售预测等工作，让销售更容易，重点更突出、更智能。比如美国市场营销工具公司 LeadGenius，其通过人工智能和人力相结合，帮助企业在数据库中不断生成 B2B 销售线索。具体做法是挑选出每家公司具有买家角色的高层决策者，并提供几个潜在新客户的直接联系方式。一旦潜在客户成为目标，该工具将生成一个目标列表，并突出重要的数据点，以帮助企业将受众细分，并产生出个性化内容。这样可以节省销售团队数小时用手工搜索目标客户的时间，有利于其更加可靠地筛选客户，帮助企业随时添加定制细节，让企业有足够的时间专注于销售讨论和完成交易。再如 AI 初创公司 Chorous.ai's 提供的客户开发人工智能解决方案，其能使用自然语言处理记录、转录和分析所有销售电话。这个工具可以像销售人员一样参加电话会议，并能突出显示通话过程中出现的重要话题。当潜在客户提到定价、竞争对手或痛点等关键词时，Chorous.ai 会对这一时间点做出标记，从而可以帮助销售人员挖掘出更深层次的客户，改进交易过程中的一些细节。事实上，销售电话中的这种"标签"行为对销售人员来说是费时费力的任务。平均来说，销售人员把 80% 的时间用于线索审查，只有 20% 的时间用于达成交易。而人工智能机器人能大大地减轻销售人员日常工作的压力，使其腾出更多时间用于人际关系的建立和维护，并根据销售情景调整销售行为。

人工智能机器人可通过大量、复杂的数据集合去不断学习。它们不但会消除目前许多仍需手动操作的数据输入，自己从情境中尽可能多地推断出相关信息，而且还可以消除简单枯燥的销售和服务工作，为销售人员提供有用的洞察。短期来看，人工智能机器人会替代一些简单重复、技术含量低的销售工作，如制作表单、记笔记等。当然，对一个出色的销售人员来说，人工智能只能充当其"力量倍增器"的角色，帮助其在竞争中脱颖而出。有专家在《哈佛商业评论》上撰文指出，人类在通过掌握人工智能的关键特性开发"机器智能"的同时，需要让"人情味"成为保持销售不断发展的重要条件，尤其在处理客户异议和意外情况方面，优秀的销售人员必须运用自我判断形成一些策略，及时提出问题并处理公司员工、客户、供应商和合作伙伴之间日益复杂的关系网络。

综上所述，人工智能与销售人员的工作可相互补充，如图 4-6 所示。人工智能在客户开发等方面可助力销售工作，但无论人工智能未来如何发展，销售人员在关系维护、谈判、推介和客户培育等方面的工作难以被完全替代，因为人类的情感交流和人际关系在客户关系管理方面有微妙作用。所以，那些有趣、体贴、善于察言观色且能与智能机器人优势互补的人，会率先成为最优秀的销售人员。

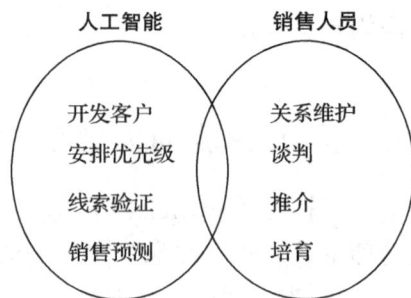

图 4-6 人工智能与销售人员的工作互补

本章习题

一、判断题（对的打√，错的打 ×）

1. 在销售介绍中，概要型介绍是一种机械背诵型的销售介绍。（ ）

2. 对销售人员来讲，随和型的社交风格类型是最好的，适合各种销售情景。（ ）

3. 外向型的人热情、有创意、吸引人，但会被客户认为是顽固、无原则、不坚定的人。（ ）

二、单选题

1. 一般来讲，产品的使用说明书和及时的维修服务属于产品的哪个层次？（ ）

A. 核心产品   B. 延伸产品   C. 形式产品   D. 不确定

2. 下列销售介绍的非语言表达方式中，哪一种是消极的？（ ）

A. 点头   B. 焦躁不安状   C. 身体前倾   D. 深思状

3. 销售人员在介绍产品的利益点时，若强调"谁用过该产品"，会对哪类社交风格的客户最有效？（ ）

A. 掌控型   B. 外向型   C. 随和型   D. 分析型

三、简答题

1. 简述标准记忆型、概要型、定制型三种销售介绍类型的特点。

2. 简述适应性销售的训练框架。

3. 简述人工智能在 B2B 营销领域中的应用。

销售演练

演练 4 评估销售人员的社交风格类型

说明：假定你是一位销售人员，因为别人只能看到你的外在行为，而不知你内心想法或意图，加之人们常常会随着环境变化调整自己的行为，所以，这个测试可以帮助销售人员重新认识自我，客观评价自己的社交类型。请按照以下几个步骤，对自己的社交类型进行评价。

步骤 1：自我打分

表 4-9 给出了社交风格评价指标及分值情况，请根据自己的真实感受进行打分。

表 4-9　社交风格评价指标及分值

自信等级				敏感程度			
安静的·················多话的				外向的·················内向的			
1	2	3	4	1	2	3	4
优柔寡断·················当机立断				易于冲动·················三思后行			
1	2	3	4	1	2	3	4
跟从的·················掌管的				观点为重·················行动为重			
1	2	3	4	1	2	3	4
支持的·················挑战的				非正式的·················正式的			
1	2	3	4	1	2	3	4
顺从的·················统治的				感性的·················理性的			
1	2	3	4	1	2	3	4
深思熟虑·················快速决定				易于了解·················很难了解			
1	2	3	4	1	2	3	4
问问题·················做声明				热情的·················冷漠的			
1	2	3	4	1	2	3	4
合作的·················竞争的				易兴奋的·················平静的			
1	2	3	4	1	2	3	4
避免风险·················敢冒风险				表情丰富·················面无表情			
1	2	3	4	1	2	3	4
慢节奏的·················快节奏的				看重人的·················看重事的			
1	2	3	4	1	2	3	4
谨慎的·················轻松的				无意识的·················谨慎的			
1	2	3	4	1	2	3	4
纵容的·················严格的				积极响应·················消极回应			
1	2	3	4	1	2	3	4
不自信的·················自信的				幽默的·················严肃的			
1	2	3	4	1	2	3	4
圆滑的·················切合实际的				杂乱的·················有条理的			
1	2	3	4	1	2	3	4
含蓄的·················直率的				轻松的·················紧张的			
1	2	3	4	1	2	3	4

资料来源：Based on work by David Merrill and Roger Reid, *Personal Styles and Effective Performance* (Radnor, PA: Chilton, 1981).

步骤 2：将表 4-9 中的两列得分分别加总后除以 15，把所得分数所对应的点在图 4-7 中标出，看看你属于哪种社交风格？

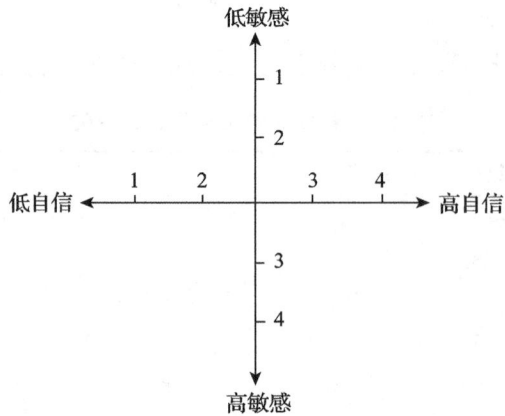

图 4-7　四种社交风格坐标

步骤 3：请几个朋友也给你打分，重复步骤 1 和步骤 2。请明确你的社交风格的类型，并对其特点进行具体描述。

社交风格的类型：---

特点：---

步骤 4：假定你是一位销售人员，说明向四种类型的客户进行销售介绍的技巧。

掌控型：---

分析型：---

外向型：---

随和型：---

📍 销售案例实训

实训项目 4　适应性销售训练

1. 实训目的

（1）训练学生适应性销售的思维。

（2）提高学生在真实环境下进行适应性销售的实际能力。

2. 背景材料

案例 4-2　400 万元的单子怎么飞了

老罗是国外著名的电气自动化企业的项目经理，负责市场开拓。一天，老罗在拜访客户时，客户无意中提起 BP 公司的采购项目，老罗听到后自己暗暗记住了单位的名字，回来后通过查黄页、拨打 114 电话找到该单位，并找到了具体的负责人。简单地了解了后，老罗得知 BP 公司确实有这个采购计划，而且项目也正在实施，目前处于前期调研阶段。该项目从 2005 年 4 月开始，到 2006 年 3 月结束，老罗共拜访客户四次，以下是老罗关于项目具体过程的自述。

第一次拜访

通过初步的简单了解，马上确定拜访时间。在家准备好所需的资料，想好了本次拜访所要问的问题，成行。2005 年 4 月的一天，上午 11 点左右，见到了项目负责人 A，男，年龄 40 岁左右，技术出身，戴眼镜，说话很客气，吸烟，喜欢喝茶，（给我倒茶时发现从抽屉里拿出包装精美的茶叶）。互换名片，简单寒暄，我开始介绍自己和公司，之后听他介绍项目的情况。整个过程基本上是我问他答，我一一做了笔记。基本情况了解完后，他安排我见下面的技术人员 B 和 C，即之后的具体操作人员。之后 A 不在场，我与技术人员进行了技术交流并做了电脑演示，期间还"不经意"地和技术人员聊天，验证 A 所说的是否属实。产品介绍完毕之后，我回答他们关心的问题。中午邀请 B、C 吃饭，他们答应了。饭间工作谈得不多，主要聊了些其他的。未邀请 A，我是故意的，一是怕首次见面，不好盲进；二是有些问题 A 在场不好了解。饭毕回程。借此次拜访，自己想要了解到的情况基本上都了解到了，于是我确立此采购计划为重点项目进行跟踪。

第二次拜访

第一次拜访完大概两个星期后（之前有过电话和传真联系），我又去拜访。拜访的理由是上次的一些技术参数需要澄清，以及谈论报价问题，去前先是给 A 打电话预约，A 同意，并说安排好 B、C 一起和我见面。由于路上堵车，到的时候离他们上午下班还有半个小时了。简单地谈了些技术问题，其中在一些问题上 C 提出了异议（在这里简单介绍一下 B、C：B 是一个 50 岁左右的人，对技术很精通；C 是一个 30 多岁的人，戴眼镜，对技术不是很懂，在这个科室里 C 是相关的负责人，但分量不是很重的那种）。对于 C 的异议很多都是 B 帮我解释的。在此过程中 A 没有多说什么，只是问了些很容易回答的问题。

下午上班继续谈技术问题。B 问的问题比较深奥，需要我打开笔记本很详细地介绍。花了 1 个多小时的时间，A 比较认真，还做了笔记。整个详细的技术交流过程，我感觉应该没有多大的问题，结束时看得出他们都比较满意，总体上我们的设备能满足他们的要求。然后 B、C 回他们科室，A 又问了我些报价问题，我给的是公开报价。然后我约 A 晚上吃饭，A 让我 5 点半再打电话给他。于是我就打算今晚不回家了，出去订了房间，顺便用剩下的时间拜访了另外一个客户。到时间后我打电话给 A，A 同意了吃饭。到了约定酒家，很高档的那种，是他们帮忙订的。席间听说他们曾经来过这里，点了大概 600 元的菜，然后是喝酒，

4个人喝了两瓶酒，大家都喝得差不多了，开始称兄道弟了。期间聊起了日本（我的竞争对手有日本厂家的），大家都恨日本，玩笑般地组成了抗日联盟。最后大家开车到了城边一家很大的休闲场所唱歌。

通过上面两次交流，我总结如下：我们的设备能满足他们要求，这首先的必要条件过关，接下来就是做人的工作；第一次真正做人的工作感觉气氛比较好，没有特殊的负面因素；但这三个人性格各异，要逐个攻破，就此项目而言，搞定这3个人应该就没有问题了。2005年的国庆假期，A一家三口要到海南旅游，打我电话，让我帮他订票。当时我认为这票钱肯定是我出了，由于时间紧，于是我也没有很在意就订3张全额票。大家知道这个时候不好订票，更不好订折扣票，算了，我不找借口了，反正事后感觉此事比较窝囊，说白了，我没看透A这个人。当他们拿到票后，A要把票钱给我，我死活没要。但当我送他们到机场回来后，A打电话告诉我说，票钱放在车的后座了。

第三次拜访

10月中旬我又去了他们那里，这次给A带了上好的茶叶。见面时A没有表现出任何关于机票的不快，我提起来，他很大方，一再地感谢我，茶叶也收下了。我问他项目情况怎么样了，他说已经报到上面了，等批复下来就马上操作。我邀请他到我们北京总部考察，他说最近比较忙，等过段时间会考虑的。谈话间，有电话进来，让他去开会，我告辞。到了B、C的科室，B不在，只有C和另外一个人在，那个人我认识，是我的竞争对手。分别打了招呼后，我就出去转悠了一圈，回来后竞争对手走了，我就和C聊天，然后和他出去吃饭。席间谈到我的竞争对手，他问我那人怎么样，我就说他人还可以，就是能吹了点，C只是微笑。然后又说起B，他露出不太察觉的鄙夷，说："老B啊，是个好人啊，不过他这么大年纪也还只是个技术员，也够难为他的了，都不容易啊。其实我的位子应该让给他的。"我一听，明白了八九成，B、C是貌合神不合，怪不得在技术上B老是反驳C呢，于是我就顺着他的意思说，主任的位子（化验室负责人，管五六个人）不是谁都可以当的，光技术还不行啊，必须有全面的素质。C听了很高兴的样子，说：那倒是。饭后C领我到资产管理处（负责招投标的）做了个备案。

11月，公司总部下来几个人与客户交流。此次交流比较正式，在会议室进行。他们当中有资产管理处的人，有质量管理处的人，有A、B、C，还有一个副总工程师。交流的时候技术出身的A表现得很活跃，问的问题也很专业，与单独和我交流的时候判若两人，以往都是B、C问，A听。我心里有种不好的感觉。事情到了这里，我的心里没有底了。

A绝对是个深藏不露的人，他未必会贪小便宜，但也不会让你下不了台，同时他还想有所发展，还想往高处爬。此人一向很谨慎，从第一次见面，到约吃饭、席间、唱歌、机票、送礼、再到此次交流都可以看出。因此在接下来的工作中，必须要让他感觉到安全。

B是个很热情的人，但他对谁都很热情，包括我的竞争对手。他会给你一种感觉，好像是事情到我这里我就认可了，以后有什么问题那就不要怪我了。此时能吃的就吃，能玩的就玩，反正都是不痛不痒的小事情。而C呢，位子不上不下，技术又不是很懂，同时下面还有一个老B总是和自己抬杠。C是属于那种比较隐藏的人，对人若即若离，不会明确表态，但会给一点暗示。同时，B 与 C 又是貌合神离的关系。

这个项目开始变得复杂起来，同时又出现了个副总工程师 D，此人的力量不可小觑。能搞定 D 事情就会简单了，毕竟 A 要想有所作为，他是不可能与 D 意见相悖的。接下来，我到底该怎么办呢？到了年底大家也都比较忙，他们这个项目看来年前是不会启动了。尽管如此，我也一直和他们保持着联系，也顺便过去了两三次，没有大的情况，倒是 C 的小孩来看病，陪他在医院待了一天。春节过后，我过去给他们拜年，每人两瓶酒两条烟，晚间到了离城 30 公里的一家温泉寓所饭后去泡澡。此次拜年非常顺利，预期的效果也达到了。按道理工作做到这里，基本上应该有个定论了。拜年过后我也分别问过他们：看这个项目我们成交的可能性有多大？A 说他向上面的报告中推荐的就是我们的，没有大的意外，价格做得合适点，应该不会有问题。B 说他对我们的设备技术非常认可，在评标的时候会从技术方面侧重于我们。C 说关键看上面的意思，但他请我放心，说，"我们是朋友嘛，当然要帮自己人了"，还笑着反问我一句："你说是不？"

第三次拜访总结：我感觉，做客户关系方面，应该没有问题了，技术方面得到了足够的肯定，应该十拿九稳！

第四次拜访

春节过后没有多久，A 打电话告诉我说，他们现在要安排人下周一到我们北京总部考察一下，顺便到我们的用户那里了解一下，还带了样品实际做一下。我接到电话后问他安排的是谁，A 说是 B 和 C 两个人，他没有时间。OK，我马上打电话和我们总部通了气。我联系了 C，问他要不要我在这边给他们订票，他说不用，他有个同学在这边，让他帮他们订了。我又问他要不要我们在北京接他，给他订房间，他说不用，他要在西安下车，有点事情。当时我也没有在意。到了周四的时候，我给总部打电话，问了情况。他们说 C 还没有过来，于是我赶紧联系 C，C 的手机关机；又联系 B，B 居然没有去，因为他正好在去的前一天胆结石犯了，正在医院做手术。到了周四的下午 C 给我打了电话，说周五到我们总部，结果周五的下午快下班的时候 C 才到，我们公司简简单单地做了样，最后了解做样的情况很不理想。周六上午 C 回程。等 C 回去了，我去拜访，想了解下 C 这几天到底在哪里，做了些什么。见面他们都还是老样子，C 说我们公司给他的印象很好，做样的结果也很理想。我很奇怪。见到 A，他没有多说什么，只是让我提供给他一份我们在中国市场上的用户名单。还问我在某地是不是有一台我们的设备。当他提到这台设备的时候，我知道坏事了。这台设备目前的运行情况确实很糟糕，当时买设备的和现在用设备的不是同一伙人，用的人当时也没有拿到什么好处，现在总是给我们小鞋穿，而最要命的是他们两个厂的产品正好是同类的，所用的材质也差不多。正是基于这个情况，我一直没有提这台设备，这次看来是包不住了，就赶紧解释。我列举周边地区的其他用户，说他们使用得都很好，但 A 最后说自己和他们不一样。

我已经没有多少时间再去做工作了。紧接着，进入了投标程序，4 月开标，我们的价格在 5 家投标公司中，正好是属于中等的，比最低的一家贵 10 万元人民币。最后，第二便宜的厂家中标！后来 A 请我吃了顿饭，说了些抱歉的话，最后说希望我能理解他的难处。整个项目到此彻底失败了。

这个400万元项目是我所有失败项目中给我印象最深的一个，输了是输了，输得我无话可说，输得心服口服，我输在了最后的时刻，前面我花了那么多力气和心血，结果却输在了一个看似不起眼的原因上。说真的，真的很痛心！

最后总结：这个400万元项目的失败，我最后才发现原来给C订票的他那个同学，是我们的竞争对手，也是他在C到北京考察时全程陪同，C在西安下车是到了他同学的公司总部，到北京总部考察的报告也是C递交上去的，最后关于我们那台运行不好的设备的情况也是他同学告知的，C还拉着A和B一起到那里考察过，实际上C暗暗地成了他同学的牵线人，我们最后的投标价格也是他透露出去的。他们正是看到了A对自己的安全要求，才相应地做了这样的策略。

资料来源：作者根据访谈整理。

3. 实训任务

（1）你认为这个项目失败的主要原因是什么？

（2）你认为老罗和A、B、C、D四个角色分别属于什么社交风格？

（3）为拿下BP公司的下一个项目，老罗所在的公司计划引入人工智能，请说明人工智能助力销售代表老罗进行适应性销售的工作要点。

4. 实训步骤

（1）个人阅读。

老师应督促学生针对实训任务进行阅读，并让其在课前完成。针对中国学生的特点，课堂上老师或学生还需再花费10～15分钟对案例学习要点及相关背景进行简单的陈述。

（2）分组。

在授课教师指导下，以6～8个人为单位组成一个团队，要求学生选出组长、记录人、报告人等角色。

（3）小组讨论与报告（25分钟）。

主要在课堂进行，围绕实训任务展开讨论。同时老师应鼓励学生提出新的有价值的问题，要求每个小组将讨论要点或关键词按小组抄写在黑板上的指定位置并进行简要报告，便于课堂互动。小组所报告的内容尽可能是小组成员达成共识的内容。

小组讨论与报告

小组名称或编号：_____ 组　长：_____

报告人：_____ 记录人：_____

小组成员：_____

1）小组讨论记录：

发言人1：_____

_____

发言人2：_____

_____

发言人 3: _____

_____

发言人 4: _____

_____

发言人 5: _____

_____

发言人 6: _____

_____

发言人 7: _____

_____

发言人 8: _____

_____

2）小组报告的要点或关键词（小组成员达成共识的内容）：

任务 1: _____

任务 2: _____

任务 3: _____

（4）师生互动（15 分钟）。

主要在课堂进行，老师针对学生的报告与问题进行互动，同时带领学生对关键知识点进行回顾，并追问学生还有哪些问题或困惑，激发学生的学习兴趣，使学生自觉地在课后进一步查询相关资料并进行系统的回顾与总结。

（5）课后作业。

根据课堂讨论，进一步回顾本章所学内容，要求学生撰写正式的实训报告。实训报告建议以个人课后作业的形式完成，其目的是帮助学生在课堂学习的基础上，进一步巩固核心知识，联系实际思考并解决问题，最终形成一个有效或学生自认为最佳的解决方案。要求学生在制订方案时应坚持自己的主见，并提供数据、事实的支撑和分析，以帮助学生学会在复杂和挑战的环境下，提高分析解决问题的技能。实训报告的提纲如下。

实训报告

1）该项目失败的主要原因有：

_____

_____

_____

_____

_____

2）分析老罗和 A、B、C、D 四个角色的社交风格。

老罗: _____

A: _____

B: _____

C: _____

D: _____

3）为避免销售失败，请帮助老罗提出对 A、B、C、D 四个角色进行适应性销售的要点。

A: _____

_____

_____

B: _____

_____

_____

C: _____

_____

_____

D: _____

_____

_____

为拿下 BP 公司的下一个项目，老罗所在的公司计划引入人工智能，请说明人工智能助力销售代表老罗进行适应性销售的工作要点：

_____

_____

_____

_____

（6）实训成果的考核：根据学生课堂表现和实训报告质量，评定实训成绩。

短期客户关系建立

短期客户关系建立是构建并维护长期客户关系的前提，它需要经历售前客户关系开发和售中客户关系推进两个阶段。本模块分为两章：

第5章　售前客户关系开发
第6章　售中客户关系推进

第5章 CHAPTER5

售前客户关系开发

一场精彩的即席演讲通常需要超过三周时间的准备。

——马克·吐温

销售冠军的习惯是：不仅要准时，还必须要提前做好准备。

——佚名

学习目标

1. 掌握识别及获得客户源的方法。
2. 学会制订销售访问计划。
3. 掌握销售访问的主要任务。
4. 了解售前客户关系开发的线上工具。

引例

史玉柱如何挖掘潜在客户

2004年10月，盛大公司的一批研发人员走出来寻找投资。史玉柱连忙投入2 000万元网罗这批人才，开发一款名为"征途"的游戏。在开发这款游戏的过程中，史玉柱不只是一个简单的投资人，而且是一个研发的领军人物。

没有经验，是史玉柱从事所有创业的资本。他不需要经验，他只需要把自己与繁华的世界隔离开来，专注于网游研发。他的方式很奇特：找玩家聊天。据说，史玉柱在开发这款游戏的过程中与2 000个玩家聊天，每人至少2小时。按每人2小时计算，2 000个人，就是4 000个小时。一天按10个小时算的话，也要聊天400天。这是多么浩大的工程！他本可以找十几个人聊聊天就行了，其他凭借想象，也可以估计个八九不离十。可史玉柱不这样想。在他看来，每个人都是一个宇宙，都有闪光点，把分散在许多人身上的闪光点汇集在一起，就有了无人匹敌的竞争力。跟人聊天很容易，尤其是目的性不强的聊天，很可能是难得的消遣。可是真要咬定目标去与新新人类聊天400天而不生出厌倦来，史玉柱怕是第一人。

在4 000多个小时的聊天过程中，他一个个洞悉了从事网游的乐趣、激情、义愤、郁闷、心跳、欢畅、紧张、算计、张狂、好奇、窃喜、嫉妒、悔恨、无奈、宣泄、控制、霸气、说一不二、倚剑昆仑、饮马天河的干云豪气等。所有这些复杂的甚至对立的情绪，他先前还没有体验过，甚至连想象都不可能，但现在他却了如指掌。给所有这些情绪一种载体，一种释放机制，正是"征途"最吸引人的地方。40 多岁的史玉柱，平心静气地感受了十几岁少年的情怀。对人性的这种把握和定力，是史玉柱主导的"征途"不同于任何一个网游的根本所在。

资料来源：作者整理。

思考：

1. 你认为史玉柱挖掘潜在客户的方式是最佳的方式吗？为什么？

2. 假如你是"征途"游戏的一名销售人员，如何找到更多的潜在客户？

售前客户关系开发涉及挖掘潜在客户、制订销售访问计划和进行销售访问三大任务。对所有销售人员来讲，找对潜在客户是达成交易的前提，一个优秀的销售人员通常"不打无准备之仗"，所以预先制订销售访问计划是高效完成销售任务的保障，而进行销售访问标志着销售战争拉开了序幕，会直接影响后续销售任务能否顺利完成。

5.1 挖掘潜在客户

5.1.1 识别客户源

挖掘潜在客户（prospecting）是定位某产品或服务的潜在客户群的重要过程，它是客户开发过程的关键环节，也是销售人员日常工作中最为重要的工作之一。从图 5-1 给出的一个完整客户开发过程可以看出，挖掘潜在客户实际上从寻找客户源开始。不是每一个客户源都会成为潜在客户，只有提供真正销售机会的客户源才是潜在客户。为了解客户源的资格并确定客户源能否成为潜在客户，销售人员可通过挖掘潜在客户、搜集访前信息、准备接触、发现需求等几个步骤。其中搜集访前信息、准备接触的具体内容将在本书后面的章节中加以介绍。这里重点介绍与挖掘潜在客户、发现需求有关的五个问题，以识别出优秀的潜在客户。

图 5-1 客户开发的过程

1. 客户源的需求是否真正存在

研究表明：客户购买原因多种多样，没有永远正确的答案说明客户为什么购买。通常情况下，客户是以自己的理由购买商品，而不是我们所说的理由。确定某个客户是否真正需要销售人员所推销的产品或服务并非总是那么简单。许多公司用电话或

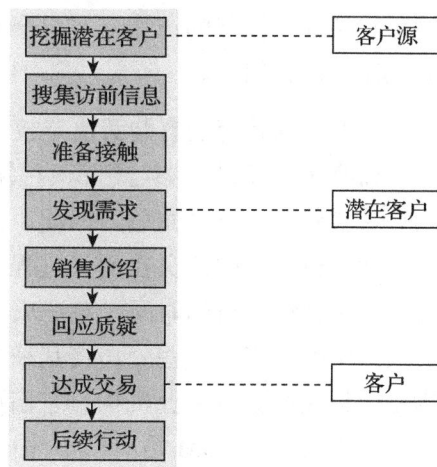

电子邮件来评估各种需求；有时则通过一次试探性的会晤来揣摩卖方的产品能否满足某客户源的需求。事实上，几乎每个组织或个人都有可能对某些产品有需求，如几乎每个组织都需要传真机、电脑、网络设备、复印机、纸张和一套电话系统。客户的需求往往要通过实地销售访问加以确认。

采取强势推销策略，会迫使那些本无需求、犹豫或不想购买产品的人达成交易，但这样的销售对交易双方都不利。买方会对这次购买产生怨恨之心，这就意味着卖方失去了一位潜在的长期客户。必须是那些想解决自身问题的客户源，才有可能成为合格的潜在客户。

2. 客户源是否有支付能力

在市场经济条件下，只有具有支付能力的需求才构成现实的市场需求，因此，在对客户需求进行鉴定的同时，必须对其支付能力进行鉴定，以避免销售时间的浪费。客户支付能力可分为现有支付能力和潜在支付能力两类。进行支付能力鉴定时，首先，鉴定客户现有支付能力，既具有购买需求又具有现有支付能力的客户是最理想的销售对象；其次，应注意对客户潜在支付能力的鉴定。一味强调现有支付能力，不利于销售局面的开拓，掌握客户的潜在支付能力，可以为销售提供更为广阔的市场。当客户可以信任并具有潜在支付能力时，销售人员应主动协助客户解决支付能力问题，可以建议客户利用银行贷款或其他信用方式购买推销品，或对其实行赊销（偿还贷款的时间不宜过长）。

要准确地鉴定客户的支付能力并非易事，绝大多数客户不愿向别人透露自己的实力状况，很多企业内部财务资料对外保密。要搞好客户支付能力鉴定，需要销售人员做大量的多方面的调查工作，以便从各方面的资料中对客户的支付能力做出推算。例如，通过对客户收入水平、家庭人口或生产规模、经营状况等情况的调查去推断其支付能力，还可通过有关统计部门、上级单位或内部成员等得到相关的真实资料。另外，对一些企业客户，也可通过一些信用评价服务机构（如邓白氏、标准普尔）获得客户源的信息，因为一些大公司或公共服务机构的信用度非常低。有些销售人员往往通过观察客户穿着的服装品牌、佩戴的饰物、客户个人修养，来判断客户是否有足够的支付能力，这与实际往往有较大偏差。

3. 客户源是否拥有购买决定权

如第 3 章所讲，参与组织购买决策过程的成员可能扮演使用者、影响者、购买者、决策者和监督者五种角色。因此，往往会有多个人介入购买决策，谁更有决策权往往含混不清。虽然不同成员在购买过程中发挥的作用不同，但了解谁拥有决定达成交易的权力会节省销售人员的时间，对达成交易起到事倍功半的效果。

为压缩开支，一些公司将其采购任务外包给系统集成商。系统集成商是指为客户提供系统集成服务的专业机构，它们通常从项目的起始阶段到后续服务对项目担负全责或大部分责任，如 IBM 是南京市浦口区城市数字化（电子政务）支撑平台的系统集成商，在这种情况下，每个供应商都会把相关产品卖给 IBM，而非浦口区政府。因此，有系统集成商介入的时候，销售人员必须搞清楚谁真正拥有购买权力，有时最终买家会对潜在的经销商保留否决权。

4. 客户源是否易于接触

有些客户既有需求、支付能力，也有购买决定权，但仍不能成为潜在客户，这是因为他们不易被销售人员接近。举例来说，一位刚毕业的大学生是一家信托投资公司的销售代表，他想拜访大型银行的行长、大型国有企业的老板或者著名上市公司的 CEO，显然并不容易，和他们进行一次会晤会非常困难，而且达成交易的希望也非常渺茫，所以销售代表应当将这些人从可能的潜在客户名单中划掉。

5. 客户源是否具备购买资格

影响客户购买资格的因素很多。首先是订购量。若客户订购量没有达到规定要求，那么这样的客户就暂不具备购买资格。其次是客户所处地理位置。有些销售人员负责特定区域的销售，这样他就不能联系该区域之外的客户。最后是客户种类。例如专门负责批发商的销售代表，通常不该把零售商设定为自己的潜在客户。还有些公司规定，特定类型的大客户由公司总部负责，各分支机构无权开展相关业务。

寻找客户源的前三个问题可概括为 MAN 原则，money 代表"金钱"，即所选择的对象必须有一定的购买能力；authority 代表"购买决定权"，即该对象对购买行为有决定、建议或反对的权力；need 代表"需求"，即该对象有这方面（产品、服务）的需求。

5.1.2 获得客户源的方法

获得客户源的方法很多，表 5-1 列出了获得客户源最为常见的方法并进行了简要说明。

表 5-1 获得客户源最为常见的方法

方法类别	说　　明
满意客户的推荐	利用满意客户提供的客户源名单
关系网络	私人关系，核心人物，知情者，竞争对手的销售人员、公司职员
信息技术	利用互联网、电子邮件、邮件列表、公告板、论坛、圆桌会议、新闻组以及数据库，挖掘技术、客户关系管理系统
传统方式	利用报纸、杂志、电话、传真、信件、广告直邮、产品目录、宣传品、各种名录、号码簿；利用陌生拜访，拜访完全不熟悉的组织

1. 满意客户的推荐

优秀公司的大部分客户来自现有客户的推荐。销售人员可采取下列步骤最大限度地利用满意客户。首先，销售人员与满意客户经常联系，保留客户详细资料，通过电话、电子邮件、私人会面定期联络，使其维持满意状态；其次，与最满意的客户沟通，征询可能的客户源名单；再次，确定客户希望的推荐方式，如写一封信、打个电话或引见一下；最后，征询客户能否提供新的客户源名单与其他帮助。

销售人员可采取措施引导满意客户的推荐，如乔·吉拉德作为一位伟大的推销员，当其他推销员坐等客户上门的时候，他就主动走出去开发客户源。他还建立了一套客户推荐系统，每当客户介绍一个新客户，他会给予推荐者一部分佣金或提成。当然，从公司层面，可制定市场政策，直接促使现有客户推荐客户源，也可举办推荐人集会活动，为当前客户向销售人员推荐新客户创造机会。例如，房地产公司举办老业主回馈答谢活动，免费赠送给老业主每人5～7张温泉体验入场券，目的是希望老客户带来新的客户。

有时客户不愿推荐他人，主要是担心销售人员如果工作没做好，会受到推荐客户源的责备。所以保持客户的持续满意非常关键。满意客户还会成为公司其他业务的潜在客户，开发这类客户的过程被称为深度销售。通常情况下，要求新客户或不满意客户推荐客户的难度较大，因为不满意的客户会对业务进行负面介绍，即突出相关产品或服务的缺陷。这是销售人员要努力避免的。

2. 关系网络

关系网络是经由人际关系而形成的网络，经常用于政治或商业的领域。实际上很多销售机会都可以从身边的人获得，因为身边的人（亲朋好友）对销售人员及其所销售的产品相对比较熟悉，更易于达成交易。李嘉诚曾说过："随时留意身边有无生意可做，才会抓住时机，把握升浪起点，着手越快越好。遇到不寻常的事发生时立即想到赚钱，这是生意人应该具备的素质。"

乔·吉拉德曾提出250定律，即在每位客户的背后，都大约站着250个与他关系比较亲近的人，这些人包括他的同事、邻居、亲戚、朋友等。如果一个销售人员在一个星期见到50个客户，其中只要有两个客户对他有意见或不愿跟他打交道。那么到了年底，由于连锁影响，就可能有5 000个人不愿意和这个销售人员打交道。

销售人员日常应多做这样的思考：身边的人有没有可能购买？他们有没有可能介绍或推荐别人购买？同时，主动采取实用性的方法步骤不断完善关系网络。首先，每天至少联络两个人，每周至少参加一次社交活动，增加曝光率与社交时间，打破"让自己舒服"的社交原则，反客为主，学会与不认识的人交往。其次，与新认识的人交流时，应多谈对方的事情，积极了解对方的兴趣和爱好。最后，提高交往的规范性，如利用卡片、便条、电子邮件等对交往对象的喜事进行祝贺。销售人员也可考虑加入一些专业的社交网络或俱乐部。

销售人员还可考虑利用核心人物拓展客户源，核心人物是具有较高知名度、在某领域有较大影响力的人士，他们常处于重要部门，虽然不直接参与购买决策，但对购买决策过程可能起到举足轻重的作用。核心人物往往是团体中喜欢社交活动的人，团体成员不但信任他们，而且还愿意寻求他们的建议。此外，若能联络上知情者、竞争对手的销售人员及其公司职员，对扩展客户源有时会收到意想不到的效果。

3. 信息技术

信息技术已成为众多公司开发客户的最方便和最有效的方式。许多成功的销售人员利用互联网、电子邮件、邮件列表、公告板、论坛、圆桌会议、新闻组以及数据库挖掘技术、客户关系管理系统，去搜录客户源。互联网用于全国性甚至国际性的客户开发更具优势。公司应确保其网址列入主要的搜索引擎中，也可以付费或以抵货的形式获得各种网络广告。一些电子商务公司利用信息技术和免费策略，快速开发新客户，案例 5-1 描述了淘宝网创立之初是如何挖掘潜在客户并击败竞争对手的。

案例 5-1　　　　　　　　　　淘宝网创立之初如何挖掘潜在客户

淘宝网从 2003 年 5 月成立之初就采取免费策略来吸引大量客户，并以此作为击败竞争对手的重要战略。多年来，淘宝根据中国国情，坚持免费策略，投资数十亿元资金来充分提高客户体验、培养客户情感，不仅吸引新客户不断加入，还逐步培养了大批忠诚客户。这一举措给竞争对手带来了巨大的压力。世界电子商务零售巨头 eBay，曾经号称在所有进入的市场都能取得竞争优势和胜利。在进军中国之初，其便对商户采取其通用的收费策略，无论商户是否盈利，都要先行交一笔"入场费"，这一策略极大地挫伤了中国客户的积极性和热情，造成大量客户流失。虽然其后期也调整为免费策略，但已失去了吸引和培养客户的大好时机，这也为其日后与淘宝的竞争失利埋下了伏笔。淘宝虽然一直实施服务免费策略，但是从其他方面构建了盈利模式，并在交易流程中，针对客户的需求，在售前、中、后都采取了一系列体现客户关怀的相关措施，最终实现了客户关系开发、维护和增收的多重目的。

许多公司利用软件发掘潜在客户，如美国 Resonate 公司，利用一款名为"潜在客户发掘者"的软件，可自动搜索各搜索引擎与在线数据库，当找到该公司一位合适的潜在客户时，软件会自动搜集该客户的财务、联络、新闻等关键信息，帮助销售人员在拓展客户源方面采取进一步的行动。

一些优秀公司会开发包含客户源、潜在客户和客户信息在内的交互式数据库，如美国最大的玉米种子生产商之一 Pioneer 公司，开发了一个包括美国及加拿大 60 万个农场主的动态数据库，公司每个人都可以使用该数据库联系客户并向客户进行定制性介绍，大大提高了销售效果。也有公司利用人工智能与统计工具建立数据挖掘系统，从隐藏在数据中的大量信息里搜寻有价值的信息。CRM 系统也可用来定位最佳客户群。例如，电脑芯片制造商英特尔的主要竞争对手 AMD，利用一对一的 CRM 系统发现最佳客户群的特征数据，目前成效显著，一次交易就足以支付当初整个系统的开发费用。

4. 传统方式

许多传统方式可诱导客户源的需求，这些方式包括报纸、杂志、电话、传真、信件、广告直邮、产品目录、宣传品、各种名录、号码簿以及利用陌生拜访等。例如，Digital Juice 公司通过直邮电影、视频数据、明信片吸引客户源，搜集有兴趣客户的反馈信息。销售人员可根据每位客户的反馈信息确定该客户源下一步的开发计划。许多公司将免费电话与传真机捆绑,当潜在客户拨打免费电话时,销售人员会请对方留下传真号码,当双方通话还未结束时,潜在客户所要求的信息就会被及时传真过去。公司还可在推销信中设立奖励活动以吸引客户。

利用广告也可开发客户源。例如,万科地产是房地产行业的龙头企业,它是这样来挖掘潜在客户的:项目尚未开工就通过广告广泛征集会员,填写《会员申请表》,然后对会员进行"施恩"(如赠送《万客会》期刊、举办论坛、文化活动等),实现与会员的深度沟通,进而达到"拉拢"客户源的目的。项目开工后,通过一系列沟通,可能会和部分潜在客户签约,由此资金也可实现部分回笼。据此,万科地产可通过调查当地房地产市场状况来获取大量客户源。

电话销售是目前较为常用的开发客户源方法,通常由销售人员或内部销售支持人员打出电话,确认客户源并验证资格。同时,由销售人员、内部销售支持人员或客户服务代表接听电话来吸引客户源。许多公司将打出电话与接听电话结合起来进行销售。2009年,平安车险在全国各机构设立了专门的电话销售业务部。如何打消部分车主认为电话车险只做销售、后续服务无法保证的误解,更有效地做好终端服务,是平安一直在思考的问题。为此,平安建立了一支近500人的专业电话销售管理、服务团队,分布在全国各大市场,形成以上海总部为空中指挥、销售中心及各地业务部为地面执行团队的专业运营系统模式,不断提高业务的协调水平和客户服务的效率,使销售业绩大大提升。

利用陌生拜访吸引客户源在历史上运用较多,在学习其他方法之前,许多大学生会想当然地认为销售人员大部分时间都在做陌生拜访。案例5-2给出了一个大学生陌生拜访的经历,对所有从事销售工作的人士也有启发意义。

案例 5-2 ▶▶▶   陌生拜访是主动人生的开始

在大学的初始阶段,关于销售,我想到的是进行陌生拜访。大一的时间是充足的,一到周末,我就自己骑着自行车在扬州的大街上走。一方面看看这个美丽又陌生的城市,另一方面看看有没有好的公司,我想去结识他们的老总,聆听他们的智慧。

结果两天下来,我没有走进一家公司,每次到了公司门口,就是没有勇气进去。接下来的周末,我又骑上自行车,开始了找寻。我在市中心看到一家电脑公司,觉得它的名字很好,终于鼓足勇气进去了。"小姐您好,请问你们老总在吗?""先生,您有预约吗?""没有。""那您是他的朋友?""不是。""那您是我们的客户吗?""不是。""那您想见我们老总干吗?"前台小姐的声音足以让开放的办公室里每一个员工听到,他们都纷纷探出头向我看来。"我是扬州大学的一名大一学生。我叫——"就在我认真又拘谨地介绍自己时,她已经开始做其他事情了,我便一个人愣愣地站在了那里。一分钟过去了,我在想已经一分钟过去了,就再等一分钟吧。两分钟过去了,我就跟自己说,两分钟都过去了，再等两分钟吧。就在这几分钟里，每一个人从我身边过去时都诧异地看了我一眼。最后，我默默地走出那家公司。

拜访贵在诚心和坚持。又一个周末，我再次骑车上街，这次心想，不管他们怎样，只要没有赶我出去，那我就一直站下去。我没有再去上次那家，而是选择了新的一家公司。进去之后，接待我的是郭先生。听了我的介绍后，他转告了他们的老总。不一会儿，郭先生把我领到了吴总的办公室。我赶紧再来一次自我介绍，并告诉他，我唯一的目的就是想与他交流、向他学习。幸运的是，那天，我和吴总聊了很久，最后还请我吃了晚饭。之后的每个星期，我都会走进他的办公室，聆听他的智慧。

拜访也有尴尬的时候。有一次，我慕名去拜访了住在同一栋楼的大四在读生王学长，现在还清楚地记得当时敲他们宿舍门时的紧张心情。当门开的一刹那，我还没有开口，就听到巨大的不耐烦的声音。"找谁啊！""我找——""没空，没看见正打牌呢吗？有事吗？""没事。""那干吗啊！""是不是又一个崇拜者啊？"在他们的笑声中，我狼狈地下楼了。

拜访也有温馨的体验。我们的宿舍和研究生楼仅一路之隔，一到晚上，站在阳台上看着研究生楼每扇窗户的灯光，我总在想：他们在干什么呢？他们的大学四年是怎么度过的呢？可以过去和他们交流吗？一个晚上，我终于跨过了那个通往食堂的水泥路，顺着从宿舍看过去的窗户，估计出所在楼的单元和门号，来到了研究生楼。每个楼层有三个门，不知道窗户亮的是哪一个。心想，反正已经来了，就一个一个敲吧。巧的是，刚敲了一个门，里面就有应答，我正紧张想着开场白时，门打开了，"你找谁？""我不找谁，我是对面的本科生楼的。在对面看到这边灯亮，就过来了，就是想和你们交流一下……"没有想到，这位女研究生竟然大方地邀请我进屋说话，一切都很顺利，最后，还吃了她泡的方便面。现在，我们是很好的朋友。

现在回望那个时候的我，真不知哪来的好奇和勇气，走上街头，敲开房门，自我介绍，或许是面对陌生世界的本能反应。相信很多人都会有这样的想法，只是没有行动。很多时候，我们都渴望用一种自然的方式与人沟通交流，这是一种对体面生活的期待。但，对处于进取阶段的青年人来说，主动的尝试比体面来得更为重要，而陌生拜访正是主动人生的开始。

资料来源：作者根据资料（http://blog.sina.com.cn/s/blog_669606600100k4b1.html）整理。

如今，许多销售人员和销售专家把陌生拜访看作不专业或不喜欢的工作，所以现在大部分公司鼓励销售人员在获得合适客户源的基础上进行拜访，而不是陌生拜访。如美国运通公司的财务顾问在 1995 年年末就禁止其国内 8 000 多名销售人员进行陌生拜访活动，这种政策迫使销售代表采取网络或其他推荐方式。当然，还有少数公司使用闪电式的陌生拜访方式，即利用专门的某一天，集中拜访特定区域内的所有潜在客户，目的是对潜在客户源进行普遍撒网，同时还可以培养销售人员之间的友爱与协作精神。

需要注意的是，只有到有"鱼"的地方去"撒网"，才能捕到鱼，这是潜在客户开发的一个首要原则。采取普遍撒网或者地毯式搜索的办法来发掘潜在客户可能适应于安利、完美等直销企业，但销售人员应运用智慧选择更为合适的客户源挖掘方法。

5.2   制订销售访问计划

优秀的销售人员既珍惜自己的时间，也珍惜客户的时间，他们通常认真编制销售访问计划，提高拜访效率与效果。图 5-2 给出了一个销售计划过程图。

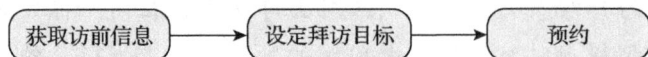

获取访前信息 → 设定拜访目标 → 预约

图 5-2   销售计划过程图

5.2.1   获取访前信息

交易能否成功很大程度上取决于销售人员访前所做的准备工作充分与否。销售人员获得的客户信息越多，越容易适应客户的需求，当然，应考虑收集信息的成本费用。通常情况下，收集客户及其公司访前信息需要花费大量时间，为了与客户建立长期关系，有时即使付出的时间和努力超出短期收益也是值得的。销售人员访前需了解的信息包括客户个人和组织两方面内容，如表 5-2 所列。

表 5-2   潜在客户的访前信息

	信息类别	具体内容
个人	基本信息	姓名、性别、家庭、教育、个人志趣、社交风格
	态度	对销售人员及其所在公司的态度；对产品的态度
	关系	正式的官方关系；有重要的推荐关系或公司承诺；已与竞争对手的销售人员签过合同
	对产品 / 服务的评价	产品的重要特性；产品的评估过程
组织	一般情况	客户类型（制造商、批发商或零售商）；客户规模及分支机构数量；客户的产品和服务；客户财务状况及发展前景；客户的组织文化（对风险的态度、最高道德准则、愿景）
	客户的客户情况	其客户的类型（消费者、批发商或零售商）；其客户期望获得的利益
	竞争对手情况	竞争对手是谁？经营方式；在行业中的地位（统治、强势或弱势地位）
	客户过去的购买行为	不同产品类别的购买数量；单个还是多个供应商，为什么？从现有供应商购买的理由；对各供应商的满意度或不满的原因
	当前购买态势	购买过程类型（初次购买、直接再购、有调整的再购）；选择其他购买商的优势及劣势；购买周期所处的阶段
	购买决策人情况	在正式和非正式组织结构中的作用；在决策中的角色；谁最具影响力？谁对我们持有异议？
	客户相关政策与问题	当前面临的紧迫问题；与销售人员、销售访问、购买及合同相关的政策

在访前收集每位潜在客户的所有信息是不可能的，收集的目标是既有可能又有价值的信息，平衡好获取信息和销售访问所花时间，集中搜集最为关键的信息。可通过公司内部、互联网、客户秘书及前台人员、非竞争关系的销售人员、各种会议等多种渠道搜集信息，也可直接从潜在客户处搜集。不要指望潜在客户为你提供所有信息，若销售人员连客户的基本信息都不了解，许多潜在客户都会将你拒之门外。

5.2.2　设定拜访目标

多数销售代表访前并不设定访问目标，因为他们一开始就怕浪费时间而拒绝制订销售计划，事实上，没有计划反而增大了浪费时间的可能。访问目标不能凭空产生，应当综合考虑公司目标、销售团队目标和销售人员的目标。可遵循 SMART 原则来设定恰当的访问目标：访问目标应具体（specific）、可衡量（measurable）、可达成（achievable）、可实现（realistic）、基于时间的（time-based）。表 5-3 列出了符合这些原则的访问目标的例子。

表 5-3　访问目标示例

与销售过程相关的目标
- 经潜在客户允许，在未来几周内的某个时间，在客户公司进行产品演示
- 做一次完整的需求调查并预约一周内再次访问
- 向潜在客户介绍新产品的作用并留下宣传手册
- 让潜在客户在采购委员会那里提交我的提案并附带其背书
- 让潜在客户同意召集其公司几个相关人员，以增强对我们业务的信赖程度
- 让潜在客户同意第一点意见并在两天内安排另一次会面来讨论第二点意见
- 让潜在客户制订规划，将我们设定为未来的供应商

与实现销售相关的目标
- 让潜在客户订购 100 条李维斯牛仔裤
- 安排下一个月实施的合作商店的报纸广告项目
- 让潜在客户同意使用我们的电脑，为期一个月
- 让零售商同意为我们产品的夏季促销活动提供通道末端的展柜

销售人员可在一次访问中设定多个访问目标，包括首要目标（primary call objective）、最低目标（minimum call objective）和乐观目标（optimistic objective）。如一位雀巢食品公司的销售人员一次访问的首要目标可能是确保从杂货店里获得 10 箱矿泉水的订单，其最低访问目标可能是至少获得 3 箱订单，而乐观目标可能是卖出 20 箱，在商店通道末端摆设一个展柜，并确保每瓶不低于 0.7 元的促销价。

销售人员还可为后续访问制定系列访问目标，从而对潜在客户制定一个综合的战略。表 5-4 列举了三星公司销售人员所制定的多个系列访问目标。可以看出，销售人员并非总是百分之百地实现访问目标，通常从第一次访问到实际完成交易需要很长的时间间隔，而第一次访问的首要目标是确定下次访问的时间，并且关键的访问往往是第二次或后续的访问。

表 5-4　三星公司销售人员向某电器公司销售的多个系列访问目标

5月1日形成总体计划		实际访问结果	
期望的访问日期	访问目标	实际访问日期	访问结果
5月10日	F88 和 F92 商务通：按常规订购量重复订购；F100DVD：比常规订购量增加 3~5 套；新款 DVDF104：提供信息	5月10日	F88 目标达成；F92 客户终止订购，且拒绝给出解释；F100：销售 4 套；F104：似乎有兴趣，还需卖点展示
5月17日	F104：设置售点展柜，试销 2 套	5月18日	客户负责人不在，其助理因不喜欢而不做售点展台；F104：订购 1 套；对 F100 有许多抱怨
6月10日	F88、F92 和 F100：按常规订购；F104：规划一个为期 30 天的合作报纸广告；获得 F104 系列的一个订单	6月8日	获得常规订单；客户负责人同意做合作广告，但觉得 F104 利润太低，只买了 5 套
6月17日	F88、F92 和 F100：按常规订购；获得 F104 系列的一个订单	6月18日	F88：获得常规订单，但客户负责人拒绝续订 F92 和 F100，提出竞争对手 Sony 的产品卖得更好；获得 15 套 F104 订单

　　需要注意的是，客户对销售人员的访问同样也会设定目标，销售人员的任务是尽可能发现客户价值，并通过访问增添客户对所提供产品或服务的感知价值。客户采购经理经常关注的价值包括交货及时、质量合格、价格实惠、包装完好、文书工作规范、技术支持服务周到、销售访问有效、技术创新水平、应急反应迅速等，销售人员可围绕这些方面设定访问目标。

5.2.3　预约

　　销售人员完成访前信息搜集并设定访问目标后，下一步工作通常是预约。许多销售经理要求其销售人员拜访潜在客户前进行预约。预约体现销售人员与客户的平等参与、相互尊重，使销售过程有一个良好的开端。

　　预约面临的最大挑战是潜在客户拒绝会面，在这种情况下，销售人员需采取一些创造性的方法。例如，某贺卡公司的销售代表兰迪与联邦快递公司约定了一次会面，但联邦快递的营销主管取消了会面，并没再预约其他时间。兰迪通过与接待人员交谈，发现那位主管喜欢高尔夫，所以买了一些高尔夫球并附带一张字条，上写"……一切都是想争取到一次和您谈谈的机会，感谢您可以拿出宝贵的时间"。这样，兰迪的下一次电话访问成功了，最终赢得了联邦快递的业务。

　　有经验的销售人员会用不同方式联系潜在客户，其中销售人员的态度、情绪对成功预约作用重大。这里重点介绍赢得预约的 3 个要素。

　　（1）合适的人。一些销售专家强调直达上层并与高层决策者进行第一次会见的重要性，但也有研究认为，过早接触高层人物可能会发生问题，因为此时还未与客户建立起关系，也不确切了解客户的需求。事实上，客户通常会对相关访问进行管理，并制定相应的政策、程序和途径等，绕过正常途径而采取走后门的方式不一定受到客户的欢迎。

事实上，在许多 B2B 销售中，销售人员同客户的采购团队及每个成员都会面往往更好。若必须会见高层主管，也最好提前与其下属取得联系，因为他们在核心交易中往往扮演看门人的角色。

（2）适当的时间。销售访问的最佳时间会因客户与销售类型而异。如医院的销售人员发现，拜访外科医生的最佳时间通常在上午 8 点 30 分到 10 点之间和下午 4 点之后。而拜访食品杂货店的最佳时间是上午 9 点到 11 点之间。当然，对大部分销售类型来讲，最佳时间在上午 9 点到 11 点和下午 2 点到 4 点。需要注意的是选择午饭时间拜访客户易于遭到拒绝。

（3）合适的地点。会见可能发生在任何地点，销售人员通常选择对达成交易有益的地方，但往往事与愿违。如销售人员喜欢把客户约到酒吧、饭店等娱乐场所，想利用这种地方谈成生意，但这种地方存在许多问题，比如易于分散注意力，可能还存在道德问题，采取这种策略得到的客户，往往是"来得快，去得也快"。一些公司通过互联网上的视频会议进行虚拟销售访问，这样不但可解决访问地点问题，而且可减少销售人员数量，提高访问效率。

电话预约是最常见的销售预约工具。销售人员通过打电话预约，可节省很多时间。需要注意的是，打电话的目的是预约，而非销售产品。电话预约通常会遇到客户的一些质疑，表 5-5 给出了惠普打印机销售人员回应质疑的一些例子。

表 5-5　惠普公司销售人员回应质疑示例

销售秘书的质疑	回　应
对不起，张先生正忙	我只占用他几分钟时间，我是半小时之后再来电，还是预约另外一个时间
我们已经购买了 10 台打印机	那太好了，我想和张先生谈谈专门针对贵公司的打印机升级计划
有关事情跟我说就可以	好吧，但我想到贵公司展示一下惠普公司的智能打印系统，我也很乐意同张先生谈谈这些升级服务
潜在客户的质疑	回　应
你不能把资料寄给我吗	可以，但张先生，每个人的情况不一样，公司要求为每位客户定制信息并面谈，目的是提供更有针对性的信息……
好吧，你要谈什么	电话里很难说清楚，给我 15 分钟，我向您展示这个智能升级系统，可为您节省不少的时间和金钱
你是在浪费时间，我不感兴趣	销售人员应探寻出具体的反对理由，如您这么说是因为您打印文件量很小吗
我曾用过一台惠普打印机，但不喜欢	为什么不喜欢它呢？能告诉我具体原因吗？这样便于我们改进产品，为您提供更好的服务

成功的销售人员在预约成功后，还会为正式访问制订额外的计划，以期留下良好的第一印象并建立起信任的关系，通常其要预计潜在客户可能关心的问题并准备合适的回答，更重要的是访前多练习。销售人员还可在访前进行"播种"，即访前通过电子邮件、收集短信或 QQ 等方式向客户发送有用信息，这些信息包括公司产品目录、宣传册和价目表，这样可为正式访问做好铺垫。

5.3　销售访问

在销售过程中，假设销售人员已预约成功，相关信息也已充分搜集，且设定了明确的销售目标，接下来，就要进行实际的销售访问。访问的具体任务因具体情况而异，但为便于讨论，图5-3给出了销售访问主要任务的框架图。

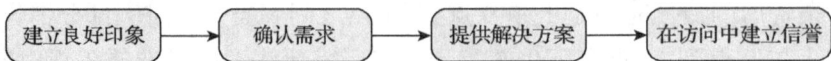

建立良好印象 → 确认需求 → 提供解决方案 → 在访问中建立信誉

图 5-3　销售访问的主要任务

5.3.1　建立良好印象

销售人员在客户心目中建立良好印象的过程称为印象管理。印象管理贯穿整个销售访问过程，这里侧重讨论销售人员第一次拜访潜在客户的情形。充分准备是确保良好印象的方法之一，具体从以下几个方面着手。

1. 等待潜在客户

销售人员应按销售访问预约准时到达，不迟到也不提前太多时间到达。若迟到几分钟，注意提前电话通知客户，等待时间也最好不超过15分钟，这取决于客户的重要程度和距离远近。

销售人员见到客户前会受到前台人员或秘书的接待，这时应询问要等待多长时间，若等待时间过长或销售人员还有另一个预约，比较可取的做法是机智解释并预约下次访问时间。通常秘书会让销售人员尽快见到客户，或者做出下次预约安排。

2. 形成第一印象

在初次与客户见面时，销售人员应在关键的前30秒内，做好3件事：①首先简要而准确地把自己介绍给客户；②尽可能与客户做最好的寒暄，进行适当的赞美；③说明见面目的。心理学认为，人的视觉比听觉能力快5倍以上。每个人过去所接受的知识经验大都能形成资料库，再用经验判断第一印象，而且留下第一印象之后，改变第一印象需要花费非常长的时间。良好的第一印象通常会使客户乐于聆听，反之，会与客户形成难以消除的隔阂。

研究表明，销售人员着装风格、性别、外貌、年龄都会对客户的购买意向产生影响。为此，销售人员应适度打扮，用正确的姿势、轻快的步伐、大踏步而充满自信地走进去。通常情况下，销售人员脱口而出的第一句话应是"感谢您能会见我"之类的话，注意面带微笑，眼睛自然注视对方；还要提前记住客户姓名及拼写，并在谈话过程中使用它。人际关系大师戴尔·卡内基曾说过，一个人的姓名对他来说是"最甜美、最重要的声音"。在西方，可在拜访开始时直呼其名，但在中国最好用"姓＋头衔"的方式称呼对方，以示尊重。

3. 选择座位

当选择座位时，应观察周围并开始识别潜在客户的社交风格，这是最好时机（详见

第 4 章）。在中国，许多采购决策的关键人物拥有大型豪华的私人办公室，但也有一些公司实行敞开式办公，即高层领导与员工一起办公。沃尔玛公司通常把采购人员与销售人员的会面安排在极为简陋的环境中，以便向客户灌输其要以最低价格购买的思想。

请求允许就座或者站着交流通常是不必要的，销售人员应观察潜在客户的手势、眼神等非语言暗示而选择最佳就座时机。注意：许多访问根本无法坐下谈话，如访问沃尔玛的采购经理或仓库管理员，地点通常在货架走道或仓库中；又如访问刚刚做完手术的外科医生等。

4. 吸引客户注意

潜在客户往往通过前几分钟的注意力来判断他是否能从此次接触中受益，从而迅速做出决定：愿意花多长时间，或者不给时间。这个决定可能在销售人员进门寻找座位时已经做出了。有研究表明：销售人员初次拜访客户时获取客户信任的时间不能超过 5 分钟。销售人员最先说的几句话通常会决定整个销售访问的基调。光环效应（一个人的所作所为对另一个人行为的影响）在许多销售访问中发挥着作用。如果销售人员在访问一开始即能让客户感到其实力或者对其有好感，将非常有利于之后的访问。开场白对快速引起潜在客户的兴趣非常关键，销售人员应根据每位潜在客户特点及其交易状况，选择不同的开场白及其组合形式。表 5-6 给出了几种开场白的方式。

表 5-6　销售人员用于吸引客户注意力的开场白方式

开场白方式	举　例	应注意的问题
简介式（简单自我介绍）	张先生，谢谢您能接见我。我叫×××，是××公司的销售代表	简单，可能不能引起兴趣
推荐式（说出引见你的那个人）	张先生，我是×××的朋友，谢谢您能接见我	通常能获得允许，但不要夸大事实
利益式（以突出某些利益开始）	张先生，非常高兴向您介绍一种能为您节省 15% 墨盒费用的复印机	立即转入业务介绍
产品式（以突出产品特色开始）	您作为一名采购人员在出差途中会浪费大量时间，今天为您演示一款可在汽车或飞机上进行办公的便携式设备	利用视觉效果，而不仅仅是口头表达
恭维式（从恭维客户或其公司开始）	听××说您是一位能干且关心下属的公司领导	须真诚，不要只是奉迎
提问式（从请教一个问题开始）	张先生，您觉得我们公司的复印机怎么样	双向沟通

5. 建立友好关系

友好关系（rapport）指在销售交往中密切、和谐、互信的关系。每位销售人员的最终目标是要与客户建立一种友好关系。在访问的初期阶段，销售人员需通过一些友善的交谈达成这一目标。交谈的具体内容需建立在识别潜在客户社交风格的基础之上并做出必要调整（详见第 4 章相关内容）。

交谈的破冰问题可以是热门新闻、个人爱好、彼此的朋友等，也称寒暄。客户易于接受那些与其相似的人。因此，销售人员与具有共同爱好、相同朋友、曾是校友的客户更易于建立起友好的关系。成功的销售人员通过观察现场情形，随机应变，寻找话题进行寒暄，获得客户的好感。当然，有些话题可能会破坏与客户的关系，因此，销售人员最好避免一些有争议的话题，尤其对第一次访问的潜在客户，更需细心，也要避免陈词滥调。

销售人员还应根据区域文化及个性差异进行交谈。例如，与美国人交谈要自信和坦率一些，与日本人交往需谦虚和婉转一些，而与中国人交谈需特别注意背景差异。为此，我们常用"老师、书记、经理、工程师、厂长"等词与姓氏连用作称呼语。而在英语中却不能，我们不能说"teacher Zhang（张老师）""engineer Wu"（吴工程师）等，正确的说法是应按照英美人的习惯把 Mr、Mrs、Miss 与姓（名）连用表示尊敬或礼貌。但美国有家刊物曾专门就称呼问题在 150 种工商行业中做过调查，结果发现他们其中 85% 的称呼是只喊名字，说明大多数美国人不喜欢用先生、夫人或小姐这类称呼，他们认为这类称呼过于郑重其事了，而直呼其名是亲切友好的表示，这样可以缩短相互的距离。当然，交谈时可能遇到尴尬情形，这时，销售人员即使一句话不说也可能卷入麻烦，需要随机应变，最好的处理方式是保持适当的预见性及幽默感。尤其在不同文化背景下更要这样做，因为销售人员的一举一动可能代表不同的含义，所以都需谨慎。

5.3.2   确认需求

销售人员一旦在客户心中建立了良好印象，就应立即转入正题，开始确认客户需求。一项针对近 12 年 23 个国家的超过 35 000 次销售访问的调查表明，成功的销售人员最突出的特征是具有发现潜在客户需求的能力。不同客户的需求都有一个根本原因，销售人员需刨根问底，才能发现其真正的需求。因此，高水平的提问通常是识别客户需求的关键技能。

1. 开放式和封闭式问题

封闭式问题要求潜在客户回答"是"或"不是"的问题，或者给出选择式、填空式的回答，如你喜欢喝康师傅绿茶吗？开放式问题鼓励潜在客户进行交流并分享大量的信息，如你觉得联想笔记本怎么样？能详细谈谈它的优点和缺点吗？

在多数情况下，销售人员既要问开放式问题，也要问封闭式问题。前者有助于广泛了解一些意想不到的情况，后者则有助于澄清特定的问题与态度。提问中尽量让客户多说，避免让客户只是回答是或不是之类的封闭式问题。一些培训师坚信，开始时最好提一些简单的封闭式问题，这样便于潜在客户适应交谈，逐步敞开心扉。问几个封闭式的问题之后，要转而提一些开放式问题。为了确认需求，重新询问是必需的，最终销售人员应对潜在客户的需求和欲望有清楚的认识。即使这样，销售人员也要适时对潜在客户需求进行总结确认。例如，可以这样提问："好的，您是在寻找一台可减少墨盒费用的复印机，我的理解对吗？"这样不但有助于巩固潜在客户头脑中的需求，而且确保潜在客户没有其他未说出的需求和欲望。

2. SPIN 技术

SPIN 方法是由国际培训研究公司 Huthwaite 开发的一种发现需求的方法，它适用于重大销售，即周期较长、规模较大、关系持久且决策错误会给客户带来巨大风险的销售。SPIN 方法包括以下四个合乎逻辑的需求辨识顺序。

（1）背景问题（situation questions）。即对背景及当前状况的信息搜集。如你是什么职位？公司有多少员工？成功的销售人员通过访前信息搜集寻找答案，缺乏经验的销售人员倾向于问太多背景问题，这会让客户厌烦，可能感觉销售人员准备不足。

（2）难点问题（problem questions）。即潜在客户的特殊困难或不满的问题。如目前您正在使用的复印机出过什么问题？修理起来困难吗？销售人员可直接询问难点问题，也可通过询问附加问题而引出难点问题。

（3）暗示性问题（implication questions）。指从一个或多个难点问题入手，符合逻辑地设计出若干帮助潜在客户认识关键问题的那类问题。问暗示性问题的目的是使潜在客户认识到若不解决这些问题可能会引发严重后果，从而促使相关问题得以解决。销售人员应辨识对卖方来说重要的暗示性问题，例如，若您向客户提供的产品与说明书不符会发生什么？若您的价格高于竞争对手会如何？若问完暗示性问题之后客户仍无反应，可以问一些附加的暗示问题，直到客户认识到由此带来的严重后果。

（4）需求回应性问题（need payoff questions）。指销售人员所问的对解决客户问题有用的问题。与暗示性问题相比，需求回应性问题关注客户需求及其解决方案。例如，您愿意减少与产品说明书质量不符的产品数量吗？您能否将产品定价调整至稍低于竞争对手的水平？若潜在客户对需求回应性问题的反应比较消极，说明销售人员并未提出潜在客户真正关心的需求回应性问题，需要继续询问一些新的暗示性问题，接着再问新的需求回应性问题。

SPIN 技术在西方被成千上万的销售人员证明是有效的销售技术，但对中国的许多公司及其销售人员来说则相对陌生。它需通过专业培训，对每一类问题分别进行强化训练，才能便于销售人员有效确认潜在客户需求，提高销售效率和客户满意度。这对买卖双方都非常有利。

需要说明的是，每次访问都按照 SPIN 方法进行完整的需求确认是没有必要的。销售人员应尽可能在销售访问前初步辨认客户某些需求。某些情况下，客户不会回答一些问题，可能是因为涉及机密或隐私问题，也可能是因为客户真的不知道问题的答案。销售人员可灵活运用 SPIN 技术，通过实地观察、拜访其他相关人员等方式达到确认需求的预期目的。

5.3.3　提供解决方案

识别出客户需求之后，销售人员还应制定一个能最好满足这些需求的战略，并提供具有独特价值的解决方案。

1. 制定销售介绍战略

潜在客户可能存在多个需求，销售人员应寻求更好满足这些需求的战略。首先，对潜在客户需求进行排序并确定应优先满足的需求；其次，考虑如下问题并有针对性地做出决策：向潜在客户重点推荐的具体产品和服务是什么？理想的交易条款有哪些？建议达到怎样的服务水平？介绍产品和服务时应突出的特点是什么？

产品通常具有多个特点，销售人员应介绍能满足客户特殊需求的、与竞争对手相比更独特且扣人心弦的特点，避免对产品特点的介绍面面俱到，让客户有眼花缭乱之感。

2. 创造访问价值

为落实访问的价值，销售人员应从以下两个方面来努力：

（1）将产品特性与功效关联。特性是产品或服务的质量或特点，功效指产品某个独特优点对客户的好处并与客户购买动机关联的方式。销售专家建议采取 FEBA 方式将产品特性与功效关联起来，即销售人员提到产品特点（feature）之后，紧接着提供证明该特点的证据（evidence），然后解释其功效（benefit），最后询问潜在客户对产品特点及功效是否赞同（agreement）。

（2）估计潜在客户的反应。运用积极倾听、非语言暗示等方法确定潜在客户购买产品的意愿。若客户回应积极，销售人员应立即推荐相应的解决方案，否则，销售人员应调整其销售介绍，进行更为有效的沟通（详见第 4 章）。

图 5-4 给出了销售人员在销售访问中满足潜在客户需求的解决方案模型。销售人员首先通过访前信息搜集和访中的主动倾听了解客户各种需求；其次识别并谈论与这些需求相关的特点及功效，同时根据客户的社交风格，提出相关证据；再次借助一些活动（如强调竞争者活动）让客户认识到购买的重要性、急迫性；最终增加利润与销量。

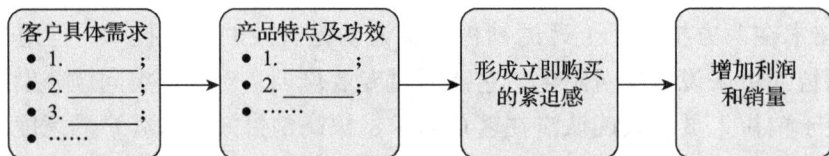

图 5-4　销售人员销售访问解决方案模型

5.3.4　在访问中建立信誉

销售人员的信誉是建立友好客户关系的基石。在销售访问中，销售人员可通过以下行动建立信誉感。

1. 做好销售访问的时间管理

销售人员必须清晰地规划好销售访问所需的总时间，并按约定时间结束。成功的销售人员约定半个小时而往往只占用客户 25 分钟时间。若销售人员向客户承诺不超过 5 分钟，但当时间到时却无法完成访问时，须向客户询问是否方便继续，这样会增加销售人员的信誉度。

2. 为口头表述的内容提供具体证据

若销售人员对客户说，"到 2020 年，中国电子商务的交易额会超过传统商务"，那么一定要为这种断言提供证据，如给潜在客户提供调查结果或权威期刊的文章。否则，会给客户造成信口开河的感觉。

3. 避免使用不真诚的口气

许多销售人员喜欢用"我们是最好的"或"我们是第一"这类短语，事实上，世界上的"第一"只有一个。销售人员须牢记：歪曲事实的评论除了损害信誉，有时还要承担法律责任。尤其在洽谈之初，销售人员不要把话说得太满，否则客户立刻会对其所说的话产生怀疑，任何一种夸大其词都有可能招致其本能的反击；若销售人员一开始便非常真诚，然后循序渐进地介绍产品的优点就比较容易令人接受。

4. 平衡性表述

平衡性表述指完全坦诚地说明各方面的情况。有时，销售人员提及自身产品的瑕疵或竞争对手产品的优点，会增加成交和长期交往的机会。如某汽车租赁公司的销售人员李先生告诉一位打算长途旅行的潜在客户："我可以租一辆车给您，但说实话，我们的租赁价格做短途旅行更合算，建议您去×××公司问问，比较一下。"可能有人觉得李先生不适合做销售工作，但他觉得这样做有助于吸引更多做短途旅行的客户，并获得他们的信赖。事实上，李先生的销售业绩在该公司所有的销售人员中总是名列前茅。

5.4　借力线上工具高效开发售前客户关系

利用微信、微博等线上工具可提高售前客户关系开发的效率和效果，具体表现在以下三个方面。

1. 病毒式分销裂变，降低获客成本

通过线上社交工具，可以便捷地连接生活中常用的 APP、网络社区和支付工具。通过转发和推荐，企业可以进行无限裂变，获得更多客源。比如微信中的个人名片、服务项目、视频和图片等都可一键转发，企业可借此在微信朋友圈或公众号等环境内进行宣传，共享微信逾 10 亿的用户。这种传播方式灵活多样，具有趣味性和互动性，而且整个裂变过程可实时、方便、直观地监测。

2. 智能跟踪和分析，建立客户档案

传统客户关系管理主要涉及客户跟进记录、采购记录等信息管理工作，企业在与客户的关系上比较被动；而在大数据时代，企业不但要关注客户历史数据，还要时刻关注市场动态，更要分析预测客户现在及未来的需求，使客户关系管理从被动转为主动，从而提升企业的竞争优势。通过线上工具，企业一旦监测到客户的浏览行为，即会通知销售人员，协助其获取潜在客户，并对客户的行为轨迹、搜索频次、偏好进行跟踪和分析，为客户精准画像并建立档案，实现标签化管理。

3.随时随地解决客户的售前疑惑和问题

通过线上工具的智能客服功能，企业可以随时随地解答客户的问题。对于智能客服不能解决的问题，客户可以与销售人员进行线上或线下交流，简单、自助地解决心中疑惑并了解相关情况。这样可大大提高销售人员挖掘潜在客户、制订销售访问计划和进行销售访问的效率。

◉ 本章习题

一、判断题（对的打√，错的打 ×）

1. 销售访问计划总是赶不上变化，所以优秀的销售人员重视"临场发挥"。预先制订销售访问计划通常对高效完成销售任务没有作用。（   ）

2. 采取强势推销策略，会迫使那些本无需求、犹豫或不想购买产品的人达成交易，但这样的销售对交易双方建立长期关系会产生不利影响。（   ）

3. 销售人员选择合适的人、适当的时间、合适的地点是赢得预约成功的三个要素。（   ）

二、单选题

1. 在销售人员的销售访问解决方案模型中，下列哪一项不包含在其中？（   ）

A. 客户的具体需求，增加利润和销量　　　B. 产品特点及功效

C. 形成立即购买的紧迫感　　　　　　　　D. 陌生拜访

2. 下列哪些行为不利于销售人员建立信誉感？（   ）

A. 做好销售访问的时间管理　　　　　　　B. 避免使用不真诚的口气

C. 为口头表述的内容提供具体证据　　　　D. 夸张性表述

3. 下列哪一项不是利用线上工具开发售前客户关系的优点？（   ）

A. 病毒式分销裂变，降低获客成本　　　　B. 智能跟踪和分析，建立客户档案

C. 随时随地解决客户的售前疑惑和问题　　D. 面对面交流，深度解决客户问题

三、简答题

1. 简述客户开发的过程。

2. 简述获得客户源的方法。

3. 简述销售访问的主要任务。

◉ 销售演练

演练 5　测试你的积极倾听能力

表 5-7 列出了 14 个问题来测试人们积极倾听的能力，每个问题的认可程度为"反对、不反对、一般、同意、很同意"，分别用"1、2、3、4、5"表示，请根据自己的真实感受对每个问题进行打分，并计算 14 个问题的合计得分。

表 5-7　积极倾听能力测试表

测试问题	反对	不反对	一般	同意	很同意
1. 我能给人一种由衷地关心对方所说话的印象	1	2	3	4	5
2. 我不打断对方说话	1	2	3	4	5
3. 我不会急于下结论	1	2	3	4	5
4. 我会问一些刨根问底的问题	1	2	3	4	5
5. 我会问一些如"可以更具体一点吗"的问题	1	2	3	4	5
6. 我保持跟对方的眼神交流	1	2	3	4	5
7. 我点头表示同意或理解对方的意思	1	2	3	4	5
8. 我能理解对方的非语言沟通内容	1	2	3	4	5
9. 我会等对方说完后再进行评价	1	2	3	4	5
10. 我会问一些如"我不知道是否理解你的意思" 之类的问题来澄清	1	2	3	4	5
11. 我会重复对方说过或问过的话	1	2	3	4	5
12. 我会概括对方所说的内容	1	2	3	4	5
13. 我会努力搞明白对方的观点	1	2	3	4	5
14. 我会试图寻找与对方的共同之处	1	2	3	4	5

（结果分析见参考答案）

销售案例实训

实训项目 5　制订销售访问计划技能训练

1. 实训目的

训练制订销售访问计划并进行访问的技能。

2. 背景材料

案例 5-3　我如何搞定大客户

2012 年我刚接手一家公司的数码相机事业部时，该公司的主要业务已转向数码冲印连锁业务，我的主要任务就是消化公司大量库存的数码相机。经过研究，我们决定除了通过 IT 渠道销售外，还通过直销进入高端礼品市场。

市场的背景

产品为数码相机，属于地方品牌，由于公司的原因在 IT 渠道已经很难出货。该产品的销售价格为 1 000～4 000 元，共有 4 款机型。客户目标设定为需要送 1 000～4 000 元高档礼品的大型企业集团及行政事业单位等。采取的市场策略是聚焦高端礼品市场。销售目标为从 2012 年 8 月～2013 年 3 月消化掉公司数码相机的全部库存。

销售前的准备工作

当时我的一个下属负责一个上市的大型通信公司，但久攻不下，出于"教给他做、做给他看、让他做给我看"的带人原则，我决定亲自出马，搞定此客户。经了解，此客户的基本情况是：年销售额达 30 亿元的大型上市通信公司。该公司的客户是国内各地的电信、移动、联通公司。每年的礼品支出在 3 000 万元左右，礼品价值为 100～5 000 元不等。

接手此客户之后，我的销售攻关步骤如下：

（1）了解情况，找到"谁是关键人，谁是影响人，谁负责采购"。首先，利用我老板的资源，找到客户的一个高层领导，其引见了办公室李主任（36 岁的一个女人，她负责礼品的采购）。接着，亲自上门拜访，了解情况。经过沟通之后，详细情况如下：李主任只根据送礼人的需要来采购，真正送什么礼品由 23 个办事处主任决定，她只能起一个推荐作用。李主任办公室里有一个很大的礼品陈列柜，礼品从挂历、衬衣、刮胡刀到工艺品等有 80 种之多。然后，分析竞争对手。直接竞争对手是佳能、尼康等三家公司。竞争对手的优势是品牌知名度高，先入为主；劣势是价格高，推动力不大，所以购货不多。我公司产品的优势是价格低；劣势是地方品牌，没有知名度（品牌对礼品的效应影响很大）。最后，沟通的结论是：关键人是 23 个办事处主任；影响人是该公司的高层领导；采购人是李主任；销售的难题是关键人不是李主任 1 个人，而是 23 个办事处主任，且他们都驻外地，无法知道其名单和联系方式，也没有见面接触的机会，看似无从下手。

（2）对关键人的销售战术是：想办法找到 23 个办事处主任的名单及其联系方式。经过努力，我无意中在该公司的网站上发现了 23 个办事处联系电话和邮箱。之后我一一打电话找到这些主任，做了初步的沟通。针对 23 个办事处主任做了一份《×××数码相机礼品方案》建议书，并发到各办事处主任的邮箱里。此方案篇幅不超过 1 张 A4 的纸，包括以下内容：公司的产品图片；公司产品作为礼品的三大优势；公司数码相机作为礼品的成功案例；数码相机的样品请到李主任处查看和咨询；我的联系方式和公司网站。此建议书最大的特点是简洁、重点突出、条理清楚。一个星期后，我又分别给 23 个办事处打了电话，目的是核实建议书是否收到，加深客户印象，以推动销售。之后，我又借 23 个办事处主任回总部开会之机，与他们见面，并邀请他们到我公司参观。

（3）对采购人的销售战术是：请李主任吃饭；把我公司的 4 款数码相机样机和资料送到李主任办公室的礼品陈列架上；用我公司的数码相机给李主任办公室的所有人员都照了数码照片，制成个性化的台历、挂历和影集并免费赠送。

最后的销售结果

从第 2 个月起，该公司每月有 60 台数码相机的订单。当时我公司华中区的一个经销商一个月的出货量也才 60 台。通过此案例，这个下属在我的指导下，又拿下国内一个著名汽车公司的礼品订单，一次性订购了 260 台数码相机作为礼品（全国汽车经销商大会赠送）。后来，我把此市场的模式和经验教给经销商，大多斩获不小。因此，我制作了一套实用的大客户管理表格，以供新手管理使用。

资料来源：作者根据阿里巴巴资讯网内容整理，有改动。

3. 实训任务

（1）你觉得"我"在售前客户关系开发方面是否非常专业？

（2）你认为"我"还需获取哪些重要的访前信息？

（3）请根据表 5-3 和表 5-4，帮助"我"制订一系列的访问目标。

4. 实训步骤

（1）个人阅读。

老师应督促学生针对实训任务进行阅读，并让其在课前完成。针对中国学生的特点，课堂上老师或学生还需再花费 3～5 分钟对案例学习要点及相关背景进行简单的陈述。

（2）分组。

在授课教师指导下，以 6～8 个人为单位组成一个团队，要求学生选出组长、记录人、报告人等角色。

（3）小组讨论与报告（25 分钟）。

主要在课堂进行，围绕实训任务展开讨论。同时老师应鼓励学生提出新的有价值的问题，要求每个小组将讨论要点或关键词按小组抄写在黑板上的指定位置并进行简要报告，便于课堂互动。小组所报告的内容尽可能是小组成员达成共识的内容。

小组讨论与报告

小组名称或编号：_____　　组　　长：_____

报告人：_____　　记录人：_____

小组成员：_____

1）小组讨论记录：

发言人 1：_____

_____

发言人 2：_____

_____

发言人 3：_____

_____

发言人 4：_____

_____

发言人 5：_____

_____

发言人 6：_____

_____

发言人 7：_____

_____

发言人 8：--

2）小组报告的要点或关键词（小组成员达成共识的内容）：

任务 1：--

任务 2：--

任务 3：--

（4）师生互动（20分钟）。

师生互动主要在课堂进行，老师针对学生的报告与问题进行互动，同时带领学生重点对售前客户关系开发的关键知识点进行回顾。老师也可在课堂上对案例进行简短的引导性分析。

（5）课后作业。

根据课堂讨论，进一步回顾本章所学内容，要求学生撰写正式的实训报告。实训报告建议以个人课后作业的形式完成，其目的是帮助学生在课堂学习的基础上，进一步巩固核心知识，联系实际思考并解决问题，最终形成一个有效或学生自认为最佳的解决方案。要求学生在制定方案时应坚持自己的主见，并提供数据、事实的支撑和分析，以帮助学生学会在复杂和挑战的环境下，提高分析解决问题的技能。实训报告的提纲如下。

实训报告

1）案例中的销售人员还需获取哪些重要的访前信息：

A：--

B：--

C：--

D：--

2）请帮助案例中的销售人员制订多个系列访问目标：

3）请根据图 5-4 销售人员的销售访问解决方案模型，制订一个可操作的"搞定大客户"的销售解决方案：

（6）实训成果的考核：根据学生课堂表现和实训报告质量，评定实训成绩。

第6章 CHAPTER6

售中客户关系推进

> 我们的销售活动是一部精彩的连续剧，它需要一个精彩的开篇。
>
> ——佚名
>
> 在销售过程中，挑战性最大、回报最高、最令人振奋的工作是销售推介。
>
> ——查尔斯·M.富特雷尔，《关系销售 ABC》

学习目标

1. 学会应用销售推介的工具与处理异议的基本方法。
2. 掌握成交与谈判销售的技巧。
3. 了解推进线上售中客户关系的服务技巧。

⊕ 引例

IBM 公司销售人员的销售推介

IBM 公司认为一名出色的销售人员既要熟悉自己所销售的产品，又要对客户业务有深刻认识。为此，IBM 公司对其业务人员的培训既包含产品技术培训，又包括产品的工业用途等。麦特·苏弗里托是 IBM 的一名销售人员，以下是他的现身说法。

在我负责的销售区域里，客户大都是制造企业，因此，我必须理解，诸如库存管理、生产计划及现场控制等概念，我为此感到自豪。通常，我会与客户的使用部门和数据处理人员打交道，需对其应用情况和具体成本收益进行调查分析，在此基础上，还要撰写建议书，举办推介活动，而且要根据 IBM 公司的建议对客户进行教育活动。

销售需要将产品特征转化为客户利益，客户沟通的重要手段是销售拜访、正式推介及建议书。销售规模越大，花在推介和建议书上的时间就越多。建议书可以简单到一张标着价格、条款和条件的纸，也可以复杂到一大本资料，附有详细的产品信息、服务计划及合同等。其篇幅大小也反映销售人员投入时间的多少。

一次拜访就能成交的情况很罕见。首次拜访，销售人员一般只是收集信息及问题，并进行分析，这有助于寻找解决问题的方案。对客户及时反应并表现出专业的水准，有利于增进彼此的信任，从而增加销售的机会。

资料来源：查尔斯 M 富特雷尔 . 关系销售 ABC [M]. 北京：中国人民大学出版社，2012.

思考：

1. 你认为麦特·苏弗里托作为销售人员，其专业性体现在哪些方面？

2. 在售中关系推进的过程中，除了麦特·苏弗里托提到的工作之外，还须完成哪些重要任务？

售中客户关系推进对销售目标的实现最为关键，销售人员应进行销售推介、处理异议、达成交易、谈判销售等工作，在确保短期销售目标实现的同时，为建立长期客户合作关系奠定基础。

6.1 加强销售推介

销售人员在落实销售访问各项具体任务的同时，需突出销售推介工作，根据具体销售推介目标，选择合适的销售推介工具。

6.1.1 销售推介的目标

1. 保持客户注意力

销售人员在进行销售推介时，应积极引导客户参与沟通的过程，而非被动地听讲。否则，客户的注意力可能发生转移。客户的个性会影响其注意力能否持久，如随和型的客户比掌控型的客户更易聚精会神。因此，销售人员应根据潜在客户的性格类型选择相应的沟通工具（参见第 4 章）。

2. 加深客户对产品或服务的理解

俗话常说："耳听为虚，眼见为实，经历过才会明白。"销售人员应尽可能将听到的话语转化为一些清晰可见的画面，借助多种感官刺激产生吸引力，从而提高客户的理解力。图 6-1 给出了人们学习和记忆的途径，由此可见，人们主要通过视觉（82%）来学习和记忆。因此，销售人员在销售推介时，应采用"视觉为主，其他感官为辅，多种刺激手段并用"的策略，以加深客户对产品或服务的理解。

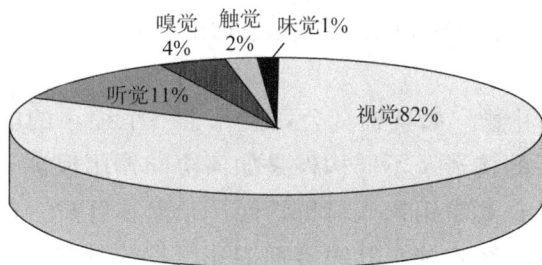

图 6-1 人们学习和记忆的途径

3. 帮助客户记住销售人员所说的话

通常，人们会迅速忘掉刚刚所听内容的 50%，48 小时后会忘掉 75%。这对销售人员是极大的挑战，因为拿下一个订单往往需要多次访问，且许多情况下潜在客户需要向他人传达了解到的信息。成功的销售推介应生动形象，让客户印象深刻，争取一次介绍，就让客户记住关键内容并告知他人。销售人员可借助许多方式来产生持久的印象，如一位销售人员吞服一些工业清洁剂来证明其无毒性。无论采用什么方法，只要能巧用产品演示，就能让潜在客户记住销售推介的关键内容。

4. 提供值得信赖的证据和可感知的价值

销售人员必须面对这样一个事实：大多数人不相信销售人员所说的一切。为此，销售人员必须综合运用各种沟通工具以证明其观点的正确性（参见第 4 章）。同时，应注意展示产品的方式，以此创造可感知的价值。如销售人员采用合适的道具、用语并小心翼翼地拿着一个茶杯，会让人感觉到它非常有价值。

6.1.2　销售推介的工具

销售人员在知彼知己的基础上，应灵活而富有创造性地运用下述销售推介工具。

1. 语言工具

语言工具通常包括以下两个方面。

（1）生动的话语或故事。故事可以很短，甚至几句话；选择适合自己风格的，最好是自己生活中的故事；讲故事要自然，要与销售推介直接关联；措辞准确、描述生动，像一幅清晰的图画；控制故事的节奏，以观察客户的反应以获取线索，可适当暂停和沉默。

（2）幽默。幽默可使销售人员抓住客户的注意力并使其放松。销售人员可采用亲身经历的幽默故事，也可借用现成的幽默故事或对其进行适当改编。注意：在销售推介过程中不要过多讲笑话，这样可能分散客户注意力。讲笑话时要首先使自己从中获得快乐，并事前练习讲笑话的方式，争取画龙点睛的结尾与最佳效果。

2. 视觉辅助工具

销售人员可以运用下面各种视觉辅助工具来加强销售推介。

（1）图表。图表可借助各种办公软件（如 PowerPoint、Word、Excel 等）绘制。注意：图表应有清晰的标题；图表辅助文字不要过多，每页不超过 5 行，每行不超过六七个字；不要使用完整句子，以便演讲时补充；要点之间用符号分开；色彩搭配合理；确保没有打印、书写等低级错误。

（2）模型、样本和礼物。如某锁具公司制作了一个缩小的电子锁模型，帮助其销售人员向客户展示产品的构造及不同构件是如何协同作用保证安全工作的。再如某公司为促销其喷雾剂产品，要求销售人员每访问一个潜在客户，都要带上一个装有样品和橡木板的公文包，并向客户演示其喷雾剂擦亮家具的过程；访问结束时，销售人员将公文包及样品作为礼品赠送给客户。

（3）产品目录和宣传册。公司常常花费大量费用设计、印刷宣传册及产品目录，富有创意的宣传册可帮助销售人员更有效地在访问过程中与客户交流信息，也可在访问结束时留给客户，以帮助其回顾某些信息。宣传册的设计应体现专业化，并从战略层面考虑，强调带给客户的价值。但请注意，一页纸上不要放太多文字信息，尽量用图表代替文字。

（4）多媒介组合工具。许多销售人员制作了公文包，即将平时收集到的各种纸质视觉展示物放在活页文件夹或文件袋里。在某一次销售访问中，销售人员不一定用到其中所有材料，但可帮助其快速找到所需材料。销售人员也可使用笔记本电脑、iPad 等电子设备展示视频、音频、网页、法律文书等数字式信息，还可利用投影仪、电子白板等工具来解释一些重要信息。

（5）其他工具。如带有人物的产品照片，用素描、油画等方式绘制的插图，即将投放的广告复印件，展示其客户地理分布的地图，满意客户的推荐信，第三方机构关于产品质量的检验报告等。这些工具若运用得当，会大大提高销售推介的效果。

3. 产品演示

产品演示是激发客户兴趣的最有效方法之一。绝大部分房地产公司在销售楼盘前先盖好样板间，其目的就是利用产品演示的作用。有些公司也建立了专门的产品演示室，以提高销售推介的效果。如惠普公司在德国建立了一个医疗器械销售中心，遍布欧洲的潜在客户可以在这里测试其医药设备：通过电子手段模拟病人反应，医务人员可通过模拟急救情形来检测设备性能。美国 AT&T 公司花费 1 亿美元建造了销售推介中心，收益巨大，据报道，在该中心洽谈的业务中有 70%～90% 达成了交易。有效的产品演示需注意以下几个关键环节：

- 准备充分，反复练习，计划好时间并找到一切可能出错的地方。
- 选择合适的演示场所，如会议室、报告厅，也可以在线演示。
- 演示前检查设备，确保正常工作。
- 预设客户参与的方式，如提问、体验等，尽量让每一个客户都能参与。
- 针对客户的特殊需求，介绍产品的突出特点。
- 保证演示简单、清晰，避免晦涩难懂的专业术语。
- 若潜在客户已看过竞争对手的产品演示，可突出演示竞争对手不能满足的需求。
- 利用满意客户的现身说法。
- 在演示中和演示后及时对客户进行调查，了解演示效果和客户购买意愿。
- 牢记墨菲法则，将错就错。生活并不完美，无论演示出现什么差错，最好以幽默策略化解。

4. 计划书

在有些行业，访问潜在客户时需要提交一份书面的计划书，说明服务内容、进度及其优缺点。为提高计划书的有效性，销售人员需做好以下几个关键环节。

（1）需求识别。通常潜在客户会提供一个需求建议书（request for proposal，RFP），说明建议、报价、投标、交付时间等相关事宜。销售人员应利用 RFP，参照前文的需求识别过程，辨识客户的真实需求并详细描述相应的产品特性。

（2）撰写计划。计划书撰写应体现专业性。它应包含诸多内容，首先是执行概要，用 1 页或 2 页简要说明解决方案的关键点，如产品能为客户带来的核心利益、总成本、总收入等，以帮助客户快速浏览计划，满足客户没有时间或不愿看完整个计划的需要。然后针对 RFP 提出解决方案并说明财务预算。

（3）展示计划。潜在客户收到销售人员提交的计划书后，可能向上级部门或领导汇报，也可能与竞争对手比较。为此，销售人员应与客户及时沟通，争取向客户关键决策人或决策委员会展示计划的机会。若销售人员获得口头介绍的机会，可做好以下工作：首先，在介绍之前向客户提供计划书的复印件，最好每人准备一份；其次，见面期间抽出 5～10 分钟时间总结提炼计划，最好要求对方提出问题；最后，在口头介绍期间，突出客户最为关心的问题。

5. 价值分析

专业销售的一个重要趋势就是进行复杂分析并向客户提供量化的解决方案。销售人员应采取合适的方法进行分析。

（1）成本－收益分析。成本－收益分析法要求列出购买者的成本和期望获得的收益，表 6-1 列出了一个大学生职业生涯管理顾问公司的销售人员提供的成本－收益分析方案。

表 6-1   大学生职业生涯管理顾问公司的销售人员提供的成本－收益分析方案

	成本分析	效益分析
出国	每年 20 万元的投入 ×（2～3）年 =40 万～60 万元	回国后拟有 10 万～15 万元年薪
	2～3 年的海外生活，也许会对中国发展现状感到陌生	更独立
		掌握更多高新科技和管理办法
		更多海外关系
读研	（每年 1 万～2 万元）×2 年 =2 万～4 万元	比本科生每月多 1 000～2 000 元薪水
	经过 2 年的校园生活，可能毕业时会缺乏社会经验	研究能力提高，思路要比本科时更开阔些
工作	找工作阶段成本 3 000～4 000 元	两年内大概 5 万元储蓄
	3 年内离职，若违约，会损失 1 万～2 万元违约金	工作中能学到实用的东西，办事能力提高
	两年后可能会遇到学历的限制	获得人际关系网络

通常情况下，销售人员需要做相对成本－收益分析，将自身的产品与竞争对手进行对比。这要求销售人员掌握分析技巧，如 3M 公司呼吸面罩产品每件价格为 1 500 美元，而竞争对手 OSHA 公司的面罩产品每件价格仅为 1.5 美元，3M 公司的销售人员为客户提供了对比成本－收益分析方案，以促进销售。案例 6-1 介绍了 3M 公司的具体做法。

案例 6-1　　　　　　　　　3M 公司呼吸面罩产品的对比成本－收益分析

以下是 3M 公司销售人员的自述：

我是 3M 公司职业健康和环境安全部门的一名销售人员，主要负责电焊工专用呼吸保护面罩产品的销售。该产品能提供空气动力系统，而 OSHA 公司的面罩产品只能满足最低保护要求。但我知道 OSHA 的产品比 3M 便宜 1 000 多倍，价格差距极大！

怎么办呢？

我利用一个计算机软件制作了一张介绍眼睛受伤及计算相关补偿费用的光盘。在拜访客户时，我告诉其安全部门领导，如果选择空气动力系统，虽然比满足最低要求的装置贵很多，但会提高公司整体生产力。同时，我会向客户解释 3M 面罩产品如何降低眼睛伤害从而降低费用。因为治疗眼睛受伤的医疗费用巨大，不仅会减少生产时间，而且会增加保险费用。另外，3M 面罩戴着很舒服，这样可让员工工作时间更长，节奏更稳定。

我会在光盘中用数字清楚地标明客户损失的时间、补偿的费用、与竞争对手相比的净收益，这样可鼓励客户选择高质量产品。

（2）投资回报分析。投资回报率（return on investment，ROI）是指通过投资而应返回的价值，是企业从一项投资性商业活动的投资中得到的经济回报。它涵盖了企业的获利目标。可用下面公式计算：

$$ROI=（净利润 ÷ 投资）×100\%$$

许多客户为所有新产品或服务设置了最低的 ROI，销售人员应弄清这些客户的最小 ROI 或 ROI 预期，这样才能清楚说明所提交的计划能否满足或超出客户要求的 ROI。当然，若为了说明产品的竞争力，可与竞争对手产品做一个对比。表 6-2 显示了某销售代表将自己的产品 A 与其他三种产品 ROI 对比的情况。

表 6-2　四种产品的 ROI 对比　　　　　　　　　（单位：元）

产品	收益 R	投资 I	净利润 $R-I$	ROI $[(R-I)/I]×100\%$	次序
A	20 000	10 000	10 000	100%	2
B	9 750	7 500	2 250	30%	3
C	6 000	5 000	1 000	20%	4
D	6 250	2 500	3 750	150%	1

（3）投资回收期分析。投资回收期（payback period）指累计的经济效益等于最初的投资费用所需的时间。它可用年、月、日或其他时间来表示，若用年限表示，并用下面公式计算：

$$投资回收期＝投资额 ÷ 每年利润$$

　　投资回收期是帮助客户衡量风险的好方法，优秀的销售人员应该清楚，客户做出购买决策会承担一定的风险，每个客户都希望有一个短的投资回收期。当然，金融投资专业领域的投资回收期涉及很多因素，这里不赘述。

　　（4）净现值分析。由于通货膨胀和公司的资金成本、资金闲置和损失价值，所以公司要不断地把将来的现金流折算成今天的货币价值。净现值（net present value，NPV）是一种评估现金效力的工具，它是未来现金流的现值（公司的资金成本折算成今天的价值）减去投资。净现值可用下面公式计算：

$$NPV= 将来现金流入贴现 - 投资$$

　　例如，假定某项目投资 5 000 万元，未来五年年均收入 1 500 万元，将这些现金收入折现，今天的实际值为 5 900 万元，那么，净现值为 5 900-5 000=900（万元）。关于现金流折现的方法，超出了本书讨论的范围。

　　（5）机会成本分析。机会成本（opportunity cost）是指为了得到某种东西所要放弃另一些东西的最大价值。假如客户愿意投资 1 万元，可以购买一台电脑、一台彩电或一台空调。若购买电脑，就不能购买彩电或空调，这样放弃购买彩电或空调损失的最大价值就是机会成本。成功的销售人员会帮助客户识别机会成本小的投资决策。

　　（6）中间商销售的价值分析。中间商购进产品时主要考虑其是否能售出及售出的价格，若销售人员向中间商销售产品时，能表明所售产品的利润及销售时间，中间商会客观地比较同类产品的性能及销售速度。

　　边际利润率（profit margin）可帮助中间商做出合理的采购决策，它是指边际利润与销售收入的比率。边际利润是指增加单位购买量所增加的利润，其影响因素很多。对中间商来讲，边际利润率可简单地理解为用销售额的比例来表示净利润。例如，沃尔玛以每瓶 0.5 元的价格采购 20 000 瓶纯净水 [总价为 0.5×20 000=10 000（元）]，需要 5 000 元费用（含广告、销售人员佣金、仓库租金等）。然后以均价每瓶 1 元的价格售出 [总收入为 1×20 000=20 000（元）]，那么，净利润为 20 000-10 000-5 000=5 000 元，则边际利润率为 5 000÷20 000×100%=25%。

　　存货周转率（inventory turnover）可帮助中间商评估存货管理的效率，通常用年销售量（额）除以当年存货的平均数量（零售价格）来计算。如沃尔玛经常保证 2 500 瓶纯净水的存货，年总销售量 20 000 瓶，那么，存货周转率为：20 000÷2 500=8（次），次数越高表示存货周转速度越快。减少存货可提高存货周转速度，但往往造成销量下跌、缺货或品种不全等不良后果，进而增加中间商的订货次数及运输费用，同时，可能无法得到大量订货的数量折扣。

　　销售人员应向中间商提供信息以证明其销售方案可以提高存货周转率，清楚说明其帮助中间商降低平均存货及运输费用的方法。数据交换系统（electric data interchange，EDI）是帮助买卖双方提高存货管理水平的有效工具之一，它是中间商（如沃尔玛）和供应商（如康师傅公司）计算机之间的一个数据传输反馈系统，通过 EDI，买卖双方可传输采购订单和运输信息。

另外，对中间商来讲，货架和仓储空间都是有限的资产，中间商通常用每平方米货架的销售额来评估其空间投资回报。专业的销售人员应帮助中间商分析如何有效利用空间，增加销售的机会。

6.1.3　克服紧张情绪

许多销售人员都有情绪紧张的经历。从心理学角度看，面对销售介绍时感到紧张是一种正常的心理行为，但必须正视并想办法克服这种消极的情绪。首先，应分析紧张的原因。紧张的原因是多方面的，如拜访客户之前没有做好充分的准备，没有太多的经验，客户太粗鲁等。其次，采取积极行动，克服销售推介时的紧张情绪。具体来讲，可遵循下面几个步骤：

- 充分了解听众，知彼知己，真心关心客户。
- 不要担心被客户拒绝，每个人都希望有人关注他，即使是向他推销产品，他的内心也很高兴。
- 明确要表达内容的要点。
- 非常专业地利用 6.1.2 中介绍的各种销售推介工具。
- 做你心中喜欢的自己，不要一味模仿别人做销售推介。
- 推介前调整好状态，进行自我激励，树立这样的信念：我行，我一定能成功！
- 若听众较多，向那些看起来友好、乐观之人倾注更多能量和激情。
- 销售推介前可闭目养神、伸懒腰、深呼吸、祷告等。
- 销售推介过程中要不断进行自我心理暗示：自己以前有许多成功。
- 认识到情绪紧张可以帮助克服傲慢。
- 练习，练习，再练习！

6.2　处理异议

6.2.1　异议的种类

客户提出异议有时是为了确认销售推介内容的真实性，有时纯粹是为了看到销售人员紧张的样子。经验丰富的客户，有时就是喜欢故意刁难那些年轻、紧张的销售人员。客户异议多种多样，可归纳为下面五类。

1. 时间异议

这类客户通常会说，"我今天没有时间……"或者"我再考虑一下……"。他们通常有购买意图，听了销售推介后没有提出反对意见，有时还表现出一定程度的热情，但对购买犹豫不决。面对这样的客户，销售人员应找到客户犹豫的原因，如争取优惠、资金不到位、需要向领导汇报或领导不在等，或者希望货比三家、目前不是最佳购买时机

（生产淡季、存货较多）等。然后，及时跟踪客户，不断满足客户内心的需求，或消除客户内心的各种顾虑。

2. 价格异议

价格异议是销售人员最常碰到的异议，如"我们的预算有限""你们的价格太高了""不值这么多钱"等。价格异议通常是客户为了掩饰不想购买的真实原因，隐含在价格背后的真实想法往往是产品的质量、品牌或服务问题。换句话说，客户可能在想：价格这么高，产品还那么差。面对价格异议，优秀的销售人员会走出"价格决定成交"的认识误区，不要过多定性地辩解价格的高低，可通过提问或使用 6.1.2 中"价值分析"工具，帮助客户定量了解产品的价值。

3. 需求异议

这类客户通常会说，"我不需要这种产品或服务……"或者"我以前从未用过……"。这表明销售推介没有使客户确认需求的存在，可通过暗示性或需求回应性问题防止这类问题发生，这也是销售推介的首要任务。

4. 产品异议

产品异议是客户对销售的产品及某些方面不放心而导致的不满或指责。这类客户通常会说，"我不喜欢、不清楚你的产品或服务有什么特点"或者"我需要了解更多信息……"。产品异议可能与客户的需求相关联，也可能与销售人员的推介相关，或者与客户担心的购买风险相关。不管客户提出什么产品异议，销售人员都应积极对待，通过提高销售推介技能来减少产品异议。

5. 货源异议

若潜在客户对从何处或何人那里购买产品有着强烈的选择意向，就会产生货源异议。这类客户通常会说，"对不起，我不喜欢你们公司"或者"对不起，我不想从你那里购买产品"。前者与货源公司的信誉有关，不但会影响短期交易，还会影响长期客户关系的建立；后者与个人的社交风格有关，可通过适应性销售或更换销售人员加以解决。

6.2.2　异议的管理

面对各种异议，优秀的销售人员会通过预先评估、先发制人、仔细倾听、正式评估、诚实相待等措施来管理异议。

1. 预先评估

由于异议情况复杂，很少有销售人员可随时即兴回答所有异议。为此，许多公司将常见异议和理想的回答列出一张表格，促使销售人员熟悉相关内容。有些公司还会录制一些角色扮演的练习资料，帮助销售人员更熟练地应对各种异议。优秀的销售人员也会准备一个笔记本，随时记录碰到的各种新问题、新异议。

2. 先发制人

优秀的销售人员经过大量培训和实践，清楚自己产品的优缺点，会赶在客户提出异议前先做一些事情，阻止客户提出异议，达到先发制人的效果。如销售人员预估到客户会对产品升级产生抵触情绪，在销售推介一开始便告诉客户："我理解升级会给你们带来诸多麻烦，我们会提供细致周到的服务，避免给你们添太多麻烦。同时，你知道现在绝大多数公司都在对产品进行升级，这确实给他们带来了更多的收益，提升了企业形象，而且吸引了不少高端客户。"再如一位销售人员预料到客户会抱怨自己的价格太高，便事先说道："您知道我们的产品为什么比他们的贵吗？因为我们的产品原材料更可靠、技术更先进、使用年限更长、免费售后服务时间更长，所以其实平均到每年的使用费用，我们的价格还要便宜一些……"

对事先写好的销售提案而言，因无法得到客户反馈，所以预见异议非常重要，应将预测到的各种异议及对其理想的回答贯穿于整个销售提案中。

3. 仔细倾听

回应异议时，优秀的销售人员先听再回答，在客户说话之前便作答是一种愚蠢行为。许多销售人员喜欢打断别人的回答，这易于把此次销售访问迅速带向终结。事实上，即使已经很清楚地了解客户的想法，销售人员也要等客户说完，然后放松一下再回答客户的异议，可利用幽默缓解双方的紧张情绪，冷静地面对异议。

4. 正式评估

为达成交易并建立合作关系，优秀的销售人员在回答异议前还会对异议进行正式评估。异议有真假之分，真异议通常涉及客户需求未得到满足，假异议常表现为借口，目的是隐藏真异议。销售人员要培养判断真假异议的能力。销售人员应通过各种线索识别真异议，如在对陌生客户的销售拜访中，客户根本不听你说话就拒绝了，真异议可能是不认可你这种推销的方式或是当时确实太忙，若听完了你的销售介绍之后再提出异议，可能是不认可销售介绍的内容。总之，销售人员可通过细心观察、认真提问，认真了解客户的真实想法，以此来提高评估异议的技巧和能力。

5. 诚实相待

诚实是建立和发展长期客户关系的基石。优秀的销售人员会保证说真话，即使竞争对手不这样做。那些利用买卖双方的信息不对称，靠掩盖或说谎而蒙骗客户的销售行为，是经不住时间考验的，即使短期得逞，也难以建立长期互信的客户关系。

6.2.3　异议的处理方式

优秀的销售人员在处理异议前，会通过探询法，来帮助潜在客户说清楚其真正所关心的事情及产生异议的根源。探询法一般以非语言形式进行，如有学者提出 FSQS 法，即通过友好（friendship）、沉默（silence）、提问（questioning）、注视（seeing）等方法，促使客户详细说出或解释其真正关心的事情。

在探询的基础上，销售人员再采取各种方式处理的异议。本节重点介绍 6 种处理异议的方式，如图 6-2 所示。优秀的销售人员会根据具体情境采用单一方法或组合运用多种方法，彻底解决客户异议。即使面对一些粗鲁、无礼、难以对付的客户，也要采取积极态度，坦然面对，灵活运用各种方法或者另约时间再谈。

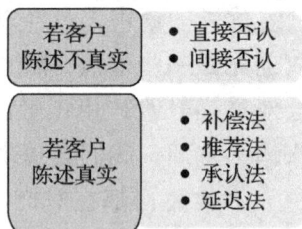

若客户陈述不真实	• 直接否认 • 间接否认
若客户陈述真实	• 补偿法 • 推荐法 • 承认法 • 延迟法

图 6-2　处理异议的常见方式

1. 直接否认

若客户异议给予不完整或不准确的信息，销售人员可采取直接否认（direct denial）方式，即通过补充信息或澄清事实加以回应。此时，销售人员态度往往比较强硬，明确指出潜在客户所犯错误。没有人喜欢被告知犯错，所以，采取直接否认方式时须小心谨慎。只有质疑明显不准确且会极大破坏你的销售推介效果时，方可使用。优秀的销售人员会利用确凿的证据来澄清事实。假如在推介奶粉产品的过程中，有经销商客户提出"某机构将你们公司产品评为最差奶粉"，销售人员可事先准备，通过访问该机构网站，说明这是一家非权威机构甚至非法机构，或者提供证据表明该机构与竞争对手的利益关联。

若客户的异议无关紧要，绝不要采取直接否认方式。

2. 间接否认

间接否认（indirect denial）是一种柔和的，首先对客户异议表示尊重的否认方式。这种方式可避免直接矛盾和对抗，销售人员在开始回答时，先赞同客户的观点，甚至对客户的诚意表示感谢。不过，这种肯定要把握好尺度，以免影响后面否认的效果。

间接否认的技巧在于一个好的开场白，如"您说的有一些真实的成分""目前的市场环境下，我完全理解你所担心的问题""我相信我所拜访的大多数客户都会提出类似问题""这是一个好问题，容易让您产生误解，我正想和您澄清"等，好的开场白有助于婉转自然地引入一些否认的证据，这样让客户易于接受。间接否认方式适用于所有社交风格类型的客户，对分析型和随和型客户更为有效。

3. 补偿法

补偿法（compensation）指承认产品的缺点，用一种属性的优点弥补另一种属性的缺点的处理客户异议的方法。任何产品都有优点及缺点，绝对完美的产品是不存在的，任何公司都会对产品质量做出成本 - 收益决策。可采取第 5 章中的"图 5-2 销售人员销售访问解决方案模型"，将产品特性与功效关联起来。补偿法对处理许多客户异议都有效，运用成本 - 收益进行细致的取舍分析，对分析型客户将更为有效。

若客户不太看重所补偿的好处，销售人员可推荐其他产品。当客户说"我再考虑一下，稍候联系你"时，也可强化补偿法，告诉客户今天做出购买决策将更为合适，并说明理由，如若客户推迟购买，可能其想要的产品型号不全了或者安装设备时需要更长的等待时间等。

4. 推荐法

推荐法（referral method）指运用其他客户的类似想法来回应客户异议。优秀的销售人员通常讲述一些最初反对而后支持的客户的购买经历。此法可采取下面的步骤进行：

第一步：我能理解您的这种感觉……
第二步：许多客户也这么想，比如……
第三步：不久，这些客户发现……

推荐法也可以第三方证明信的方式来增强其效果。拿到第三方的证明信难度较大，销售人员可提前征得第三方客户的同意，提供其电话和姓名。推荐法对外向型及随和型的客户最为有效。

5. 承认法

当客户异议只是在发泄不满时，最后的策略是采取承认法（acknowledge method），即让客户说完，承认其担心，不发表任何意见，停顿一下，继续下一个话题。

客户：哎，你们在产品广告中用"灰太狼"这个卡通人物了，我要告诉你们，我最讨厌这部动画片了，它对孩子影响不好。今天的孩子需要一种可以真正崇拜的偶像！

销售人员：我非常理解您的担忧，我记得我父亲也表达过类似观点，提到当年他的偶像及其崇拜的理由。（停顿）我们刚才说到哪里了？哦，对了，说到我们正在推行的优惠折扣……

在上述事例中，客户只是发发牢骚（你们不能换换广告吗？或者标明提出异议的理由），面对这种异议，销售人员几乎无能为力，因为公司不能因为一个客户的抱怨就撤下其花费 500 万元巨额的广告，除非这个客户举足轻重。

6. 延迟法

延迟法（postpone method）指销售人员请求客户允许其稍候回答所提出的异议。该法常用于销售推介的早期阶段，因为销售人员会在销售推介的后期针对客户需求加以回答。

客户（销售访问的早期）：你这种设备单价多少？
销售人员：若您不介意，我一会儿针对你的具体需求再回答……

若销售人员非常真诚，客户一般不会拒绝这种请求，然后销售人员继续讲解，直到客户消除异议为止。需要注意的是，有些客户可能急于消除内心的疑虑而分散对销售介绍的注意力，这就要求销售人员提高销售推介的吸引力，尽快将客户注意力拉回到当前主题上。若客户强烈要求回答，销售人员应立即简要回答，最好不要让客户一直等待。

6.3   达成交易

6.3.1   获得关系许诺

达成交易（简称成交，closing）是销售工作最关键的环节。传统销售培训高度重视成交，强调通过向客户施压获得成交。但在今天的商业环境中，这种成交方式有低估客户智商之嫌，不但会破坏彼此之间的信任，而且难以奏效。通过对过去 12 年来的 35 000 个销售访问调查发现，传统的施压式销售技巧减少了成交的机会。专门受过成交技巧训练的销售人员实际成交机会更少，而对一些低价产品，成交技巧可增加成交机会。进一步的研究发现，销售业绩良好的销售人员经常将销售看作再次巩固关系的一种方式，即获得关系许诺比成交更重要。

在现代销售中，高压成交是非职业化的做法，而获得许诺是优秀的销售人员必备的关键能力。成交往往是多次许诺的自然结果。例如，获得第一次相互认识、了解需求的预约意味着多了一个客户源；第一次拜访结束后获得销售介绍的许诺，表示有了一名潜在客户；获得订单，意味着增加一位客户；若没有获得任何许诺，就意味着销售人员在浪费时间，想获得成交可能性很小。

6.3.2   明确成交条件

最重要的成交条件是价格，它涉及购买数量、折扣、信用及运输条件等因素。在销售访问中，让销售人员说出具体价格是困难的，但销售人员必须尽可能满足客户对价格条款的需求。

首先，明确折扣。最常见的折扣是数量折扣，包括单笔订单折扣和累积订单折扣两种类型。如一家复印机公司许诺一次购进 5 台机器，可享受 10% 折扣，这叫单笔折扣。若许诺一年内购买 5 台机器，年底可享受 10% 折扣，这叫累积折扣。还有一种折扣叫现金折扣，与信用相关。如购买复印机，若客户在 10 日内付款，享受 2% 折扣；在 30 日内付款，享受 1% 折扣等。

其次，成交条件还包括运输费用。采用离岸价（free on board，FOB）的销售商负责运费。具体条款会有所不同，可附加特定地点或是否安装等条款。对复杂技术设备来讲，安装条款非常重要，客户会要求在成交前加以明确。

最后，销售人员应在综合考虑各种成交条款的基础上，自信地报出最终价格。事实上，价格不是陈述的焦点，更重要的问题是满足客户预算等方面的需求。

6.3.3   抓住成交时机

购买信号（buying signal），也称成交暗示（closing cue），指购买者已经做好购买准备的指示，通常通过客户话语和非语言暗示得以证实。

1. 客户话语

客户针对成交条件提出问题、要求或利益诉求，往往是在发出成交的信号或是对成交进行试探。①若客户提出"你们如何培训我们的员工使用产品""你们最早何时到货"等问题，这或许表明客户正准备购买。②若客户在销售介绍结束时，提出"若下这样的订单，我们希望有现金折扣""我们希望每周送货一次"等要求，通常表明客户已做出购买决定，正在就细节问题进行确认。③若客户提出"哦，我喜欢你们提供服务的方式""很好，这个颜色和我们的办公环境很匹配"等利益诉求，通常反映其支持购买的强烈情绪。

销售人员应针对客户话语进行试探性的询问（试成交，trial close），以确认客户购买意向或是否做好购买准备。如询问"对我们的产品或公司，您还有什么需要了解的吗？""与竞争对手产品相比，您觉得我们的产品如何？"等问题。销售人员通过不断进行试成交询问、不断获得客户回答，与客户建立对话关系，这样使成交变成持续对话的一个自然结果。

2. 非语言暗示

非语言暗示是客户沟通的有效方式（详见本书第 4 章），可运用于销售介绍的每个阶段。在成交环节，客户的面部表情、行为等非语言暗示可用来判断客户是否做好购买准备。例如，若客户眼睛放光、面带微笑、前额放松，通常是准备好购买的积极信号。这些行为也是成交的积极信号：当一位医生被告知有一种新药时，拿起宣传册仔细阅读使用说明和服用禁忌；或者当一位零售商与供应商商讨是否允许进行在货架两端做特殊陈列时，走到可能陈列的地方审视布局。

6.3.4　把握成交原则

销售人员应用非强迫的方式促成交易，需把握以下几个原则。

1. 保持积极的态度

客户喜欢与积极乐观、对自己产品及公司充满信心的销售人员打交道。很多情况下，对某事的担心更可能变成应验的预言，正所谓"怕处有鬼"。如某销售人员由于担心新产品不好销售而未能说服沃尔玛购买，但当他的销售经理拜访客户时发现，该客户的库存短缺，究其原因，主要是该销售人员在推广新产品时忧心忡忡、缺乏自信。

2. 让客户决定后续进程

销售人员应反复练习适应性销售的方法（见本书第 4 章），以适应不同客户在成交时的节奏、需求和个性。如有些客户购买节奏较慢，需要花费足够时间来消化吸收销售人员提供的材料。在这种情况下，销售人员要放慢节奏，不但销售介绍时语速放慢，而且成交前也不要急于求成，有时欲速则不达。

3. 果断而不冒进

有学者将销售人员分成冒进型、服从型、果断型三类。他们在销售访问时差异很大，见表 6-3。

表 6-3 三类销售人员在销售访问时的差异

销售活动	销售人员类型		
	冒进型	服从型	果断型
界定客户需求	相信自己对客户需求判断无误	喜欢花较多时间与客户交际，探察需求与机会	主动搜集客户也许不愿提供的需求信息
对销售介绍的控制	将客户参与降至最低	允许客户控制销售介绍	促进双向交流和客户参与
成交	气势压人；对于异议置之不理	设想客户准备好时会自动购买	回应异议，促使某种程度的自动购买

4. 适当的产品及数量

以适当的产品、适当的数量销售时，成交机会就会增加。这一原则易于理解但难以做到，因为销售人员总是试图获得最大的订单。客户的记忆力很强，他们不会与过度销售的人再次合作，同时对那些喜欢抛售的人缺乏信心。不少公司认识到，当销售人员试图卖出产品太多、太少或者卖错型号时，成交机会迅速减少。此外，销售人员不能过度依赖试用订单（trial order），即购买者用于检验产品是否有效的一个很小的订单。试用订单有时是为了摆脱销售人员纠缠的手段，所以并不意味着成交。进一步讲，若客户对试用产品不愿投入必要的时间去真正试用，全面了解产品用途及特点，那么，产品在正式成交时易于被拒绝。

6.3.5 掌握成交方法

高明的成交方法不能使用诡计强迫客户做他们不愿做的事情，也不能人为操控客户购买他们所不需要的东西。下面介绍几种成交方法。

1. 直接请求法

即直接请求客户进行成交。销售人员应用这种方法时需小心，不能表现出过于冒进，如不能拿笔给客户并要求其在订单上签字，可试探性地询问客户是否同意成交。

2. 利益总结法

即介绍产品利益时，销售人员逐一询问这些利益能否满足客户需求，并提醒客户就某些利益达成一致，帮助客户总结销售介绍中的各个要点，做出明确的购买决策。与直接请求法相比，利益总结法的优点在于，销售人员可帮助客户记住销售介绍过程中的所有要点。

3. 平衡表法

即销售人员要求与客户一起列出马上购买还是稍后购买、购买或者根本不购买、购买竞争对手产品等决策选项，并说明支持或反对的理由。平衡表法适用于那些善于分析但表达与反应略迟钝的客户。需注意，该法非常耗时，若使用不当，有轻视客户智力之嫌。

4. 探求法

若通过上述各种方法仍不能成交，销售人员会用一系列事先设计好的探究式问题来发现潜在客户犹豫不决的原因。一旦弄清原因，销售人员还会问一些"如果……怎么样"的问题，从而识别出客户所有问题，并尽快加以解决。当客户关心的问题都成功解决时，销售人员便可直接请求成交。下面的对话可以说明如何使用探求法。

销售人员：下周我们能否见个面，全面了解一下您的需求？时间不会超过 2 个小时。

潜在客户：不行，等等再说。

销售人员：看来，您还有些犹豫，能否告诉我您犹豫的原因是什么吗？

潜在客户：我担心你们公司小，不能应对我们这么大的客户。

销售人员：除了这个，还有其他担心吗？

潜在客户：没有了。

销售人员：如果我们是大公司，我们就可以面谈了吗？

潜在客户：不好说。

销售人员：那应该还有其他原因，我可以问是什么吗？

潜在客户：一位使用你们服务的朋友告诉我，你们送货很不及时。

销售人员：除此之外，还有其他原因了？

潜在客户：没有了，我主要关心这两个问题。

销售人员：如果我能马上解决这些问题，达到你们的要求，您愿意约个时间见面吗？

潜在客户：当然。

5. 非此即彼法

即销售人员向客户只提供两种选择，让客户选择更喜欢哪一种。之所以采取该法，主要是因为在很多情况下，销售人员向客户提供选择太多，让客户感到眼花缭乱，无所适从，结果造成销量很小或购买后满意度较低。

6. 其他方法

成交的方法还有很多，表 6-4 列举了一些传统的成交方法。随着客户变得越来越精明，这些方法逐渐失去效用。但可在适当的时候，以非操控的方式加以使用。

表 6-4　传统的成交方法列举

成交方法	具体做法	特　　点
次要点成交	销售人员设想客户根据一些不重要的要素更易做出决策，如所喜欢的颜色：蓝色还是红色	若让客户识破，感到成交出于被操控或欺骗，引起客户不满

（续）

成交方法	具体做法	特　点
不断赞同成交	销售人员在整个销售介绍过程中，不断向客户询问一些易于回答"是"的问题，使客户形成说"是"的习惯，以至请求成交时，自然而然地说"是"	使客户感知自己是被赞同的，在成交时，为继续维持这种形象，会不假思索地表示同意。但客户事后会感到被操控，影响长期合作关系
假想成交	销售人员不要求客户下订单，只是根据客户回答，开始详细填写订单	没给客户表示同意的机会，容易使客户感到冒失或被操控
独占成交	销售人员告诉客户"若你不马上订购，别人会订购"，设定最后期限，催促客户快速决策	若销售人员表述真实，该法非常有效。否则，客户会产生不信任或被操控的感觉
保留利益成交	销售人员告诉客户："若今天订货，可享受5%的现金折扣。"	可能使客户产生等待观望情绪，以期获得更大的优惠
情感式成交	销售人员通过迎合客户的情感而成交，如告诉客户："这个订单对我很重要，可能会影响我的年终奖金……"	试图忽视客户需求，难以建立客户信任或受客户尊重

6.3.6　成交之后的行动

成交之后，销售工作并没有结束，许多工作才刚刚开始。具体来讲，销售人员还需做好以下工作。

1. 不要大惊小怪

客户不喜欢大惊小怪，希望在同意成交时确认重要信息，以确保产品或服务带来的利益。例如，若客户同意购买汽车保险时，销售人员可提供理赔、修车的具体信息。

2. 肯定客户的选择

客户总是愿意相信他们做出了明智的选择，否则，他们会感到不安全，这种感觉被称为购买者懊悔（buy's remorse）或购后失调（post-purchase dissonance）。成功的销售人员会向客户重申其决策是明智的。例如，有销售人员告诉客户："我知道您会非常喜欢使用新购的设备，我们会提供一年的免费售后服务。两周之后我会拜访您，确保一切顺利，在这之前，若有任何问题，请打电话给我……"

3. 正式签字

客户正式签字时成交正式化。一般来讲，客户在签字之前已经做出购买决定，销售人员不应把注意力集中在是否签字上，相反，需记住几点：①使签字成为一个简单的例行程序；②尽可能迅速地帮助客户填好订单的空白处；③在客户准备签字时，不要过分表现出渴望或兴奋的样子。

4. 表示感谢

客户通常认为即使购买较小数量的产品，也应该得到感谢。销售人员可在成交后写感谢信给客户，以培养信誉，尤其在重大采购之后或面对新客户时。有时，成交之后可由销售人员直接送给客户一个小礼物。感谢应真诚，不应过分热情。

5. 准备未来的访问

在大多数销售领域，一次成交往往是下一次成交的开始，真正的销售成功来自不断友好地成交。调查显示，未来销售的最大决定因素是销售人员如何对待客户。客户喜欢与那些成交后保持客户兴趣的销售人员打交道。为此，成交后，销售必须做好后续工作，确保准时送货、正确安装等，后面章节会对此做更详细讨论。总之，后续工作质量是考察销售人员素质和长期关系的一个重要因素。

6. 回顾成交过程

对成交的各个环节进行回顾，总结客户满意和不满意的方面。销售人员必须考虑涉及产品购买及使用的所有各方，记住相关人员的名字，解释和检查销售条款，确保客户不产生误解。友善和热忱地对待部属及相关工作人员，保证客户获得承诺的服务，后面章节会对此做更详细讨论。

成交后，销售人员不能突然离开，也不能耽误客户太长时间，销售人员可快速为下一次成交或售后服务做一些铺垫，如可告诉客户：“若有什么需要，可随时给我打电话；若需要上门服务，可提前预约一下。”

6.3.7　未成交时的行动

即使销售人员所做的所有工作无可挑剔，也不能确保成交。精明的销售人员会将客户的拒绝看作“暂时的”，而非“永远不”，在成交失败之后，立即分析原因，并寻找对策。

成交失败的常见原因：①态度消极。大多数销售人员在请求客户成交时会产生本能的恐惧，有些销售人员会因恐惧而从不请求客户成交，这样永远不会遭受拒绝，但获得成交的机会比别人少很多。也有些销售人员在成交前表现出毫无根据的兴奋，暗示客户其不真诚，高度警惕的客户会拒绝购买。还有些销售人员过分强调成交，把成交看成非赢即输的情境，让客户难于自主做出决策，从而拒绝成交。②销售介绍差。因销售介绍准备不充分或太匆忙，使客户对产品及公司缺乏了解，难以做出购买决定。③不良习惯与技巧。有些销售人员习惯不停地说而忽视了倾听客户声音，从而使销售介绍走向失败。知道何时停止说话和知道该说什么一样重要。一个唱独角戏的销售难以激起客户的兴趣。

成交失败的对策：①保留合适的潜在客户。在许多销售领域，获得订单与销售介绍的比例为 1:3，甚至是 1:20。在先前拜访没有成交时，后续拜访非常关键。销售人员不应急于将未成交的客户从潜在客户名单上去掉，每一次拜访都应设定清晰的目标，对多次拜访仍未成交的客户，可尝试通过试用订单来代替实际订单。②推荐其他产品。若自己的产品实在无法满足客户需要，销售人员可推荐竞争对手的产品，以解决潜在客户的需求。这种姿态与善意会使销售人员在未来获得成交机会。销售人员通常可以在推荐竞争对手产品之后，询问潜在客户能否推荐其他潜在客户的名单，同时强调，继续保持联系，一旦公司能提供竞争对手的产品或服务，希望和潜在客户合作。③重视礼貌。在客户拒绝成交时，销售人员尤其要注意礼貌，应学会接受"不"，也要感谢客户所付出的时间。争辩或表示失望得不到任何好处。销售人员可尝试通过偶尔打电话、后续信件或产品介绍的邮件等方式与客户保持联系。在告别客户时，可以这样说"我尽量不打扰您，但若不介意，我想和您保持联系"，也可把公司宣传品作为礼物留给客户，以加深客户对公司及产品的印象。

6.4　谈判销售

6.4.1　抓住谈判销售的实质

谈判是买卖双方为解决冲突或分歧而讨价还价的过程。谈判有两种哲学，一种为赢 – 输谈判（win-lose negotiating），另一种为双赢谈判（win-win negotiating）。本书强调发展客户关系，突出双赢的观点。

1. 谈判销售与非谈判销售

并非所有的销售都要通过谈判来进行。通常情况下，卖方会通过销售手册规定价格、运输、程序等不可改变的相关政策，无须进行谈判销售。但许多客户在采购时不希望遵循任何卖方的销售规定，希望销售条款、程序与价格是可谈的。正式的销售谈判通常发生在大客户、重要客户之间，如雀巢公司可与沃尔玛超市进行谈判，但不会和一些小型食品零售店进行正式谈判。事实上，谈判通常是一项需要耗费大量人力、财力与时间的工作。与销售拜访不同，销售谈判通常会制订更严密的计划，花费更长的时间来准备，且需更多的人员（涉及生产、市场、销售、人力、会计、采购等不同职能部门）参加。

2. 销售谈判的内容

若客户很大或很重要，几乎所有的销售工作都可通过谈判进行，以下列举了一些买卖双方中在谈判中经常讨论的事项。

- 买方最低存货水平
- 卖方通过迅速补货以保持买方最低存货水平的能力
- 产品或服务设计的细节
- 产品生产工艺
- 中间商的展示许可
- 广告许可和卖方要投入的最低广告量
- 分销渠道内的促销事宜
- 运输条款和条件
- 中间商的零售和批发价格
- 大批量购买的价格及其折扣
- 展台布置的数量及地点
- 特殊包装及特色设计
- 售后服务水平
- 未售或废弃商品的处置
- 信用条款
- 投诉处理
- 订单输入和跟踪的便利性
- 双方沟通的方式和频率
- 履行担保和约定

3. 做一个优秀的谈判者

成功的销售人员并不都是优秀的谈判者，很多谈判技巧销售人员难以掌握。如谈判前买方要求了解产品细节，多数销售人员会乐意提供大量的技术数据、产品图片等具体信息。但这样做的问题在于，买方可能挑选一些不需要的产品特征来压低价格，以获得价格让步。若销售人员是一个有经验的谈判者，会利用对方了解信息的机会，获取更多谈判所需的情报，以避免类似问题发生。

害怕冲突的人通常不是优秀的谈判者。有些谈判策略有意使冲突升级，以便把所有问题都放到谈判桌上来讨论。同样，那些希望让所有人都满意的谈判者也不是优秀的谈判者。当然，自大、无条理、不诚实、好挑战也不是优秀谈判者的特征。本章的演练 6 可帮助销售人员测试自身的谈判技巧。

6.4.2　做好谈判销售的准备

准备与计划是谈判最重要的环节。制订销售访问计划（参见第 5 章 5.2 节）的相关内容也适用于谈判销售。销售人员应在搜集客户公司及采购团队详细信息的基础上，做好以下准备。

1. 明确谈判目标

实力是制定谈判目标的最主要因素，销售人员必须知道，在销售谈判中，实力较弱的一方往往会做出较大的让步。最理想的状态是双方实力相当。通常情况下，买卖双方都会制订自己的价格目标。图 6-3 列出了买卖双方在谈判过程的价格定位图。双方最终成交价往往在卖方最低价（s_1）和买方最高价（b_1）之间。若谈判价格目标低于 s_1 或高于 b_1 都不可能达成一致。卖方起始价 s_0 往往较高，在谈判过程中会逐渐降低，逐步达到一个卖方理想价 s_2，而买方起始价 b_0 往往较低，在谈判过程中会逐渐升高，逐步达到一个买方理想价 b_2，但 s_2 往往高于 b_2，最终，双方都还需做出让步才能就成交价达成一致。谈判双方要尝试对这些价格进行预测，知彼知己，认真组织谈判，制订切实可行的谈判目标，这样才能容易达成双赢的结果。

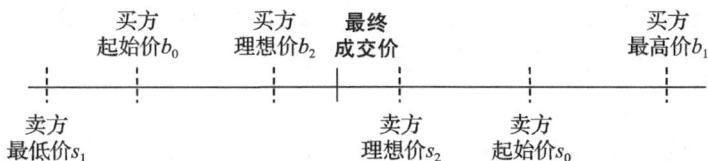

图 6-3　买卖双方的价格

2. 安排谈判时间与地点

谈判地点安排在中立、不易受干扰的地方为宜，可避免双方公司的干扰，且任何一方没有"主场"的心理优势，便于营造公平、友好的谈判氛围。

谈判花费时间通常较长，最好安排在周二或周四的上午，使双方更专注于工作，提高谈判效率。谈判持续多长时间取决于谈判目标和谈判双方对双赢结果的期望程度。通常持赢-输观点的谈判难度更大，持续时间更长。

3. 管理谈判团队

利用团队进行谈判的好处是团队成员背景不同，可以优势互补、相互协助，减少犯错机会。缺点是团队成员观点不同，不易达成共识，通常团队成员越多，形成决议越困难，达成一致的时间越长。

团队成员人数应尽可能少，且买卖双方的团队人数应该相同，否则，会显得一方想在谈判中施加更多影响。在谈判中，每个成员应限定一个角色，发挥相应作用，如表 6-5 所示。

表 6-5 销售谈判团队成员及作用

职 位	主要作用
销售人员	全面协调
区域销售经理	补充本地区竞争对手等相关信息，提供费用、业务等支持
全国销售经理	同公司总部进行联络，提供费用、业务、信息等支持
重要客户销售人员	针对重要客户，提供业务、信息等支持
市场高级主管、产品经理及下属	提供市场调研、产品包装、新产品开发、促销计划、竞争对手信息等相关建议
CEO	掌权人物。与买方高层平等对话，在政策、程序等重大问题发生改变时，可在谈判现场快速做出决策
生产主管及下属	提供产品及生产计划等信息
采购主管及下属	提供原材料价格及折扣相关信息
财务主管及下属	提供成本、费用、利润、信用等财务信息
信息主管及下属	提供信息技术支持相关信息
培训主管及下属	提供谈判技能培训，指导角色扮演或情境模拟
外部顾问	提供谈判经验与技能方面的咨询

团队成员应具有优秀谈判者的特质，但通常许多成员并不具备，这就要求团队领导人帮助其认清自己的角色。团队领导人应由熟悉客户需求、适合销售谈判的人员担任，通常可由重要客户销售人员担任，而非公司高管。同时应考虑买方谈判团队的可能领导者是谁，以保持对等的地位。

团队管理应设定一些规则，如哪类问题由谁回答？若对方做出让步由谁首先做出反应？同时，也应设定语言和非语言暗示，以方便成员之间的沟通。此外，谈判前最好进行角色扮演练习，可聘请培训师，利用团队所提供的详细信息，进行实战性的演习。对于一些重要的谈判，卖方在谈判前会召开多次会议，但并非所有团队成员都能参加所有会议，为使所有成员保持谈判进程的同步，可利用信息技术将所有会议进行录像。例如，SoniClear 公司所开发的 MeetingPro 企业版软件可将会议信息保存在计算机中，销售人员可利用局域网、电子邮件、网站方便地分享相关信息。

4. 理解个体行为模式

团队领导者应了解谈判双方每一个团队成员的社交风格类别（掌控型、分析型、随和型和外向型），判断其属于哪一种类型（参见第 4 章）。所有谈判都会产生一定程度的冲突，有学者归纳出处理冲突的五种行为模式，即竞争型、协商型、规避型、妥协型和合作型（见图 6-4），它们的特征如下：

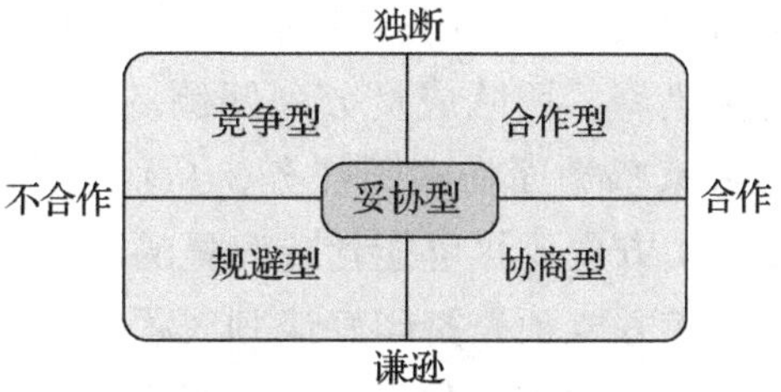

图 6-4　处理冲突的行为模式

资料来源：Adapted from Kenneth Thomas, "Conflict and conflict management", in The Handbook and Organizational Psychology, ed. Marvin Dunnett(Skokie, IL: Rand McNally, 1976).

竞争型（competing mode）成员较为自信，但不易合作，喜欢损人利己，寻求赢 – 输结局，常利用手中权力拉拢一些喜欢随声附和的人。

协商型（accommodating mode）成员不独断，愿意合作，常关心对方需求而忽视自身需求，常过分慷慨、迁就或顺从别人，在赢 – 输谈判中往往成为输方。

规避型（avoiding mode）成员既不独断也无合作意识，既不迎合对方需求，也不试图满足自己需求，实质上是拒绝面对冲突、不愿为获得双赢协议而努力。

妥协型（compromising mode）是处于竞争型和协商型之间的类型。他们有进有退，试图寻求双赢结果。他们会尽快消除彼此差异，找到能满足双方需求、双方都能接受的折中方案。

合作型（collaborating mode）成员既自信又具合作精神。他们有强烈的动机、高超的技巧和坚定的决心去研究谈判过程中出现的所有争议及问题，寻求所有可能的解决方案，从中选择双方都满意的、最佳的双赢方案。谈判过程中，双方都需要更多的合作型成员。

5. 控制信息

卖方所做的所有谈判准备，买方可能也在进行。卖方希望获取对方团队、价格等方面尽可能详细的信息，买方同样如此。因此，卖方团队领导人要注意谈判信息的保密性，不给任何人获取全部信息的机会，即使对自己团队的成员，也要注意信息保密。否则，某团队成员无意或有意地泄露信息可能使谈判陷入被动。商业谈判中的泄密案例十分常见，学习者可根据需要通过网络或媒体搜寻。

6.4.3　举行谈判会议

1. 开局

谈判进入正题前可进行一些破冰活动，以创造一个友好交流的氛围。破冰期间，双方可了解彼此团队成员的名字及个性特征。在中国、日本等亚洲国家，在正式谈判前通常通过宴请等方式来破冰并建立人际关系。

　　注意营造有益于谈判氛围的细节，如选择宜人的天气、安排舒适的房间、提前准备可口的茶点、采用适宜的灯光及摆设合适的桌椅。多数谈判采用方形桌子，双方领导面对面坐着，团队成员分列两侧。如有可能，可采用圆桌，尽量使双方人员混坐在一起，让大家感觉面临共同任务，从而营造一个双赢的氛围。即使买方持赢 – 输或敌对的态度，卖方也要尽可能营造双赢的环境。

　　卖方要预先打印好谈判议程，分发给参会的每一个人，这有助于设定谈判范围，防止每个人偏离谈判主题。若买方对谈判议程有异议或是也带来一个谈判议程，卖方不要感到吃惊，要立即把谈判的第一件事确定为商量议程，并达成一致。通常，要把关键事件放到议程的后面进行，这样可给双方提供较长时间了解各自的讨价方式和让步习惯。表 6-6 给出了一个谈判议程的范例。

表 6-6　一个谈判议程范例

A 公司和 B 公司的谈判会议 B 公司向 A 公司的 15 个车间推荐新型纺纱机 2013 年 11 月 30 日
1. 介绍与会者 2. 同意会议议程 3. 主要议题 （1）谁来设计新设备 （2）谁来支付设备测试费用 （3）在试运行期间，谁负责新设备的维护服务 （4）谁负责必要的重新设计工作 4. 中间休息 5. 决议 （1）新设备设计费用及承担方 （2）新设备价格及保护期间 （3）在 15 个车间安装新设备的方式、时间、负责人 6. 归纳达成一致的协议要点

2. 有效组织

　　谈判过程中，卖方应充分运用倾听的技巧，不仅要在买方发言时保持沉默，也要适时提出一些合适的探询性问题来化解困惑、澄清误解。

　　团队领导人必须及时记录已讨论或已解决的事宜，避免重复讨论。领导者可在谈判中期提出阶段性报告，明确已解决事项和待讨论事项，这样相当于为后续谈判建立一个新的议程。

3. 应对赢 – 输谈判者

　　买卖双方都会有意或无意地采取赢 – 输谈判策略，这里重点讨论卖方采取双赢策略、买方采取赢 – 输谈判策略的情境。表 6-7 给出了一个应对赢 – 输谈判者的总体策略。

表 6-7　应对赢 – 输谈判者的总体策略

策　略	行　动
暂时脱身	不马上回应，可告诉对方："等一下，我明白您的意思，能重复一遍您刚才说的吗？"以此给自己考虑的时间，便于采取对双方有利的对策
三思而后行	先同意对方观点，可这样说，"您的想法很好，但实施起来会有……问题。"
给对方面子	根据对方的观点提出一个解决方案，例如，"根据您的想法，我们应做好……"
警告但不威胁	告诉对方这样做会有什么好处（警告），而非不这样做会受到什么惩罚（威胁）。例如，可这样说，"如果您选择这项服务，对提高贵公司形象很有帮助"

具体来讲，卖方应注意应对下面几种谈判套路。

红 – 白脸套路（good guy bad guy rout）。即买方的一个人先扮演红脸，提出许多奇怪或苛刻的条件和要求，而后买方的另一个人扮演白脸，降低要求甚至提出一个双赢的解决方案。通常卖方会因白脸的提案而欣慰甚至充满感激，从而乐意接受白脸的建议。为有效应对该策略，卖方应保持清醒头脑，了解自己的立场，及时识破该套路，可这样说："我们理解您的好意，但总体来讲，我们还是觉得我们的提议更公平，也更有利于双方长期合作。"

虚报低价（lowball）。即买方先口头答应卖方的报价，然后要求卖方承担其他费用的做法。例如，当双方已经口头同意签署协议后，买方的一个人说："哦，我忘了告诉你们，卖方应承担所有运输费用。"为有效应对虚报低价策略，卖方最好的回应是说"不"，并提醒买方签订正式合同，若买方坚持新的条款，卖方需要求重新谈判。

情感爆发（emotional outburst）。指买方利用突然哭泣、生气或悲伤等情感来激发卖方的人性，从而促使卖方答应买方的要求。如买方的负责人可能会注视你，悲伤地摇头，眼睛慢慢向下看，并温柔地说："我不知道说什么好，这个价格我们真的付不起……"这时整个买方团队都会完全保持沉默，让对方感到不舒服，从而答应他们的要求。卖方应具备应对这种行为的能力，若情感爆发不存在合理的理由，应做出温和但见坚决的回应，使买方重回双赢谈判的框架里。

预算限制（budget limitation）。指买方以预算有限为由，要求卖方答应其低价要求。应对这种策略的最好措施是在谈判前做好准备工作，尽可能了解具体预算及限额的相关信息，查明真相，做到先发制人，对提案预算做出合理的估计。

恫吓（browbeating）。指买方利用恫吓打击卖方的积极性和自尊心，使卖方产生恐惧、自卑之感。应对这种策略的措施是实施谈判柔术（negotiation jujitsu），即避开对手攻击并引导其回到讨论的主题上，不直接回击，也不通过消极回应戳穿对方的赢 – 输策略企图。比如可以说："对您所提到的问题，事实没那么严重，并且大部分问题我们已经解决，现在我们的讨论的焦点问题是……"

4. 做出让步

接受和同意对方观点的让步（concession）是任何谈判中最重要的行为，否则，谈判就难以取得任何进展。下面是有效让步的一些通用原则：

- 在了解对方需求及最初报价前，决不做出让步，应利用探询法加以了解。
- 除非得到回报且不会后悔，否则，决不让步。
- 谈判过程中，让步程度逐渐减小，让对方明白正趋向理想价格。
- 若对方要求的让步远离预期目标，敢于拒绝。
- 在签署正式协议前，可取消任何让步。
- 坚定自己的立场，不要草率做出让步。
- 不接受对方第一次让步要求，这通常是对方的试探性做法。
- 对自己让步的价值做出明确的解释，不假定对方已经明白。
- 不带着成见开始谈判。
- 对于因自己疏忽而做出的错误让步，及时告诉对方，重新进行商讨。
- 即使对方对价格态度不明朗，也要提出自己的理想价格。
- 知道何时不再让步，即使还存在让步的空间。
- 对谈判会议进行周密计划。

5. 总结谈判成果

谈判结束后，一定要将所有谈判结果形成书面文件，若不能形成正式合同，至少也要整理出已经达成的共识；还要对谈判进行评价，总结经验并吸取教训。一次谈判未果并不意味着合作的失败。要时刻牢记，谈判的目的是希望建立一种双赢的长期合作关系。明智、谦逊、诚实的谈判者才能取得最终谈判的成功。

6.5　线上售中客户关系推进服务

电子商务简化了售中客户关系，但企业必须强化产品定制、订单跟踪、安全便捷付款和及时配送等服务，才能推进售中客户关系的顺利发展。

1. 产品定制服务

线上客户会对产品随时提出个性化的具体要求，电子商务企业不能局限于单一标准化的产品，必须根据客户的要求和选择，提供定制化的产品及服务。例如，面对国外苹果、三星等国际大品牌和国内华为、联想等厂商的激烈竞争，小米手机之所以能在市场夹缝中迅速崛起，得益于其通过线上渠道让"手机发烧友"深度参与产品定制，并不断推进与客户的关系。在线上定制的基础上，小米手机还先后为中国联通、中国电信定制手机，开拓线下销售渠道。

2. 订单跟踪服务

当客户在网上下单后，企业可提供订单跟踪服务，让客户随时了解订单状态，促进售中客户关系进展顺利。比如客户可通过顺丰快递的微信公众号，进入寄件页面快速下单，即使在非人工服务时间也可预约下单。客户使用在线下单方式，无须手写运单，在线填写寄件人和收件人信息即可；收派员上门后可直接打印运单，客户一旦知道运单号，便可随时了解运单进度，保障了售中客户关系的自动推进。

3. 安全便捷付款服务

客户在电子商务网站下单后，企业应提供安全便捷、灵活多样的付款方式促成交易。在中国，网上支付方式主要包括网银支付和支付宝、微信支付等第三方支付。在美国，支付方式更加多样化。如目前世界上最大的电商平台亚马逊并没有自己独立的第三方支付平台，但它的支付方式非常多样化，包括信用卡、储蓄卡、现金汇款和支票结算等。亚马逊还出台了信用卡"安全消费保障"，以此打消客户的顾虑。此外，客户还可在亚马逊上设置网站支付密码，增加额外保障。

4. 及时配送服务

客户在线购物时最关心的问题就是所购商品能否准时到货，因此，多数电商企业把及时配送作为提高市场竞争力的重点。比如京东商城创立不久便自建物流配送体系，这已成为其发展壮大电商生态圈的重要构成部分。京东物流还推出了"闪电送"时效产品体系，进军本地生活即时配送领域，客户下单后可实现最快数分钟内送货上门。阿里新零售的物流方面也在不断依托数据算法、智能供应链、人工智能技术来重构线上、线下的人、货、场景，"网上购物，楼下发货"是阿里对新零售物流标准的一个形象化的定义。以盒马鲜生为例，在这样的标准之下，其将仓储体系、消费者、货物、消费场景深度融合，并计划做到3公里辐射范围内30分钟送达的服务。

📍 本章习题

一、判断题（对的打√，错的打 ×）

1. 售中客户关系推进通常包括销售推介、处理异议、达成交易、谈判销售等工作。（ ）

2. 在现代销售中，高压成交是职业化的做法，是优秀的销售人员必备的关键能力。（ ）

3. 因为销售谈判的目的是希望建立一种双赢的长期合作关系，所以明智、谦逊、诚实的谈判者才能取得最终谈判的成功。（ ）

二、单选题

1. 从销售推介的效果来讲，销售人员采取以下哪种途径最好？（ ）

A. 视觉　　　　　　B. 听觉　　　　　　C. 嗅觉　　　　　　D. 味觉

2. 下列哪一项不是应对赢 – 输谈判者的有效策略？（ ）

A. 针锋相对，以牙还牙　　　　　　B. 暂时脱身，三思而后行

C. 给对方面子　　　　　　　　　　D. 警告但不威胁

3. 下列哪种处理冲突的类型更容易获得双赢的结果？（ ）

A. 合作型　　　　B. 规避型　　　　C. 妥协型　　　　D. 竞争型

三、简答题

1. 简述销售推介的工具。

2. 简述处理异议的常见方式。

3. 简述线上售中客户关系推进服务的重点内容。

◎ 销售演练

演练 6a   测试你的谈判技巧

表 6-8 列出了 37 个选项，目的是测试人们的谈判技巧与水平，请根据自己的真实感受，在能反映你平时个性特征的选项前打"√"号，并计算 37 个选项的合计得分。

表 6-8   谈判技巧测试表

_____1. 乐于助人	_____14. 机智老练的	_____26. 被操控的
_____2. 喜欢冒险	_____15. 完美主义者	_____27. 在压力下思考
_____3. 自相矛盾	_____16. 顽固的	_____28. 被动的
_____4. 执着的	_____17. 灵活的	_____29. 节约的
_____5. 注重事实的	_____18. 喜欢竞争	_____30. 易受骗的
_____6. 喜欢利用高压	_____19. 爱当赌徒	_____31. 害怕冲突的
_____7. 自信的	_____20. 易于接受别人意见	_____32. 有持久性和忍耐力
_____8. 讲究实际的	_____21. 易受影响	_____33. 能容忍模糊的
_____9. 善于操控的	_____22. 热情的	_____34. 强烈希望讨人喜欢
_____10. 善于分析的	_____23. 计划者	_____35. 有组织的
_____11. 自大的	_____24. 小气的	_____36. 诚实正直的
_____12. 缺乏耐心的	_____25. 听众	_____37. 好战的
_____13. 求新的		

（结果分析见参考答案）

演练 6b   应对销售异议演练

请按以下三个步骤进行销售异议应对演练。

步骤一：准备若干张纸条

同学们互不知道对方纸条上所写内容。纸条上可分别写：我不喜欢这种颜色、我不需要、这太贵了、我目前不考虑购买新产品、我认识的人中没有人使用该产品、我现在没时间、我现在不方便、我担心它会过时等。将纸条事先放在一个不透明的盒子中。

步骤二：角色扮演

请一位同学扮演销售人员，他要面对的情景是：马上向客户销售一款手机产品，但客户可能会提出很多"反对意见"。这些反对意见从盒子中随机抽取。

步骤三：处理异议

利用本章相关知识，说明处理每一个客户异议的具体做法。

◎ 销售案例实训

实训项目 6   售中客户关系推进训练

1. 实训目的

（1）帮助学生深刻领会客户满意、客户忠诚和客户终身价值的具体含义。

（2）训练学生理论联系实际并解决相关实际问题的能力。

2. 背景材料

案例 6-2　BP 石油公司销售人员的售中客户关系推进

蒂姆是一名 BP 石油公司工业润滑油产品的销售人员，现正在拜访 ACME 制造公司的采购经理坎贝尔。最近，坎贝尔从蒂姆那里采购了一批 65 号桶装液压油，蒂姆试图劝说坎贝尔使用其销售的储油罐系统，秘书将他领进了坎贝尔的办公室。

蒂姆（销售人员）：您好，坎贝尔。

坎贝尔（客户）：噢，蒂姆，这几天业务怎么样？

销售人员：很好！我们最近在扩建库房，否则库房太紧了。听说您喜欢飞行，我刚看到一本杂志，上面介绍了一种老式喷气式飞机。

客户：真的！我的确喜欢飞行，经常驾驶老式飞机游玩，周末在休斯敦飞了一场，刚回来。

销售人员：太棒了！飞机都是什么类型？

客户：很多都是自己制造的。也许你知道，许多飞行员花费 5～15 年时间来制造自己的飞机。

销售人员：有意思，您是否也想在未来制造属于自己的飞机？

客户：有这种想法，但这需要花时间，你知道，我的工作很忙，加上经常出差，不知能否完成这样的任务。

销售人员：我不知道是否能为您节省那么多的时间，但我可以帮您节省工厂工人的时间，并降低 65 号液压油的成本，同时为您节省许多办公时间和费用。

客户：你是怎么做到的？

销售人员：几周前，我们探讨过贵公司大批量采购 65 号液压油的事情，这样做可以减少订购次数，减少单位产品的成本支出，还能享受数量折扣。此外，还可以省去每个油桶 20 美元的押金，这样既可减少资金占用，还可避免因油桶毁坏或丢失而赔付押金的风险。

客户：这需要增加不少的安装费用。

销售人员：是的，我们是要花一点钱来增加储油能力，以配合工厂的生产流程。您知道原来 65 号液压油的确切费用吗？

客户：每加仑[⊖] 1.4 美元。

销售人员：这与每加仑 1.39 美元的交货价格比较接近，但它不含油桶押金。您去年大约用了 2 万加仑的 65 号液压油，总成本 27 800 美元。

客户：我知道你们公司怎么赚钱了。那么，这样做到底能为我们节省多少钱？

销售人员：我们当然不会做亏本买卖了，不过，仅油费一项，我们可以帮你们每年节省 2 800 美元。

客户：是吗？怎么算的？

销售人员：若批量采购，每加仑节省 14 美分（14 美分 ×20 000=2 800 美元），这些还

　⊖　1 美制加仑≈3.785 升，1 英制加仑≈4.546 升。

不包括油桶押金所节省的费用，同时省去处理空桶的麻烦。去年，你们购进 364 桶油，但不少空桶并未退还。

客户：是的，我们损坏了一些桶，有些工人把它拿回家当垃圾桶用了。我想知道我们共付出多少押金？

销售人员：押金总额为 7 280 美元。贵公司对 65 号液压油满意吗？

客户：还可以，至今并未听到什么负面评价。我们的轴承供应商蒂姆肯公司的代表说你们的油品是一流的。听你这么一说，这么做确实节省不少费用，但真的可行吗？我们在哪里安装这么大的储油罐呢？

销售人员：我已经详细核算了所有设备及其安装费用。这是我们在方卓机器商场拍摄的图片，上面显示了储油罐的安装情况，储油设施安装在地面上，以节省挖掘费用；遮阳棚可以保护油泵和发动机免受恶劣天气影响，而管道是从地下引入商场中的。油泵的控制开关设在室内，前面是油嘴。这样安装效果不错，您说呢？

客户：确实不错！蒂姆，那成本呢？

销售人员：我们可采用两个 3 000 加仑的储油罐运油，每次运费 1 700 美元。这样可为您减少大约 120 美元。我与油泵供应公司谈过，它们有充足的油泵和发动机可满足你们的需要，成本是 475 美元，其他成本 120 美元，人工费 500 美元。合计 2 795 美元，四舍五入，就算 2 800 美元。按去年 2 万加仑的用油量，每加仑节省 14 美分，这样您会在 12 个月内收回成本。这期间，每加仑的油费降为 1.25 美元，而不是 1.39 美元。您觉得怎么样？

客户：这听起来不错，蒂姆。你们公司对此是否有相关的媒体报道呢？

销售人员：有，去年 3 月，您看，这就是。虽然现在情况有所不同，但基本概念是一样的。这一方法的确能带来巨大好处，在过去三年里，我已经为不同客户安装了 6 套这样的设备了。您对此计划还有什么想知道吗？

客户：只有一个。你知道我们仓库空间有限，你有没有想过我们在哪里安装这套设备呢？

销售人员：记得您曾告诉我仓库外角落里有一个垃圾堆，我们可以放在那里，您觉得可以吗？

客户：好主意！这样我们既能清理掉垃圾堆，又能顺利解决安装场地问题。

销售人员：还有其他问题吗？

客户：没有了。

销售人员：很好，让我们确认一下，所有花费共约 3 000 美元，安装之后，您就立即可以每加仑 1.25 美元而不是 1.39 美元采购 65 号液压油了。我会和我们的工程监理联系，整个外部协调工作由我全部包办，一切安装工作会顺利进行，请放心。

客户：听起来很好！我们最早什么时候能开工？

销售人员：明天我会带合同过来，签订合同后 3～4 周内开工。

客户：很好，现在我该做什么？

销售人员：您应该尽快安排，把角落里的垃圾清理掉。我去联系设备商，估计设备 4 周内能到位。明天什么时候方便见您?

客户:随时可以。

销售人员:感谢,耽误了您太长时间。相信您会对新设备满意的,因为它的确会为您节省不少成本,明天见!

3. 实训任务

(1)评价蒂姆销售推介的优缺点,包括销售推介、应对异议及成交的方法。

(2)假如你是蒂姆的助手,请帮助蒂姆制作一个这次销售推介的视觉辅助工具。

(3)蒂姆与坎贝尔已达成口头协议,你认为接下来可能会遇到什么困难,如何应对?

4. 实训步骤

(1)个人阅读。

老师应督促学生针对实训任务进行阅读,并让其在课前完成。针对中国学生的特点,课堂上老师或学生还需再花费 3～5 分钟对案例学习要点及相关背景进行简单的陈述。

(2)分组。

在授课教师指导下,以 6～8 个人为单位组成一个团队,要求学生选出组长、记录人、报告人等角色。

(3)小组讨论与报告(25 分钟)。

主要在课堂进行,围绕实训任务展开讨论。同时老师应鼓励学生提出新的有价值的问题,要求每个小组将讨论要点或关键词按小组抄写在黑板上的指定位置并进行简要叙述,便于课堂互动。小组所报告的内容尽可能是小组成员达成共识的内容。

小组讨论与报告

小组名称或编号:_____ 组 长:_____

报告人:_____ 记录人:_____

小组成员:_____

1)小组讨论记录:

发言人 1:_____

发言人 2:_____

发言人 3:_____

发言人 4:_____

发言人 5:_____

发言人 6:_____

发言人7：——

——

发言人8：——

——

2）小组报告的要点或关键词（小组成员达成共识的内容）：

任务1：——

任务2：——

任务3：——

（4）师生互动（20分钟）。

主要在课堂进行，老师针对学生的报告与问题进行互动，同时带领学生重点对售前客户关系开发的关键知识点进行回顾。教师也可在课堂上对案例进行简短的引导性分析。

（5）课后作业。

根据课堂讨论，进一步回顾本章所学内容，要求学生撰写正式的实训报告。实训报告建议以个人课后作业的形式完成，其目的是帮助学生在课堂学习的基础上，进一步巩固核心知识，联系实际思考并解决问题，最终形成一个有效或学生自认为最佳的解决方案。要求学生在制定方案时应坚持自己的主见，并提供数据、事实的支撑和分析，以帮助学生学会在复杂和挑战的环境下，提高分析解决问题的技能。实训报告的提纲如下。

实训报告

1）请评价蒂姆销售推介的优缺点：

销售推介：——

应对异议：——

成交：——

2）请帮助蒂姆制作本次销售推介的视觉辅助工具：

——

——

——

——

——

——

——

3）请为蒂姆制订一个下次拜访坎贝尔的访问计划：

——

——

——

（6）实训成果的考核：根据学生课堂表现和实训报告质量，评定实训成绩。

长期客户关系的维系

售后客户关系的维护是保持长期客户关系的重要保障；认识客户关系解散的原因并采取有针对性的挽回措施是实现长期客户关系价值最大化的战略选择。本模块分为两章：

售后客户关系的维护

成交是关系的起点，你从销售中得到的乐趣恰恰等于你在其中投入的服务。

——查尔斯·M. 富特雷尔，《关系销售 ABC》

不要过度承诺，但要超值提供服务。

——戴尔公司创始人，迈克尔·戴尔

学习目标

1. 认识长期客户关系的价值。
2. 掌握售后客户关系维护的阶段及其技巧。
3. 了解人工智能对维护客户关系的作用。

引例

法罗力公司销售代表的困惑

法罗力集团是意大利锅炉采暖工业的先驱，世界最大的热能产品制造商之一。1998 年，法罗力产品进入中国市场。2000 年，青岛法罗力暖通温控技术设备制造有限公司成立。2004 年，法罗力又在中国成功收购了比力奇热水器公司，至今在中国市场总投资额已超 7 000 万欧元。2014 年，小王成为法罗力公司的一名销售代表，负责比力奇热水器天津地区的销售。

在完成了三个星期的培训之后，小王开始进行销售工作。他发现天津地区销售额严重下滑，因为原有销售人员都被解雇了，已经好几个月没有销售人员了。他的任务就是扭转销售下滑的局势，但原有销售人员没有留下任何销售记录。初步联系了 20 多个客户之后，小王判断，这些客户已经 6～9 个月没见到法罗力公司的销售人员了，他们曾经购买的比力奇热水器在市场上也难觅踪影，所以打算退货。这些客户对小王极不友好，因为以前的销售人员多采用高压销售策略强迫客户购买。一些客户还抱怨道："你们公司以前的推销员忽悠我，说会经常拜访我，并提供周到的售后服务。事实上，你们从未提供任何服务，而许多热水器公司的产品质量比你们的好多了，而且他们的销售人员服务到位，现在我正在考虑更换热水器……"小王开始怀疑自己是否选错了公司。

资料来源：作者编写。

思考：

1. 你觉得销售人员小王继续留在法罗力公司是正确的选择吗？

2. 小王应采取什么具体措施提升比力奇热水器在天津地区的销售业绩？

优秀的销售人员在取得第一笔业务后，还会提供售后客户服务，维系与发展客户关系。他们首先会认识到长期客户关系的价值，然后对客户关系进行试探，逐步拓展客户关系，获取客户终身价值。

7.1　认识长期客户关系的价值

拿下第一笔业务对销售工作非常关键，但对大多数销售人员来说，销售额的逐年增加不是靠新客户，而是主要依靠不断提高从现有客户身上获得的收益。正像一位超级销售代表所说："为了与客户建立一种长期的业务友谊，我每天都在努力……"在大多数行业，销售人员依赖与客户保持牢固的关系而获取竞争优势。事实上，客户在进行购买决策时，首先会考虑认识的人，优秀的销售人员通过保持高质量的客户关系，提高客户满意度与忠诚度，从而不断提高销售收入和客户价值。

7.1.1　客户满意

1. 客户满意的含义

客户满意是指客户通过对一个产品的可感知效果与其期望值相比较后，所形成的愉悦或失望的心理状态。当产品的实际效用达到客户的预期时，就导致了满意，反之，则会导致客户不满意。由此可见，满意水平是可感知效果和期望值之间的差异函数。如果效果低于期望，客户就会不满意；如果可感知效果与期望相匹配，客户就满意；如果可感知效果超过期望，客户就会高度满意、高兴或欣喜。

客户满意包括三个层次：①产品满意，指企业产品带给客户的满足状态，包括产品的内在质量、价格、设计、包装、时效等方面的满意。产品的质量满意是构成客户满意的基础因素。②服务满意，指在产品售前、售中、售后以及产品生命周期的不同阶段采取的服务措施令客户满意。这主要是在服务过程的每一个环节上都能设身处地地为客户着想，做到有利于客户、方便客户。③社会满意，指客户在对企业产品和服务的消费过程中所体验到的对社会利益的维护，主要指客户整体社会满意，它要求企业的经营活动要有利于社会文明进步。本章重点讨论售后服务满意。

客户满意度是对客户满意做出的定量描述，可定义为：客户对企业产品和服务的实际感受与其期望值比较的程度。

2. 客户满意的表现

研究表明，客户满意度可影响公司的销售收入与利润，具体表现在以下几个方面。

（1）价格溢价。若客户满意度高，客户会愿意支付大量的额外费用，而且他们更有可能承受价格的上涨，这意味着他们为企业带来了高利润率。相反，如果客户不满意，可能导致原有客户大量流失，转换成本增加，并且企业由于很难吸引那些竞争对手的忠实客户，使客户获得的成本增加。因此，价格弹性的降低能增加利润，利润的增加又会促使企业提供更优质的产品和服务，客户满意度进一步提高，从而形成良性循环。

（2）建立口碑。满意的客户愿意传播正面的信息，不仅会劝说他人光顾，而且他们的意见比公司的所有广告更有分量。媒体也愿意把这种正面的信息传递给潜在客户，这能够使公司更具吸引力，从而帮助企业塑造良好的声望。企业良好的声望能够帮助企业在新产品刚入市时，就被客户迅速接受，降低消费者的购买风险，同时，也有利于建立和保持与供应商、分销商和潜在销售同盟之间的关系。此外，良好的声望具有光环效应，能引导客户对企业做出正确和有益的评价。

（3）经营成本降低。客户对公司的满意度高，其维护费会相应降低，并且总体上看，在服务补救上的成本也会降低，企业也不需要每个时期都花费很多资源去获得新的客户。同时，满意的客户可能更频繁而大量地购买，而且有可能购买企业的其他产品和服务，增加了企业的利润，从而降低了未来交易成本。此外，客户满意度高的企业将投入较少的资源去处理退货、不合格品的返工和处理客户抱怨等问题，从而减少失败成本，进而可以提高利润率。

（4）提高客户重复购买率。满意的客户将来再次购买的可能性大。统计表明：一个满意的客户，其购买意愿是一个不满意的客户继续购买那个企业的产品或服务的 6 倍。客户满意度是导致重复购买最重要的因素，当满意度达到某一高度，会引起忠诚度的大幅提高。客户忠诚度的获得必须有一个最低的客户满意水平，在这个满意度水平线下，忠诚度将明显下降。

3. 客户满意的衡量

客户是否满意取决于客户将其对一个产品或服务的可感知的效果与他的期望值进行比较后所形成的感受。如果可感知效果低于期望值，客户就会"不满意"；如果可感知效果与期望值相匹配的话，客户就"满意"；如果可感知效果超过期望值，客户就会"高度满意"。

销售人员应做好客户满意度衡量，即在客户满意度调查基础上，分析影响客户满意度的因素，再确定其影响客户满意度的程度，以此来提供有针对性的改善服务。

（1）进行客户满意度调查。客户满意度调查的方法很多，其中问卷调查是最常用的方法。对于中小型企业，一般也不需要专业的顾问公司来设计调查问卷，可根据自身的工作情况和前线业务人员反馈回来的信息进行分析；而对于较大型的公司，因为要分析的东西比较繁杂，所以最好请专业的顾问调查公司进行比较专业的调查问卷设计。以下是格力中央空调公司销售人员设计的一个简单的客户满意度问卷。

①您是否对格力中央空调产品及服务的总体效果满意呢？

A. 满意　　　　　　B. 还可以　　　　　　C. 不满意　　　　　　D. 无所谓

②您是否对格力中央空调产品及服务的价格满意呢？

A. 满意　　　　　　B. 还可以　　　　　　C. 不满意　　　　　　D. 无所谓

③您是否对格力中央空调产品的售后故障维护情况满意呢？

A. 满意　　　　　　B. 还可以　　　　　　C. 不满意　　　　　　D. 无所谓

显然，上面的这份调查问卷只能对格力空调产品及服务的客户满意度状况做一个大概的了解，难以全面或有针对性地分析客户满意度的具体情况。案例 7-1 是某空调公司对其大客户满意度的调查问卷，相对来讲，其针对性与系统性大大提高。

案例 7-1　　　　某空调公司大客户满意度调查问卷

1. 被调查客户名称：＿＿＿＿＿＿＿＿＿＿＿＿＿；被调查人员：＿＿＿＿＿＿＿＿＿＿＿＿

2. 当地空调销售中机器修复质量及处理及时性同上月相比，请问您的评价是：

A. 非常满意（修复质量非常好，处理及时，附件齐全）

B. 满意（修复质量和处理及时性提升明显，同上月相比有较大改善）

C. 一般（修复质量一般，处理不是很及时，同上月相比有一定改善）

D. 不满意（修复质量差，处理不及时，同上月相比无任何改善）

不满意原因（请注明）：＿＿＿＿＿＿＿＿＿＿＿＿＿＿＿＿＿＿＿＿＿＿

3. 截至目前，当地区域空调旺季保障方案实施进度如何，请您做出评价：

A. 非常满意（按既定方案积极推进实施并根据实际情况有改进方案，全面反馈效果好）

B. 满意（按既定方案积极推进实施，全面反馈效果较好）

C. 一般（基本能按既定方案实施，但未完全达到应有的效果，实施方式有待改善）

D. 不满意（保障方案实施进度缓慢，效果较差或完全不知道在实施保障方案）

不满意原因（请注明）：＿＿＿＿＿＿＿＿＿＿＿＿＿＿＿＿＿＿＿＿＿＿

4. 代理商对新冷媒直流变频空调的操作规范和处理能力对业务的保障情况怎样，您的评价是：

A. 非常满意（区域内各级市场变频空调安装规范、维修能力强）

B. 满意（能满足一、二级市场服务需求）

C. 一般（服务人员操作规范和能力有待加强）

D. 不满意（区域内变频空调安装维修基本都不规范、维修能力弱）

不满意原因（请注明）：＿＿＿＿＿＿＿＿＿＿＿＿＿＿＿＿＿＿＿＿＿＿

5. 本月份当地代理商对渠道客户和服务网点就新冷媒直流变频空调产品的培训，您的感受是：

A.非常满意（专业知识培训到位，区域内各级市场变频空调安装规范、维修能力强）

B.满意（专业知识培训到位，能满足一、二级市场服务需求）

C.一般（专业知识培训一般，服务人员操作规范和能力有待加强）

D.不满意（未培训，区域内变频空调安装维修基本都不规范、维修能力弱）

不满意原因（请注明）：＿＿＿＿＿＿＿＿＿＿＿＿＿＿＿＿＿＿＿＿＿＿

6.本月份代理商相关管理人员与您的日常沟通情况，您的感受是：

A.非常满意（沟通很顺畅，随时保持交流互动，服务意识好，能快速解决问题）

B.满意（沟通和交流比较顺利，可以解决问题）

C.一般（有需求时可以联系上，但缺乏主动性）

D.不满意（基本上没有日常沟通交流，甚至找不到对口人员）

不满意原因（请注明）：＿＿＿＿＿＿＿＿＿＿＿＿＿＿＿＿＿＿＿＿＿＿

7.代理商对经销客户销售工作的服务支持情况同上月相比，情况怎样，您的评价是：

A.非常满意（服务支持到位，客户的各类问题处理及时）

B.满意（服务支持到位，同上月相比有较大改善，客户问题处理及时）

C.一般（改善不大，能解决客户的问题，但及时性和处理方法待改进）

D.不满意（无改善，对客户的问题置之不理）

不满意原因（请注明）：＿＿＿＿＿＿＿＿＿＿＿＿＿＿＿＿＿＿＿＿＿＿

8.您对目前代理商在服务方面的整体感受为：

A.非常满意（服务支持到位，客户的各类问题处理及时）

B.满意（服务支持到位，同上月相比有较大改善，客户问题处理及时）

C.一般（改善不大，能解决客户的问题，但及时性和处理方法待改进）

D.不满意（无改善，对客户的问题置之不理）

不满意原因（请注明）：＿＿＿＿＿＿＿＿＿＿＿＿＿＿＿＿＿＿＿＿＿＿

（2）确定影响客户满意度的因素及权重。以空调产品为例，影响客户满意度的因素主要体现在安装和故障维修两个方面，大多数公司设有专门的咨询、安装及维修人员。客户通过电话进行咨询时，咨询人员能否迅速地接听电话、说话的语气态度是否亲切、回答咨询时答案的正确与否、能否迅速高效地为客户解决问题都会影响客户的满意度。安装人员是否专业、高效也会直接影响客户的满意度。空调发生故障时，维修人员能否迅速地为客户进行处理，处理的方法和结果是否令客户满意，这些方面都是影响客户满意度的重要因素。

许多公司，在与客户成交之后，销售人员便退出售后服务工作。事实上，为了与客户建立长期关系，销售人员作为客户的代表，还应在售后服务过程中发挥总的协调作用。一个企业的资源有限，不可能将任何影响客户满意度的问题全部解决，销售人员应从客户总体满意的高度，将各种因素分出轻重缓急。比如空调安装不牢固有安全隐患时，销售人员就应协调公司有关人员优先处理，将其他不是太紧急的故障处理稍微后延。

（3）客户满意度综合评价。同样的服务，有的客户感到满意，而另外的客户感到不满意，这是为什么？因为客户的期望不同。有些情况下，好的服务不能让客户满意，而不好的服务却能使客户满意，这又是为什么？因为好的服务比客户期望的差，不够好的服务却比客户期望要好。

通常情况下，客户期望值实际上就是客户所要求的最基本服务，然后是进阶的服务要求。而达到客户期望值并不代表客户就会有高的满意度，因为客户会认为达到他对服务的基本要求是客户服务人员最基本的工作，所以只有在为客户提供了他所认为超过其"期望"的服务时，才会出现"感到满意的服务"。

销售人员应对客户期望与公司实际服务水平综合分析的基础上，为公司客户服务决策提供支持，帮助公司设定各项服务工作的最低标准，这种最低标准往往代表客户的期望。同时，公司应制定激励政策，鼓励服务人员提供超越客户期望的服务。

7.1.2　客户忠诚

1. 客户忠诚的含义

在销售实践中，客户忠诚被定义为客户购买行为的连续性。它是指客户对企业产品或服务的依赖和认可、坚持长期购买和使用该企业产品或服务所表现出的在思想和情感上的一种高度信任和忠诚的程度，是客户对企业产品在长期竞争中所表现出的优势的综合评价。

客户忠诚是营销的最高境界。优秀的公司往往拥有数量较大的忠诚客户。客户忠诚分情感忠诚、行为忠诚和意识忠诚。其中，情感忠诚表现为客户对企业的理念、行为和视觉形象的高度认同和满意；行为忠诚表现为客户再次购买时对企业的产品和服务的重复购买行为；意识忠诚指客户表现出对企业的产品和服务的未来购买意向。

客户忠诚度指客户忠诚的程度，是一个量化概念，是指由于质量、价格、服务等诸多因素的影响，使客户对某一企业的产品或服务产生感情，形成偏爱并长期重复购买该企业产品或服务的程度。

2. 客户忠诚的作用

（1）客户忠诚比客户满意更能确保企业的长期收益。通常情况下，客户关注更多是自身对产品或服务的满意度，希望自己保持一定的自由度和灵活度，不希望忠实于一家企业，以免被"套牢"。如果企业停留在客户满意而不能实现客户忠诚，那么意味着自己没有稳定的客户群，这样企业的经营就会飘摇不定，经不起风吹浪打。对销售人员来讲，应关注客户忠诚，特别是行为忠诚，既要让满意的客户留下来，也要让不满意的客户留下来。遗憾的是，很多销售人员认为客户满意等同于客户忠诚，同时不少媒体、书籍也认为客户满意必然带来客户的重复购买行为。这是一个误区！

客户满意只是一种心理状态，客户仅仅满意，而没有采取实际的重复购买行动，不能帮助企业在未来的市场上存活下来。研究和实践表明，同样的产品或服务，若竞争对手也能让客户满意甚至更满意，那么满意的客户很可能成为竞争对手的客户。所以，客户忠诚比客户满意对企业的长期收益作用更大。

经济学家在调查世界 500 强企业时发现，忠诚客户不但会主动重复购买企业的产品和服务，为企业节约大量的广告宣传费用，还会将企业推荐给亲友，成为企业的兼职营销人员，这是企业利润的主要来源。曾任美国运通公司负责信息管理的副总裁詹姆斯·范德·普顿指出，最好的客户与其他客户消费额的比例，在零售业来说约为 16:1，在餐饮业是 13:1，在航空业是 12:1，在旅店业是 5:1。从 2002 年中国全国旅客特征调查结果来看，经常旅行的旅客只占所有旅客的 11.47%，但这些旅客每年要旅行 20 次以上，他们对航空公司旅行次数的贡献远大于其人数比例。调查结果分析显示，这些经常旅行的旅客为航空公司贡献的旅行次数约占其业务量的 49%。也就是说，我国航空公司将近一半的运输量由经常旅行的旅客贡献。

（2）通过品牌忠诚提高客户的钱包份额。所谓钱包份额（也称客户份额），是指客户在购买某一类产品或服务时，会有多少比例的钱花在某个品牌、商店或公司上。一项为期两年，对 9 个国家十余个行业的 17 000 多名消费者进行的纵向研究发现，可以根据客户对品牌的排名来预测钱包份额。也就是说，忠诚的客户会将钱包中的大部分金钱花在某些品牌上，这一原理被称为钱包分配规则。

钱包分配规则不仅适用于个体消费者客户，也适用于企业客户。举例来说，如果客户在购买某类产品时只考虑两个品牌，而你的品牌就是其中一个，那么钱包分配规则就会显示，你的品牌是客户的首选还是次选，这可能会造成巨大的营收差距。就算你与竞争对手并列成为首选，其后果也不容轻视：你从客户那里本可以赚到的每 1 美元，却有一半落入了竞争对手的腰包。而当客户选择该类产品的品牌数量增加时，次选和首选的营收差距就没有那么大了。

作为销售人员，可通过加强销售推介，提高服务质量，使公司品牌成为客户的首选品牌，不断提高客户的钱包份额。

（3）通过客户忠诚计划落实营销战略和品牌管理。从 20 世纪 80 年代起，以提高客户忠诚度为目标的各种积分计划、俱乐部营销等，从航空公司、酒店等行业，迅速普及到电信、金融、零售等各行各业，现在已经发展为跨行业、跨国家、线上线下联合的趋势。不同企业，客户忠诚计划不同，但其组成基本相同，涉及会员制度、积分奖励、网络建设、客户通信、增值服务等。许多企业往往是仓促地出台计划，但由于成本和执行等方面的原因，计划又被仓促地搁置，造成许多 VIP 客户无法对企业忠诚。

作为销售人员，应将企业的忠诚计划与客户的实际需求结合起来，动态跟踪，强化落实，既要重视现有产品的短期销售，又要重视将企业经营理念、品牌美誉度向客户渗透。例如，万科集团的万客会的主要作用是建立品牌美誉度。依靠万客会通信、各种客户活动以及网络平台，对客户进行的宣传直接作用于品牌的美誉度。如参加展销会时，万科的售房人员并不着意于项目销售信息的宣传，常以形象展示为主，一般都将万客会置于显要位置。万科曾推出"欢笑积分分享计划"，在活动的条款里，共有 8 条积分方式，其中 5 条与房产购买无关。

事实上，任何的客户忠诚计划都涉及很多环节，如积分、俱乐部活动、奖品兑换等，这要求销售人员积极、顺畅、简便、不折不扣地完成各个环节或组成部分，使忠诚计划变为与客户交流的平台，加强与客户的感情联络与坦诚沟通。这是建立品牌忠诚度的重要基石。

3. 客户忠诚的衡量

客户忠诚的衡量有一定的难度。通常衡量客户忠诚的指标可分为两个层次，即基本指标与附加指标。

（1）基本指标。客户忠诚的基本指标是反映客户忠诚状态和行为趋势的指标。企业通常用三个最基本的指标来反映客户的忠诚状态：①再次购买意向，指客户重复惠顾的可能性，是客户忠诚关系的最直接表现。②对企业其他产品的购买意愿，是实现可持续忠诚的关键。企业经常用客户是否愿意购买企业的其他产品或服务这一指标来衡量客户购买企业产品组合的潜力。通常，客户购买企业产品和服务类型越多，客户的忠诚度也越高。③客户推荐意愿，指客户愿意将企业或企业的产品和服务推荐给其他人的可能性。从客户推荐意愿中引申出的是客户口碑。在互联网信息时代，口碑营销已经成为非常重要的营销方法，口碑营销的影响力也越来越重要。

（2）附加指标。客户忠诚的附加指标主要是用于描述和评价客户忠诚程度的表现指标。附加指标可以有很多，不同企业差异较大，如客户份额（或钱包份额）、有效推荐、关系持续时间、累积交易价值等。

附加指标体现客户的实际购买行为，易于测量，但仅以此来判断客户忠诚度是不可靠的，重要的是考虑体现客户态度的基本指标，但评估客户的态度不是一件容易的事，问卷调查的数据往往不可靠。可靠的方法之一是客户交流。优秀的销售人员常常根据日常与客户的充分交流来把握客户忠诚的基本指标。

7.1.3　客户终身价值

1. 客户终身价值的含义

客户终身价值（lifetime customer value，LCV）与客户忠诚紧密相连，它指的是每个客户在过去和未来可能为企业带来的收益总和。以通用汽车为例，拥有凯迪拉克品牌的通用汽车公司希望客户从购买雪佛兰开始，等客户有了家庭和稳定的工作之后，会购买一辆别克凯越；当客户有商务需求时，可转而购买一辆别克君威；当客户有了一定的身份和地位之后，就会购买一辆梦寐以求的凯迪拉克豪华轿车。表 7-1 说明了在客户一生中价值是如何增长的。

表 7-1　通用汽车客户终身价值的一个例子　　　　　　　　（单位：万元）

28 岁	购买一辆通用雪佛兰（个人用） 维护	7 0.8
33 岁	购买一辆别克凯越（家庭和商用） 维护	15 1.4
38 岁	购买一辆别克君威（商用） 维护	20 1.5
43 岁	购买一辆凯迪拉克（重要场合） 维护	70 2
总计：第一个 15 年		117.7

2. 客户终身价值的作用

客户终身价值的作用体现在以下几个方面。

（1）寻找有价值的客户。客户获取并不意味着要以任何代价争取客户，而应该是一个寻找有价值客户的过程。这些客户应该具有以下特征：为企业带来长期价值和利润，规模化地支持企业的长期或短期营销目标。对于已经成交的客户，销售人员可持续为他们提供有价值的服务，同时设定出想从客户身上获取的长期回报。

（2）留住客户。要想维持长期的客户关系，销售人员还需要加强品牌建设和建立关系活动，包括增加提供给客户的信息价值、提醒他们销售人员的存在可以更好地满足他们的需求等。客户越重要，提供给他们的信息价值就应该越高。这个价值包含很多形式，比如增加信息、让他们优先获取及为他们提供特殊的内容、工具或其他津贴，如价格激励或回扣等。如果销售人员不知道客户的价值，那么就不知道所有的花费是不是对投资有益。

（3）防御客户。留住客户的另一面就是竞争性的防御。除非公司在垄断经营，否则，所有客户都面临其他有吸引力的选择。留住客户，尤其是留住那些有价值的客户绝非易事。这些客户之后是公司的主要客户，还是他们已经有所动摇？这些信息无从知道，除非销售人员了解其客户的价值、喜好以及反馈信息。了解客户的终身价值，对自身计划的制订具有战略性的意义，也可以帮助公司在竞争中取胜。

（4）拓展客户。什么样的客户才是有价值的客户呢？尽管不同的公司因类别、行业、部门及成熟度的不同而有所差异，但是对公司来说，有价值的客户都应该具有大宗购买能力，并且是可以为公司做有利推广的客户。销售人员可以通过社会媒体和其他数字化测量，跟踪有价值的客户并加以拓展。当然，拓展客户的前提是能够对客户的终身价值进行测量。

3. 客户终身价值的衡量

一般来讲，衡量客户终身价值遵循以下几个步骤，如图 7-1 所示。

```
┌──────────┐    ┌──────────┐    ┌──────────┐    ┌──────────┐
│  客户信息  │ →  │ 定义客户  │ →  │ 客户投资  │ →  │ 客户分类并 │
│   管理    │    │ 终身价值  │    │  与利润   │    │ 开发相应的 │
│          │    │  并选择   │    │   分析    │    │  销售战略  │
│          │    │ 计算方法  │    │          │    │          │
└──────────┘    └──────────┘    └──────────┘    └──────────┘
```

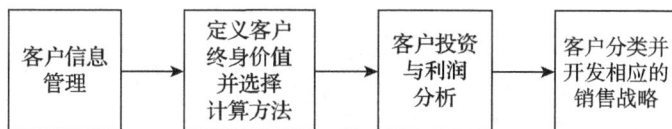

图 7-1　分析顾客终身价值的主要步骤

（1）客户信息管理。优秀的销售人员，会在成交前从方方面面搜集客户的各种信息，例如日本的保险推销大师原一平几乎随时随地在搜集各种有用的客户信息，所以他拜访客户的成功率总是比其他保险推销员高得多。一次，原一平在去公司的路上发现一位气质不凡的男士驾驶着一辆高档私家车，他立刻记下了那辆车的号码，然后通过车辆监理部门了解到那辆车的主人是一家株式会社的社长。他又在公司的资料库中查看了那家株式会社的具体地址和经营情况。然后，他到那家株式会社的附近进行调查，了解到那位社长先生的上下班时间和业余爱好。接着，他通过那辆显眼的高档私家车找到了社长先生的家，而且他还从离社长先生家不远的市场上了解到，他家里一共有四口人，一般是妻子出来采购食品，两个孩子都在上中学等情况。在对那位社长先生各方面的情况有了充分了解之后，原一平才去登门拜访。

优秀的销售人员还会在成交后，会对客户信息进行有效管理。若公司已实施 CRM 系统，销售人员一定要加以利用。首要的任务是把客户的基本信息录入系统，这是测算终身价值的基础，否则，客户终身价值的衡量就成为空中楼阁。这些客户信息包括客户个人信息（年龄、婚姻、性别、收入、职业等）、住址信息（区号、房屋类型、拥有者等）、生活方式（爱好、产品使用情况等）、态度（对风险、产品和服务的态度，将来购买或推荐的可能）、地区（经济、气候、风俗、历史等）、客户行为方式（购买渠道、更新、购买情况等）、需求（对未来产品和服务的需求等）、关系（家庭、朋友等）。这些数据随着时间推移的变化都将直接影响客户的终身价值测算。

一些销售人员不愿意用 CRM，觉得它过于复杂，增加了工作量。还有销售人员认为，客户是自己的，通过 CRM 平台，把自己的客户给公司，自己就没有价值了。这种情况一般出现在一些初创公司中，销售人员的个人能力往往决定公司是否能快速发展，这些公司没有品牌、没有信誉，需要销售人员用自己的个人魅力来提升销售业绩。这就要求公司先把成交客户管理起来，这样阻力会小得多。由商务部门把所有成交客户都录入 CRM，把那些属于销售人员的客户由销售人员自己管理，销售人员可以查询客户的基本情况、合同情况等，包括通过手机等移动的方式随时能够查询客户资料和历史数据。这样，销售人员会感受到 CRM 的作用，比如更快捷地查找和联系客户、理顺自己的工作日程安排等。在此基础上，把销售机会、潜在客户管理起来，这样就会引导销售人员全面使用 CRM 系统。

案例 7-2 详细介绍了汽车 4S 店利用 CRM 进行规范销售管理的具体做法。事实上，通过客户信息管理不但能迅速提升成交率，还能提升客户终身价值。

案例 7-2　　一家汽车 4S 店如何将 CRM 与日常销售工作紧密结合

一家汽车 4S 店采用 CRM 系统来管理客户资料，建立了一套和 CRM 紧密结合的方案，能进行销售跟单，并对客户进行层层筛选，大大提升了销售机会的转化率。他们先让销售助理录入意向客户数据，具体做法如下：

记录意向客户，建立客户接待的流程和规范。该 4S 店的客户来源主要有三个途径：直接到店里；打电话；通过电子邮件、网站注册、MSN 等网络途径。

提高登记客户接待表的成功率，准确记录客户信息。首先重新设计客户接待表，减少不必要的登记信息、增加了一些有助于判断客户购买意向的信息，如增加了主要陪同人员的信息，如妻子、老人等，因为这些人对购买行为有重要的影响。培训销售人员帮助填写客户接待表的接待技巧、术语和填写规范。

申请费用，购买合适的礼物和奖励，鼓励到访客户留下资料，因为这些资料的价值远远不止这些奖励的成本。把填写客户接待表的成功率、正确性、完整性，作为销售人员的一个考核指标，并给予奖励。填写完客户接待表，马上交给销售助理，录入 CRM。

评估客户购买意向级别，并制定明确的回访制度，明确客户归属哪个销售人员。制定明确的客户购买意向的规范，将客户购买意向分为三个等级，即准购买客户（三个月内购买）、意向客户（半年内购买）和潜在客户（还在观望中，时间不确定）。例如，对准购买客户每周必须电话回访一次，对意向客户每个月至少电话回访一次，潜在客户则交市场部统一跟进。这些客户的级别在每次回访或者接待、试驾后会再次评估，不断调整。

销售经理每天召开销售会议，总结客户接待和回访。每天的销售会议要确定的事项有：客户接待、客户回访、销售人员和销售部总的意向客户数、潜在客户数据、每个销售的转化率以及所分管的客户通过回访级别提升的数量等，以及第二天的回访任务和指标等。销售会议还有一个任务就是分配其他渠道，尤其是市场培育的意向客户，给指定的销售人员。这样做使每个销售人员的指标更细，实现了从结果管理向过程管理转变、从粗放管理向客户数据管理的转变。

注意潜在客户以及长期无进展客户归属的重新划分。对于准成交客户，若其在三个月内未成交则应定义为需再次跟踪的潜在客户，由销售经理重新分配给更资深的销售人员，或者由销售经理亲自回访。如果三个月后仍未成交，应定义为潜在客户，转移给市场部统一跟进。意向客户在三个月内没有升级为准成交客户的，也应重新分配归属。

销售经理通过数据的统计分析总结经验，发现问题。CRM 系统设计了一些报表，自动生成每天、每周和每月的销售情况。销售经理通过这些报表可以分析销售目标达成情况：目前的瓶颈是什么？哪个销售人员的哪个指标比较低，要重点提高？哪个指标出现明显的下滑？哪种类型的客户的成交率最高（告诉市场部针对这样客户开展推广）？如何改进客户购买意向的评估规则？诸如此类的问题。通过数据，而不是仅仅通过经验和感觉，不断地发现问题，而且提前发现问题，找到改进的环节，并制订明确的分解目标和行动计划。

销售经理要辅导销售人员。比如对于客户接待表填写质量比较差的销售人员，销售经理要重点现场跟踪，帮助提高接待技巧，并抽查其电话录音（为个别的销售人员安装电话录音盒子，对于重点辅导的电话销售人员，要求其在安装有录音盒子的固定电话上进行通话）。电话录音的好处是，一方面可是检查销售人员是否执行了回访计划，另一方面还可以让大家分享成功的电话回访技巧，提高团队二次跟进的成功率。

通过以上的努力，在三个月的时间里，该 4S 店到店客户的成交率提高了 30%。

资料来源：作者根据访谈整理。

（2）定义客户终身价值并选择计算方法。客户终身价值充满复杂性和变化性，它受许多因素的影响，包括：所有来自客户初始购买的收益，所有与客户购买有关的直接可变成本，客户购买的频率，客户购买的时间长度，客户购买其他产品的喜好及其收益，客户推荐给朋友、同事及其他人的可能，适当的贴现率等。

采用何种方法准确地测量和计算客户终身价值是企业面临的最大挑战之一。目前，比较流行和具有代表性的客户终身价值计算方法有两种：①客户流失法。该方法将客户分为两大类：永久流失型和暂时流失型。永久流失型客户一旦流失，便很难再回来。暂时流失型客户也许只是暂时中断购买，沉寂一段时间后，有可能突然恢复购买，甚至给予企业更多的业务份额。该方法只能预测一组客户的终身价值或每个客户的平均终身价值，无法具体评估某个客户对于企业的终身价值。②客户事件预测法。该法主要是针对每一个客户，预测一系列事件发生的时间，并向每个事件分摊收益和成本，从而为每位客户建立一个详细的利润和费用预测表。

（3）客户投资与利润分析。可直接基于交易成本或资金投入进行计算，或者根据过去类似客户的行为模式，利用成熟的统计技术预测客户将来的利润。国外的汽车业这样计算客户的终身价值：他们把每位上门客户一生所可能购买的汽车数，乘以汽车的平均售价，再加上客户可能需要的零件和维修服务而得出这个数字。他们甚至更精确地计算出加上购车贷款所带给公司的利息收入。

销售人员计算客户终身价值并对客户投资与利润进行分析是困难的，为此，可借助CRM 系统非常简便地实现此功能。

（4）客户分类并开发相应的销售战略。公司根据相关数据将客户分成具有不同特征、不同行为模式和不同需求的类别。公司可以根据客户的潜在利润将客户分类并以此来经营与他们的关系。图 7-2 根据客户的利润和忠诚度将客户分为四类。衡量"客户终身价值"的目的不仅仅是确定目标市场和认知客户，还要针对不同客户制定相应的营销战略，帮助企业提高客户的价值，尽可能地将客户的潜力开发出来。

	蝴蝶	真朋友
高	公司产品和顾客需求的契合度好；高的利润潜力	公司产品和顾客需求的契合度好；最高的利润潜力
低	陌生人	藤壶
	公司产品和顾客需求的契合度很低；最低的利润潜力	公司产品和顾客需求的契合度有限；低的利润潜力

潜在利润

短期顾客　　　　　　　　　长期顾客

顾客忠诚度

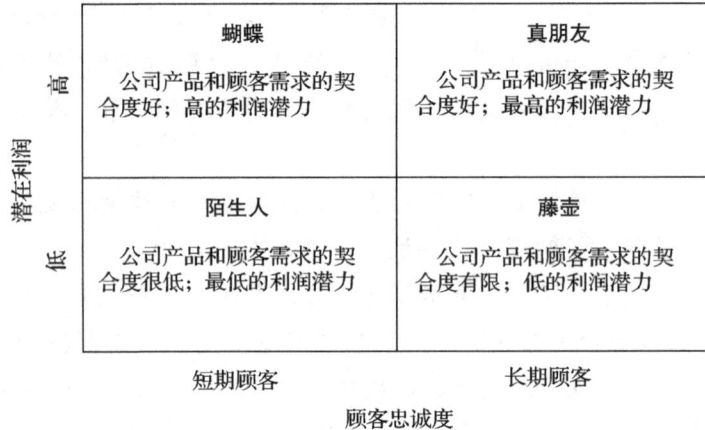

图 7-2　客户关系群体

"陌生人"代表低盈利能力和低忠诚度的客户。公司产品和客户需求契合度很低。对这类客户，营销战略很简单：不对其进行投资。

"蝴蝶"代表盈利但不忠诚的客户。公司产品和客户需求契合度较好。然而像蝴蝶一样，我们只能享受一会儿，他们很快会飞走。如股票市场的投资者，经常进行大笔交易，但是他们追求做好交易而不与任何单个公司建立正式关系。试图将"蝴蝶"变成忠诚客户很少成功。相反，公司应该利用宣传攻势吸引他们，与他们进行有利可图的交易，在下一轮时停止对他们进行投资。

"真朋友"代表既有盈利性又很忠诚的客户。公司产品和客户需求契合度非常好。公司想进行持续的投资使这些客户满意并且培育、维持、扩大该客户群。公司试图将真正的客户变成真正的"信徒"，他们是回头客，并且会向周围的人宣传该公司的好产品。

"藤壶"代表高度忠诚但盈利性差的客户。公司产品和客户需求契合度有限。例如，银行的小客户经常到银行办理业务，但是不能产生足够的利润以弥补银行的维持成本。如船体上的藤壶，他们产生拖动力，可以说"藤壶"是最难处理的客户。公司应该通过向其销售更多、收取更高的费用或者较少对其服务以增强盈利性。如果还是不能盈利，那么就该放弃他们。

通常情况下，公司对客户的分类基于过去的交易额，而忽视新客户的发展潜力。优秀的销售人员会认真分析每一个客户的成长空间，不断调整公司对客户类别的界定，并在客户拜访次数、服务时间等方面加以区别。

7.2　关系试探

在关系试探阶段，客户只是试用公司的产品，试探公司及其销售人员的反应。在此阶段，客户往往订单较小，目的是降低购买风险，一旦发现公司表现很好，就会形成良好的印象，为进一步发展关系创造有利条件。好的开端对发展长期客户关系非常关键，销售人员应做好客户期望管理、订单跟踪、售后服务三方面的工作。

7.2.1　客户期望管理

客户期望管理对建立客户关系非常关键。若销售介绍及售后服务与客户所要求的期望值之间差距太大，就算运用再多的销售技巧，客户也不会满意，甚至产生沮丧感，由此导致客户资源流失。客户期望管理是预防客户流失的有效措施之一，销售人员应在其中发挥关键作用，具体来讲，应做好以下工作。

1. 设定适当的客户期望值

要客观评价产品与服务。一些销售人员为了扩大销售，营造良好的企业形象，常常喜欢夸大自己的产品、技术、资金、人力资源、生产、研发的实力，借此提高自己的身价。尤其是在销售推介中，更会夸大产品的能效，人为地制造客户的高期望值。这种接近欺骗的手段，在一定程度上伤害了客户的信任度，虚假地拉升了客户的期望值。

当成交后，客户如果发现没有购买到自己期望的产品或服务时，其往往会把一切责任都归结为销售人员及企业。此时，客户的满意度会大幅度下降，企业的产品在该部分地区的销售将受到严峻的考验。为此，销售人员最好在订单签订前如实描述产品性能、设定合适的客户期望值来减少客户误解、客户投诉等麻烦，避免危机公关、客户流失等风险。

2. 严格执行服务标准

销售人员在实际工作中应严格遵守公司制定的服务内容及标准，不要让这些内容只停留在文件上。对客户的承诺一定要做到，否则只会是适得其反，使客户满意度大大降低。销售人员应认真参加业务技能相关培训，通过强化学习来提高自身的责任感和服务能力，对工作中存在的问题及时加以改进。要跟踪了解客户期望值的变化。一成不变的服务，即使质量再好也难以满足客户的需求，销售人员应通过有效沟通来满足客户不断变化的需求、想法，并带给客户更多惊喜，不断超越客户期望。在客户对产品满意度不高时，要主动提出解决办法，或给予其他辅助的补偿。

3. 控制客户的期望值

影响客户期望值的因素包括：企业的广告宣传、口碑、客户价值观、客户背景、竞争环境、媒体信息、客户年龄、之前对该公司的体验、之前对其他公司的体验等。每一种因素的变化都会导致客户期望值的变化。这种信息源的多样性，导致了客户期望值的不确定性。优秀的销售人员通常通过销售推介、日常交流等方式适当地为客户调整期望值，达到双方认可的水平，从而达成"双赢"。

在控制客户期望值时，要征得客户的谅解与支持，将彼此的关系调整到双方都能够接受的程度。当客户由于期望值偏差提出过高的要求时，销售人员要主动为客户进行分析，例如产品本身已经具备的功能及附加功能会增加额外成本、影响其他功能等。如果客户决意购买某种产品或服务，销售人员一定要进行有效沟通，坦诚告知客户哪些期望能够得到满足，哪些期望不能得到满足。

4. 提出产品和服务个性化设计的建议

完全标准化的产品或服务难以满足多数客户的期望。销售人员若了解到一些客户的最新需求信息，应及时告知企业，并说服企业在产品与服务设计时尽可能地征求客户意见，让客户对设计中的产品或服务"评头论足"。长期合作的客户可能比较熟悉企业的构思和做法，沟通相对简单而有效。对一些新成交的客户，销售人员一定要细致交流，以便有效地设定或调整客户期望值。

在与客户确定产品与服务的提供方案时，要对模糊或有歧义的地方进行确认，不要给以后的工作留下隐患。如果对部分内容或细节有所顾忌或无法确认，一定要指出来。因为一个产品或服务项目的进行是环环相扣的，断了一个环节，可能全盘皆输，所以对于备选方案的各个方面都要界定清楚，不能心存侥幸。如果销售人员答应了不应该答应的事，或者答应了无法做到的事，会对长期客户关系的建立带来诸多挑战。

7.2.2 订单跟踪

成交后，销售人员会与客户签订正式销售合同，客户据此会向销售人员所在公司发送产品采购订单。公司在发货前会有很多人在处理订单，但在客户看来，销售人员应对所承诺的货物运输及后续服务负责，这就要求销售人员对订单货物所处状态进行跟踪，具体遵循以下几个步骤。

1. 接单

一般公司由专门的销售跟单员接单，他们知道采购要求后，一是要根据合同确认订单的真实性，必要时与销售人员进行澄清；二是要将外部订单的信息翻译成可供内部人员审查的内部订单。

2. 确认订单

确认订单也就是审核订单。销售人员拿到订单后，需要将订单交与相关部门，并对品质要求、技术评估、交期评估、物料评估四个方面进行审核。如果可以达到客户的要求，则立即确认；如果无法达到，销售人员必须与客户进行协商，调整客户要求。

3. 跟单

跟单是指销售人员对内部生产情况进行跟踪，并及时向客户汇报生产进度情况。如果在预定交期无法完成，则需要向客户说明原因。

4. 出货

预定的出货日期到了，销售人员必须联络成品仓库出货，如果需要送货的，销售部必须联络好运输公司。如果是外贸订单，销售人员还要派人报关。客户收到商品后，销售人员应及时联络客户，并询问到货情况和满意度。

订单跟踪和相关服务对发展合作关系非常重要。研究表明，很多客户对销售人员的订单跟踪工作不满。为解决这一问题，一家面向企业客户的保险公司，每季度通过客户完成的服务报告来评定销售人员的售后服务水平，督促销售人员改进订单跟踪水平。通用电气公司（GE）通过电子数据交换（EDI）技术，提高销售人员和采购经理之间工作的效率，使销售人员填写订单的时间减少，有更多的时间来解决问题；同时，客户也减少了订货和存货成本。还有一些公司，利用 CRM 系统或自动订单系统，监控订单处理过程，客户可以在电脑中签署相关文件并通过网络传送，大大提高了订单跟踪的效率。

7.2.3　售后服务

客户收到货物之后，还需要大量专门人员分工协作，提供安装、调试、维修、技术培训、上门服务、咨询等售后服务，售后服务已成为现代企业市场竞争的新焦点。希尔顿酒店是全球著名的跨国旅游集团，作为公司创始人，希尔顿本人也被誉为美国"酒店大王"。希尔顿认为公司经营的诀窍是："请你在离开我的希尔顿酒店时留下改进意见，当你再次光临我的酒店时就不再会有相同的意见"。海尔公司将其售后服务总结为"一二三四模式"，即一个结果：服务圆满；二个理念：带走用户的烦恼，留下海尔的真诚；三个控制：服务投诉率，服务遗漏率，服务不满意率；四个不漏：一个不漏地记录用户反映的问题，一个不漏地处理用户反映的问题，一个不漏地复查处理的结果，一个不漏地将处理结果反映到设计、生产、经营等部门。这个模式规范了海尔公司的售后服务工作。对销售人员来讲，应着重做好以下售后服务工作。

1. 确保产品或服务正确使用

许多情况下，货物刚运送到客户处，客户因安装或使用问题便产生不满。优秀销售人员会走访那些首次使用其产品的新客户，确保产品的正确使用。有些客户只会使用产品的部分功能，销售人员可帮助其演示所有功能，发挥产品的最大功效。有些公司会配备专门的客户服务人员处理相关事宜，尽管如此，确保客户服务人员照顾好每一位新客户仍然是销售人员的职责。为取得最佳服务效果，主动解决客户使用过程中遇到的问题会增强客户对销售人员及产品的信心，常常能收到事倍功半的效果。

2. 回访与回款

销售人员对客户的回访可采取亲自走访、电话、电子邮件和邮寄信件等多种方式。销售人员通过亲自走访，查看客户库存、产品实际使用等情况，听取客户透露的小抱怨或称赞等信息，是在很多情况下最有效、最有利于增进客户信任关系的方式。但亲自走访通常也是最耗时、最昂贵的回访方式。销售人员应设定合适的走访次数，在走访间歇期间，利用其他方式与客户保持联系。有时，采用电话、电子邮件和邮寄信件等方式可减少对客户的打扰。

许多销售人员喜欢通过赊销扩大销售。与现款方式相比，赊销有利于企业特别是新生企业或弱势品牌增加其渠道竞争力，帮助企业开发大客户，增加产品的销量。但赊销只不过是让产品从自己的库房转移到客户的库房，可能造成虚假繁荣，越赊欠款越多，越欠款越难收回。在这种情况下，回款成为许多中国企业销售人员回访过程中的核心工作。

销售人员需通过回访搞清楚客户不回款的真正原因。在现实中，有些客户确实存在"欠账是大爷"的心理，用欠款胁迫、号令企业甚至存在将回款占为己有的想法。对于这类客户，销售人员除了成交前做好必要的客户信用调查、客户风险评估工作之外，还要在成交后，通过回访，尽早识破客户的非法行为，可采取包括法律手段在内的各种措施追回欠款，以免给企业造成更大的损失。现在培训市场上流行的催款"妙招"都针对这类客户，本书不再赘述。

有些客户则是因为暂时资金紧张或者没有养成按时回款的习惯，这需要销售人员在回访时提高自身的回款技能，否则，有可能失去一些有发展潜力的客户。具体来讲，销售人员可在回访时采纳以下回款技巧：

- 对客户实施回款目标管理，设计回款方案。
- 让客户做出回款的承诺，并及时跟踪。
- 培养客户优先回款的意识，运用销售政策来激励客户。
- 与客户建立有序的对账制度，让客户习惯自己的定期拜访。
- 给客户面子。考虑有些客户爱面子的心理，不宜采用上门催讨的方式，可采取电话催款、信函催款等方式。若要采用上门方式，选择时机非常重要。

3. 处理客户投诉

处理客户投诉是建立信誉和保持合作关系的关键。客户投诉可能发生在合作过程的任何时候，在关系探索阶段更为重要。销售人员处理客户投诉方面的短视，会使公司建立合作关系的其他努力难以奏效。

客户投诉的根本原因是公司产品或服务不能满足其期望，表现在产品性能不佳、使用不当或销售合同条款不能落实。虽然销售人员不能改变产品性能和销售条款，但是他们可以指导客户正确使用，引导客户设定或调整期望值，从而将投诉降到最低。研究表明，若公司对一个客户的投诉处理不当，该客户会把这种不满的经历平均告诉10个人，而满意的客户只会告诉4~5人，同时，超过50%的客户不会再购买该产品，而且挽留下这些客户的概率只有40%。

一些优秀的公司把销售经理的私下走访看作处理客户投诉的最好方法。这时，销售人员对公司公共关系承担主要责任。销售人员应该明白，客户投诉不能消除，只能减少，应对客户投诉应作为日常工作的一部分来对待。下面介绍一些应对客户投诉的常用技巧。

（1）鼓励客户讲述详情。当客户气急败坏地前来投诉时，销售人员不要打断他的倾诉，切勿胡乱解释或马上下结论。让客户倾诉能消除客户愤怒，使其情绪放松，就像给充满的气球放气一样，这时最重要的是先让客户平息怒气。同时，在客户说话的时候，用点头、微笑或适当的皱眉，表示你一直在倾听，并认真地记录下客户投诉的要点。

在客户发泄情绪时，销售人员应尽可能发问一些开放性的问题，让客户多说话，例如，"怎样……？""何时……？""谁……？""为什么……？"等，每当有需要时应立即澄清疑点，但不要问带有判断性的问题，并且避免用不信任的语气质问投诉的客户，例如，"你肯定事情确实是这样吗？""……恐怕不是你投诉的根本原因吧？"等。

对待难缠的客户，可遵循几点建议：①你希望客户怎么对你，你就怎么对待客户；②重复客户的问题，证明你在倾听；③不评价、争辩、责怪客户，肯定、感谢客户提出了问题；④若电话断了，给客户打回去；⑤不到万不得已，决不"踢皮球"，决不让客户给别人打电话。

（2）确认事实。夸大问题的严重性以引起重视是人类的天性。面对客户投诉，销售人员应保持冷静，不能受客户的情绪影响，要知道只有弄清事实，找出问题的原因，才能"对症下药"，找出合适的解决方案或者做出令客户满意的调解。要在客户在场时检验所提供的产品是否有缺陷，避免扯皮。

有经验的销售人员经常发现那些看起来有缺陷的产品实际上什么问题也没有，有时是客户使用方法不当造成的。如某客户投诉油漆质量不好，说其严格按照说明书粉刷墙壁，但很快就需重新粉刷了。而事实上，产品说明书上注明一桶油漆可粉刷 400 平方米的墙壁，而客户实际上粉刷了 600 平方米，涂抹太薄。澄清事实要快，不要给客户造成故意拖延的印象。

（3）提供解决方案并快速行动。澄清事实后，销售人员应想方设法提出能让客户接受和满意的解决方案。公司有各种政策，但许多公司将解决客户投诉的责任指派给销售人员，还有些公司要求销售人员调查客户投诉，向公司推荐合适的解决方案。事实上，销售人员的确是公平、快速地处理投诉并获得客户认可的最佳人员，尤其在客户远离公司时。

不管公司销售政策如何，销售人员应理解客户对快速、公平行动的期望，否则，时间拖延太长，即使解决方案客户赞同，也会失去建立合作关系的机会。有时候，客户会提出一些过分或无理的要求，这时销售人员应该明确告诉客户能做什么，而不是不能做什么！要不断地重复这一点。当客户坚持他的要求，而这种要求根本就不可能满足时，客户很容易翻脸，此时此刻，销售人员要设法避免客户爆发性的投诉，要进行礼貌性地重复，不要跟客户说"不行，不行"或"你别做梦了"等，而应有礼貌地坚持原则，让客户明白公司的底线在哪里。如果客户放弃了，投诉处理就结束了；如果客户依然不放弃，可通过上报上级主管来进行解决。不要一开始就把"皮球"踢给自己的主管或高层领导。当然，尽早获得领导的支持或授权对快速解决投诉更有利。

销售人员要做一个问题解决者，对事不对人。面对难缠的客户时，应永远提醒自己：我的工作是解决问题。当把问题解决了的时候，投诉自然就被化解了。不要推卸责任或转移指责公司的其他人员，否则会失去客户对销售人员及其公司的信任。例如，平安电话车险的销售人员，不管遇到客户的任何投诉，都会负责到底。若投诉涉及其他部门人员的工作，会立即协调，全程跟踪，直到最终问题的解决。若在解决问题的过程中，电话断了，销售人员也会很快回拨电话。

对于一些欺诈性的投诉，销售人员应在确认无误的情况下加以揭露，呼吁客户的公平意识，虽然这样做可能会失去这样的客户，但这对公司的长远发展有利。对于一些影响较大的客户，销售人员可对其进行全面的调查，了解其索赔金额、投诉的频率、投诉人所代表的组织的背景等情况，避免对其他客户产生负面影响，必要时可采取超越客户期望值的慷慨的解决方案。销售人员还有责任引导甚至教育客户以减少未来投诉。

处理客户投诉的过程实际上是销售人员向客户证明其承诺能否兑现的过程，即公司会不断努力保持客户满意。投诉是客户不满的信号，但是没有投诉不能代表客户是满意的。客户可能担心的问题很多，但讲出来的可能不到1/20，客户有时只会在极度不满时才投诉。轻微的不满不易发现，但对销售影响较大。销售人员应持续监控客户满意水平，这是探索客户关系的重要任务。若客户在此阶段感到非常满意，或者投诉得到满意解决，那么，客户自然会进行重复购买，这样就为关系拓展创造了有利条件。

7.3　关系拓展

买卖双方经过关系试探之后，双方合作关系便有了一个好的开端，此时进行其他销售活动的时机已经成熟。销售人员可进一步拓展关系，从现有客户身上获取更多销售额，可通过促进重复购买、推荐相关产品、交叉销售来抓住各种销售机会。

7.3.1　促进重复购买

客户重复购买是众多公司特别是易耗品公司最关心的话题。过不了重复购买这一关，许多公司只能够盈利甚微，勉强生存，无法实现效益和规模的扩大。对销售人员来讲，扩大销售的最好策略是促进客户重复购买的可能性，可采取以下几种具体的方法。

1. 让重复购买更加容易

公司可通过互联网、专卖店、邮购等多种渠道使客户购买更加容易和方便。许多公司把利用互联网开展电子商务作为促进客户重复购买的战略举措。例如，万达公司在其2014年的工作计划中，公司总裁王健林要求所有公司开展网上电子商务，采取线下线上相结合的商务模式，方便客户快捷浏览、快捷支付并产生冲动性购买行为，从而促进业务更快成长。

销售人员方便客户重复购买的一个重要方法是了解客户做出重复购买决定的频率和时间，然后选择合适的时间出现。例如，平安电话车险的销售人员，总会在车险到期前的 1～2 个月联系客户，商讨续保事宜。同时，公司也采取一系列措施，方便客户的重复购买，如直销车险的价格比传统商业车险降低 15%。为提高效率，电话销售人员不用和投保人或者被保险人见面，保单的传递、签收、理赔等都由快递公司完成。此外，平安保险公司的网上车险能够实现网上精确报价并支持在线投保，只要客户登录平安保险的网站，输入车辆信息，即可获得精确报价。若使用平安一账通，还可轻松查询车险理赔进度、定损详情，非常简单方便。平安车险还向客户承诺"平安车险，万元以下，资料齐全，一天赔付"。

2. 提供专业的顾问服务

不少产品交付使用后，还须定期维修，这样的服务要求给销售人员提供了向客户展示的机会。销售人员可借此成为客户的顾问，对一些小毛病，可进行"小检查"和"小修理"；对于复杂问题，可协调公司相关人员，确保及时修理让客户满意。例如，西门子的销售人员帮助家具店拜访床垫客户；某饮料制造商的销售人员作为商店的顾问提供产品组合与商店布局的建议。大部分面向中间商的销售人员会帮助客户整理货架、补货或培训员工的终端销售技能。

一个重要技巧是，销售人员应在日常与公司内部维修或客服人员建立密切关系，让他们成为销售人员解决客户专业问题的得力助手或者是重复购买的耳目。对于复杂的客户需求，许多公司建立专业团队来提供顾问服务。团队成员由市场、销售、技术、服务、储运人员组成，负责人最好由销售人员担任。销售人员和后台的人员要有充分的沟通，销售人员将客户的想法充分反馈给后台人员，前后台一起工作，更有利于提供专业的建议及服务。

3. 让客户售后体验具体化

许多公司采取售后特殊活动，与客户建立情感纽带，使售后体验具体化。例如，位列《财富》全球 500 强企业榜单的贝塔斯曼集团，是在世界上居于领导地位的媒体和服务集团，其书友会以读书俱乐部的形式，由资深的编辑为会员遴选和推荐好书。这个专业的书友会覆盖全球 50 多个国家，为数千万会员服务，是一个很好与客户建立情感纽带的方式。小公司可采用类似生日温馨提醒、节日送小礼品等手段，体现对客户的特殊关怀。

一汽丰田公司曾举行"自己动手的快乐，我车我修"活动，让客户与一汽丰田售后服务项目全面接触，享受透明化、具体化的客户体验。客户可了解一汽丰田快速保养售后服务高效快捷的过程，包括自动保养提醒、车辆预约、前期零件准备、车辆保养接待、工位操作、清洗结算、车辆交付七个环节。此活动得到了绝大多数客户的赞赏。平安车险公司提供 24 小时免费道路救援、车主代驾等特殊服务。这些超出销售人员常规责任的服务，会更快建立起销售人员与客户之间牢固、良好的合作关系。

7.3.2　推荐相关产品

相关产品可分为升级换代产品与关联产品两类。销售人员寻求产品换代的目的是新产品比老产品能更好地迎合客户需求。以母婴公司为例，当宝宝三个月的时候，要从之前所喝的第一代奶粉改成第二代奶粉，如果销售人员此时能用手机短信提醒一下年轻父母，即在最恰当的时间对特定客户做最恰当的产品推荐，那么，客户会觉得很温馨，购买换代产品的可能性也非常大。

对于有些企业，产品本身的重复购买性就不强，如衬衣、复印机、家电等产品，其使用寿命较长，衬衣为 2 年，复印机为 5 年，电视为 8 年。对于这类"先天不足"的产品，可通过产品线的延伸使产品系列化。系列化的产品往往具有关联性，销售人员可进行全线销售，即销售某一产品线上的所有相关联的产品。例如，惠普复印机的销售人员可销售打印机，也可销售打印机墨盒、打印纸，并提供相关服务。全线销售可帮助客户实现产品采购的协同性，提高采购效率及安全性。

7.3.3　交叉销售

交叉销售指附加销售的产品与最初的产品无关联性，是横向开拓市场，是在同一个客户身上挖掘更多的客户需求，而非只满足于客户某次的购买需求。例如，惠普公司的销售人员可能销售传真机给复印机客户；通用汽车的销售人员在销售别克轿车时，可推荐保险及保修服务等。

据估计，向现有客户进行交叉销售比开发新客户少花 5 倍以上的成本，而且由于客户对销售人员已建立起基本的信任，因而销售难度比新客户要小得多。当然，交叉销售需要销售人员参加额外的培训，掌握有效进行交叉销售的要点，简述如下：

- 产品知识：销售人员必须学习公司所有产品线上所有产品的相关知识。
- 交叉销售技巧：销售人员必须利用现有关系及服务基础，识别关键的决策者，更好地进行销售推介、售后服务等工作。
- 激励措施：许多销售人员担心因交叉销售而失去原有业务，公司应采取必要的激励措施消除其顾虑。
- 合理的配额和目标：销售人员的首要目标是寻找销售机会，而非硬性任务。
- 结果跟踪：一些企业利用 CRM 软件来跟踪个体及销售团队的交叉销售表现。
- 时间安排：选择合适的时间实施交叉销售活动，如季节性促销活动，配合事前有针对性的培训活动。
- 业绩评价：销售人员应反馈交叉销售过程中出现的问题及改进建议。

7.4　关系托付

在关系托付阶段，客户通常会由口头或暗示性的行为保证来继续双方的合作关系。这个保证通常是确认卖方成为优先供应商（preferred supplier）。优先供应商在不同公司代表的意义不尽相同，一般是指客户保证可以得到较大比例的业务且最优先获得新业务。有些公司规定，优先供应商才有资格参加投标。

戴姆勒－克莱斯勒公司将其供应商分为四类：①交易型，即只进行一次性交易；②实用型，即可能与供应商签订一年合同；③合作型，即供应商可能参与产品开发、质量控制等环节，可采取各式各样的有效合作方式；④战略合作关系，即双方通过组织变革，进行部门整合或者合资，建立共同的价值观，只有极少数公司能建立这种关系。前两种关系本质上是一种买卖关系，后两种关系以多种合作关系为基础。

虽然销售人员没有能力影响企业文化，但可以在增进互信、管理合作关系方面发挥重要作用。

7.4.1　增进互信

1. 彼此承诺

买卖双方的信任是相互的，而彼此承诺是建立互信的重要因素。销售人员可促进客户做出风险共担的承诺，如签订协议分享节约的成本或共担合作项目的费用，承诺涉及能力、可靠性及诚实度等信任指标。承诺水平需从整个供应链的组织层面进行考量，通常要建立适应买方组织文化的文化，建立一个公开的沟通渠道，促进买卖双方公司的融合，使其看起来像一家公司。

为履行承诺，必须将合作承诺渗透到双方的组织中，上至最高领导，下至基层员工。这种承诺水平要求公司投入必要的资源满足客户需求甚至期望，应确保销售人员在其中承担关键责任，同时授权其他员工处理客户的各种需求。在互信关系中，客户没有必要只依靠销售人员来满足其需求。

2. 主动沟通

在关系托付阶段，卖方必须保持主动沟通的姿态，主动寻找沟通机会，销售人员不能只在销售产品时或出现问题时才进行沟通。若合作双方联合开发产品，需承诺信息保密并共同制订计划。若新产品开发计划有变，应及时通知客户伙伴，即便虽然客户已经订购了产品，但也会谅解对方。

在建立合作关系前，销售人员通常与客户的采购人员或采购代理进行沟通，有时在同级水平上进行沟通，即副总裁与副总裁、部门经理与部门经理之间进行沟通。当合作关系建立后，沟通等级界限逐渐模糊，买卖双方的成员之间可直接进行沟通。例如，产品设计有变，买方的生产部门可直接与卖方的设计部门直接沟通，而非必须通过销售人员进行沟通。当然，销售人员应主动了解产品设计的变化，可通过直接沟通更准确了解客户需求，以便提供更好的解决方案。

7.4.2　管理合作关系

1. 适应客户企业文化

企业文化由高层管理者所持有的价值观、信念构成，它规范员工的态度和行为，影响政策和规范的制定。比如在沃尔玛全球采购中心（WMGP）的深圳国际总部和深圳运营部，销售人员会看到"天天平价"（Every Day Low Price）的标语，这是沃尔玛公司号召员工积极主动的为实现天天平价的承诺而努力。除此之外，销售人员还会了解到沃尔玛企业文化的其他方面，如三项基本理念（尊重个人、服务客户和追求卓越）；三米微笑原则（在 3 米之内给别人尤其是客户展现微笑并表达友好）；日落原则（在每天下班之前回顾自身的工作，并落实每一项任务）；10 项成功原则（沃尔玛创始人沃顿总结的 10 条成功经验）。

供应商要与沃尔玛发展合作关系，首要的任务是适应其低成本的企业文化。单个销售人员无力改变一个公司的企业文化，但必须识别双方的企业文化是否匹配，完全匹配是不可能的，但若相互排斥，发展合作关系也非常困难。例如，沃尔玛对供应商管理实行战略合作伙伴式的运行模式，即把供应商的生产成本、技术研发、管理费用纳入到沃尔玛公司的管理体系中来。具体来讲，通过计算机数据库，沃尔玛把所有门店的库存信息、销售信息、产品价格信息、客户反馈信息、内部经营计划信息等与供应商进行充分的实时共享，从而降低了外部市场的交易成本；同时通过及时的市场信息反馈，保证了产品质量和创新速度。

2. 成为变革型销售人员

要提高长期销售收入的增长，销售人员应成为变革的推进者，以适应每一笔交易激烈竞争及产品革新的需要。合作型关系通常需要合作双方相互适应、共同变革。变革并非自然而然，通常会遇到许多阻碍。变革的目标是就要控制好变革，克服各种阻碍。通常情况下，快而大的变革阻碍最大，如图 7-3 所示。为克服变革阻力，销售人员可采取以下几种措施。

变革范围		
	小	大
变革速度　快	中度障碍	严重障碍
变革速度　慢	较少障碍	中度障碍

图 7-3　变革与阻碍

（1）寻求变革支持者。支持者帮助销售人员在销售现场或销售受限的场合推销产品或销售提案，如某个支持者可能在公司聚餐时与同事的偶然交谈中，帮助销售人员销售。从优先供应商到战略合作伙伴的转变也需要支持者，销售人员依靠支持者，推进变革。销售人员还应向潜在支持者传授知识，帮助支持者建立变革信心，让他们有勇气做出变革决定。销售人员也可展示变革方案，迎合支持者及其公司的变革要求，激发支持者参与变革决策的过程。

（2）对变革进行定位。变革定位与市场定位类似，销售人员需探测不同客户对变革的需求，提高变革成功的可能性。例如，苏宁电器商城每次向供应商采购产品的滞销率一般均在 3%～5%，大多数供应商都希望通过产品升级换代提高销量。但海尔公司的销售人员将变革定位为减少客户的滞销率，因为若将变革定位为客户对产品升级换代的需求，成功可能性较小。基于正确的定位，海尔公司采取成立共同研发中心、签署高效客户响应（ECR）协议的战略措施并取得了较大成功。

销售人员还需主动在合作者组织里寻求变革的领域，定位某项变革时要确定决策关键人物。例如，联想集团电脑事业部的销售人员，看到某大学客户的电脑实验室有些过时，需确定计算机更新决策由哪个部门负责，谁是关键决策人物。总之，变革定位关系提议成败。

（3）确定必要的资源。有些销售人员，具有强烈的变革愿望，但缺乏专门的知识、权限和必要的资源，这时需说服公司领导采取自上而下的变革。例如，海尔集团为与苏宁电器签订战略合作协议，公司高层及各大事业部负责人一行共 30 余人曾组团访问苏宁总部，与苏宁电器总裁、副总裁等营销高层进行深度会晤。最终双方约定，未来三年海尔冰箱、洗衣机、空调、彩电、厨卫、电脑等全线产品在苏宁门店零售、B2C、定制服务等渠道的销售目标挑战 500 亿元。

（4）确定具体进度计划。在关系托付阶段，销售人员还应为变革提议制订具体的进度计划，确定每一次销售拜访的时间、任务、具体目标、所需资源。这样可使销售人员的变革努力稳步推进，使每次拜访与战略性客户目标联系起来。

7.5　借力人工智能维护客户关系

使用人工智能帮助客户在没有人工交互的情况下进行自助服务是互联网时代维护客户关系的关键策略。现代客户需要全天候服务，他们不想等待，除非需要，否则他们不想与人交谈。在人与数字环境之间不加区分的情况下，大多数现代客户也会感觉很自在。通常，如果这些客户可以自助获取服务，那么他们就不希望别人打扰。

为此，不少电商公司开发了人工智能聊天机器人，不但方便客户自助服务，而且减少与客户的摩擦。同时，将机器人连接到 CRM 中的记录系统，一旦客户真正想要与一线销售或服务员工进行交互，公司就可以开展有针对性的服务。在这种情况下，人工智能既可以作为企业实现更大规模销售的倍增器，也可以作为一种洞察引擎，使员工能够更有效地与客户互动。

通过人工智能可以以客户为中心，加深客户关系，从而获得客户忠诚。人工智能让销售或服务人员变得更加投入和有效：通过协调增值活动，发现需要的数据信号，以便更好地了解客户并采取有意义的行动来改善客户关系。例如，客户使用亚马逊搜索产品的次数越多，生成的信号也就越多，亚马逊就越来越清楚地知道该客户在寻找什么，并且最终提供个性化的建议——每次搜索，不合适的选项都在减少。

客户行为数据与人工智能相结合，使企业能够提供客户都没有意识到的服务体验。例如，一家鞋业公司为老客户提供了下一季靴子的冬季折扣，让客户觉得企业可以准确预测他们的需求，并提供有意义的相关服务。这种类型的体验能够赢得客户信任，有助于维护和深化客户关系。再如美国在线影片租赁商 Netflix 利用人工智能记录并分析每次客户互动，来预测客户偏好并制订个性化服务，以向每位客户展示他们接下来想看的内容。一些制片公司也会使用这些数据来确定应该制作什么类型的电视剧。这都会让客户获得独特的服务体验。

本章习题

一、判断题（对的打√，错的打 ×）

1. 对大多数优秀的销售人员来说，销售额的逐年增加不是靠现有客户，而是主要依靠不断开发新客户。（　　）

2. 通用汽车的销售人员在销售别克轿车时，可推荐保险及保修服务等，这属于交叉销售。（　　）

3. 目前大部分电商公司使用人工智能帮助客户自助服务，可很好维护客户关系，使销售或服务人员没有存在的价值。（　　）

二、单选题

1. 客户忠诚的基本指标不包括（　　）。

A. 再次购买意向　　　　　　　　B. 对企业其他产品的购买意愿

C. 客户交流的意愿　　　　　　　D. 客户推荐意愿

2. 客户终生价值（　　）。

A. 与客户满意紧密相连，是指每个客户在过去为企业带来的收益总和

B. 与客户满意紧密相连，是指每个客户未来可能为企业带来的收益总和

C. 与客户忠诚紧密相连，是指每个客户在过去和未来可能为企业带来的收益总和

D. 与客户忠诚紧密相连，是指每个客户未来可能为企业带来的收益总和

3. 下列哪一项不能促进重复购买？（　　）

A. 让重复购买更加容易　　　　　B. 提供专业的顾问服务

C. 交叉销售　　　　　　　　　　D. 让客户售后体验具体化

三、简答题

1. 简述衡量客户终生价值的步骤。

2. 简述销售人员如何做好客户期望管理。

3. 简述在关系托付阶段销售人员应发挥的重要作用。

销售演练

演练 7　人工和机器人处理客户投诉的比较

请按以下三个步骤进行客户投诉演练。

步骤一：熟悉情境

某天，林先生从某服装店买了一套衣服，但没穿几天便发现衣服变形了。他拿着这件衣服来到服装店，找到卖这件衣服的销售人员。

步骤二：角色扮演

练习 1：请一位同学扮演一位决不认错的销售人员，另一位同学扮演针锋相对的客户林先生，发挥想象力，进行角色演练。

　　练习 2：请一位同学扮演蛮横不讲理、要求退货的客户林先生，另一位同学扮演一位坚持"只准换货、不准退货"原则但不能随机应变的销售人员请同学们发挥想象力，进行角色演练。

　　练习 3：把购物场景更换为网上购物。请一位同学扮演蛮横不讲理、要求退货的客户林先生，另一位同学扮演坚持"只准换货、不准退货"原则且不能随机应变的智能客服机器人，发挥想象力，进行角色演练。

　　步骤三：请从长期客户关系的价值高度，说明处理该客户投诉的具体技巧和关系拓展的具体做法。

　　①处理该客户投诉的具体技巧：_____

_____

_____

_____

　　②关系拓展的具体做法：_____

_____

_____

_____

　　③列举智能客服机器人处理客户投诉的利弊：_____

_____

_____

_____

📍 销售实训

实训项目 7　售后客户关系维护训练

1. 实训目的

（1）结合案例深度理解长期客户关系的价值。

（2）训练学生在具体情境下售后客户关系维护的技巧。

2. 背景材料

案例 7-3　万科的售后客户关系维护

　　万科企业股份有限公司成立于 1984 年，1988 年进入房地产行业。目前是国内最大的住宅开发企业，业务覆盖全国 60 多个城市。2018 年，其位列《财富》评选的世界 500 强榜单第 332 位。

　　万科堪称中国房地产业客户关系管理的成功典范，但万科不是简单地导入以 CRM 软件为主体的 CRM 系统，而是苦练客户关系管理内功，将客户关系管理与员工关系管理、合作伙伴关系管理关联起来，提高客户满意度与忠诚度。据悉，每逢万科新楼盘开盘，老业主都会前来捧场，并且老业主的推荐成交率一直居高不下，部分楼盘甚至能达到50%。万科在深、沪、京、津、沈阳等地的销售，有30%～50%的客户是已经入住的业主介绍的；在深圳，万科地产每开发一个新楼盘，就有不少客户跟进买入。金色家园和四季花城项目，超过40%的新业主是老业主介绍的。

客户关系管理体系

● 客户关系管理理念

1998年，万科学习香港新鸿基地产，成立了内地首家房企客户俱乐部——万客会。

2004年，万科成立客户关系中心，并将其列为与设计、工程、营销、物管同等级别的第五大部门，全面协调万科与客户的所有互动关系。

2005年，万科开始向美国帕尔迪学习客户生命周期理念，客户关系部门全面介入项目发展过程，从客户角度对产品生产和服务提供过程进行监控。时任万科集团董事会主席的王石提出要对客户进行"终身锁定"："从他大学刚毕业开始工作时的小户型公寓，到他娶妻生子的三居室，再到他事业有成的独立别墅，最后一直到他退休入住的老年住宅，万科都要做。"

如今，"建筑无限生活""客户是万科存在的全部理由""衡量我们成功与否的最重要的标准，是我们让客户满意的程度"等，已经成为万科企业核心价值观的重要组成部分。万科的服务质量有口皆碑，处处体现"以客户为中心"的服务理念。

● 关注客户体验

万科素以注重现场包装和展示而闻名，同类的项目，每平方米总要比别人贵几百甚至上千元，有人不理解：没看出万科楼盘有什么惊人之处，技术也好，材料也好，设计也好，都是和别人差不多的。其实，只要客户到万科的项目上仔细看看，基本上都会被那里浓郁的、具有艺术品位的、温馨的居家氛围和某些细节所打动，他们会发现那里才是理想中的家园，于是就愿意为此多掏很多钱，愿意为瞬间的美好感受和对未来的美好遐想而做出冲动决定。

万科以其产品为道具、以服务为舞台，营造了一个让消费者融入其中、能产生美好想象和审美愉悦的空间环境与人文环境。万科出售的不再仅仅是"商品"和"服务"，是客户体验——客户在其精心营造的审美环境中，通过自身的感悟和想象，得到了一种精神上的愉悦。

● "6+2"服务法

万科有一个称为"6+2"的服务法则，主要是从客户的角度分成以下几步：

第一步：温馨牵手。强调温馨牵手过程中发展商信息透明，阳光购楼。万科要求所有的项目，在销售过程中，既要宣传有利于客户（销售）的内容，也要公示不利于客户（销售）的内容，比如1千米以内的不利因素。

第二步：喜结连理。在合同条款中，要尽量多地告诉业主签约的注意事项，降低业主的无助感，告诉业主跟万科沟通的渠道与方式。

第三步：亲密接触。公司与业主保持亲密接触，从签约结束到拿到住房这一段时间里，万科会定期发出短信、邮件，组织业主参观楼盘，了解楼盘建设进展情况，及时将其进展情况告诉业主。

第四步：乔迁。业主入住时，万科要举行入住仪式，表达对业主的敬意与祝福。

第五步：嘘寒问暖。业主入住以后，公司要嘘寒问暖，建立客户经理制，跟踪到底，通过沟通平台及时发现、研究、解决出现的问题。

第六步：承担责任。问题总会发生，当问题出现时，特别是伤及客户利益时，万科不会推卸责任。

随后是"一路同行"。万科建立了忠诚度维修基金，所需资金来自公司每年的利润及客户出资。

最后是"四年之约"。每过四年，万科会全面走访一遍客户，看看有什么需要改善的。

● 多渠道关注客户问题

倾听是企业客户关系管理中的重要一环，万科专门设立了一个职能部门——万科客户关系中心。客户关系部门的主要职责除了处理投诉外，还肩负客户满意度调查、员工满意度调查、各种风险评估、客户回访、投诉信息收集和处理等项工作。具体的渠道有：

协调处理客户投诉：各地客户关系中心得到公司的充分授权，遵循集团投诉处理原则，负责与客户的交流，并对相关决定的结果负责。

监控管理投诉论坛："投诉万科"论坛由集团客户关系中心统一实施监控。规定业主和准业主们在论坛上发表的投诉，必须 24 小时内给予答复。

组织客户满意度调查：由万科聘请第三方公司进行，旨在全方位了解客户对万科产品服务的评价和需求，为客户提供更符合生活需求的产品和服务。万科曾委托盖洛普调查公司对万科所在城市的 42 000 多位客户进行了一次满意度调查，结果显示，老业主的整体满意度为 78%，新业主的整体满意度为 77%。其中，管线端口位置、户型设计是否充分考虑了摆放家具的便利性等细节因素，对于客户的满意度、忠诚度，有着举足轻重的影响。

解答咨询：围绕万科和服务的所有咨询或意见，集团客户关系中心都可以代为解答或为客户指引便捷的沟通渠道。

● 精心打造企业与客户的互动形式

随着企业的发展，万科对客户的理解也在不断提升。在万科人的眼里，客户已经不只是房子的买主，客户与企业的关系也不再是"一锤子买卖"。于是在 1998 年，万科创立了"万客会"客户俱乐部，提供楼盘资料和最新销售信息，客户在购置万科房产时可以享受积分奖励、会员优惠、参加各类由"万客会"组织的联谊活动和社会活动、定期收到会刊等免费服务。万客会的理念不断提升和丰富，从单向施予的服务，到双向沟通与互动，再到更高层次的共同分享，万客会与会员间的关系越来越亲密，从最初的开发商与客户、产品提供方与购买方、服务者与使用者，转变为亲人般的相互信任、朋友般的相互关照。

为真正能够一对一地了解到客户行为习惯、居住模式、审美倾向，万科不是完全依靠技术，而是通过传统的人与人之间的交往来实现。万客会已经成为一个天然的实验室。通过万客会，万科可以收集客户姓名、性别、年龄、工作单位、教育程度等详细的个人信息，并与客户建立起的良好关系，这是金钱难以买到的。据相关法规规定，房地产商在没有拿到预售许可证前不能打广告，万科在上海"假日风景"的销售，通过万客会这一平台，让2 000多名有意向买房的上海人了解到"假日风景"的设计规划，其中400余人填写了购房意向登记表，而这一切是在没有花一分广告费的情况下进行的。在万科开发"优诗美地"的前期，曾对万客会的会员做过问卷调查，通过调查掌握到户型、价格等方面客户最为关心的信息，为该项目的开发起到了相当有价值的参考作用。

目前，企业一般采用三种建立客户价值的营销方式。第一种是通过减少财务利益来加强与客户的关系，如赠送奖品、提供各种优惠。这些措施容易被竞争对手模仿，因此，常常很难保持产品与手法的差异性。第二种方法是制定个性化营销策略，通过了解客户个人需求和爱好，将公司的服务差异化，和客户建立良好的关系，这是通常所说的品牌建设。第三种方法是增加结构性联系，即与客户建立互动的关系。万科通过万客会正是和客户建立后面两个层次的关系。据万客会的调查显示：万科地产现有业主中，万客会会员重复购买率达65.3%，56.9%的业主会员表示将再次购买万科，48.5%的会员表示将向亲朋推荐万科地产。

员工关系管理

● 为员工创造"健康丰盛"的职业生涯

万科认为"人才是万科的资本"，注重对员工方方面面的关爱。万科一贯倡导的"健康丰盛"理念包括了职员事业发展和家庭生活的健康丰盛。

万科最早一版的《职员手册》里就提出为员工提供一种"健康、丰盛"的职业生涯。万科2000年推出的新版《职员手册》更加规范化，新《手册》突出了"学习"和"创新"两方面内容。"为了保持领跑者地位，万科自身需要致力于成为学习型组织，这就要求万科人要不断去学习、汲取、突破。"万科提倡员工能为公司长期服务，但必然以与公司共同成长为前提。所以，新《手册》最重要也最敏感的一项改动是，将原来的"公司鼓励长期服务，以为职员提供理想之终身职业为己任"改为"公司为职员提供可持续发展的机会和空间"。

万科作为一家跨地域经营的企业，外派或分公司之间的职员交流调换不可避免，所以在新职员参加万科的志愿表格上有一条：同意或不接受外派的选择回答。万科并不排斥不接受外派的职员，只是注明其提拔培训的机会小于接受外派的职员。对于外派的中层（具有已婚、有家小的特点），万科的人力资源政策有明确规定：①鼓励配偶一起到外派的城市，并协助找工作；②对于暂时没有工作的给予经济补贴；③对调动的经理给予搬家安置费……对于不愿意随先生/女士外调的家属，万科尊重家属的意见，尽可能做出双方合适的安排。2003年SARS来临时，万科给每位员工派发药物、口罩，频频发布各种针对病毒的通知和内部应急预案；迅速成立各地的"SARS应急工作小组"；针对专家的指引，各地公司加大了清洁环境、设备通风和消毒杀菌的力度……充分体现了万科对员工的关爱。

● 倾听员工的声音

万科提倡良好、融洽、简单的人际关系并致力于建设"阳光照亮的体制"，提倡个人与公司、个人与个人之间坦诚的沟通与合作。在时任万科掌门人王石的力促下，万科在企业内部设置了名为"董事长online"的BBS平台，王石把这种信息交流平台称为"信息扁平化"，把这种信息控制与运作模式称为"BBS 管理"。在王石及其他企业高层在论坛上的亲力亲为下，"董事长 online"成了一个非常成功的员工投诉和提出合理化建议的平台。除此之外，万科提出员工关系与沟通的 12 条沟通渠道：

门户开放（上级经理）。万科倡议所有经理人员"门户开放"，欢迎职员直接提出想法和疑问，同时也要求经理人员主动关注下属的想法和情绪。

吹风会。高层管理人员面向基层，关注一线，让职员及时了解公司业务发展方向及动态，并现场解答职员关心的问题。

员工关系专员。公司设员工关系专员岗，接受和处理职员表达的想法、意见和建议，保证在正常工作日 36 小时内给予答复，并为职员的身份保密。

我与总经理有个约会。如职员需要与公司高层管理人员单独面谈，可以通过员工关系专员提出申请，员工关系专员保证在正常工作日 36 小时内给予答复。

职工委员会。职工委员会是代表全体职员利益并为之服务的机构，它的基本职能是参与、沟通、监督。如果职员有意见和想法，可以向职委会委员反映。有关职委会的介绍请参阅《员工组织》文件。

工作面谈。新职员转正、职员调薪或岗位变动、工作评估、职业发展规划以及职员提出辞职等情形下，职员上司都将与职员进行面谈，了解情况，听取意见。

工作讨论和会议。公司提倡团队工作模式，团队必须拥有共同的工作目标和共享的价值观。公司的绩效管理体系倡导管理者在制定目标的时候通过工作讨论和会议倾听团队的意见，共同分享愿景。

E-mail 给任何人。当面对面的交流不适合时，职员可以给任何人发送邮件，以迅速反映问题或解决工作中的疑惑。电子邮件应简洁明了，并只发给真正需要联系的人员。

网上论坛。如职员有任何意见和建议，或希望能与其他同事进行观点交流分享，均可通过内部网论坛直接发表。

职员申诉通道。当职员认为个人利益受到不应有的侵犯，或需要检举揭发其他职员违反《职员职务行为准则》的行为，可以通过申诉通道进行投诉和检举揭发。

员工满意度调查。公司通过定期的不记名意见调查向职员征询对公司业务、管理等方面的意见，了解职员对工作环境的整体满意程度，职员可按照自己的真实想法反馈而无须有任何顾虑。

公司的信息发布渠道。公司有网站、周刊、业务简报、公告板等多种形式的信息发布渠道，职员可以方便、快捷地了解业界动态、公司业务发展动态和重要事件、通知。

合作伙伴关系管理

2001 年 3 月，在内部论坛"董事长 online"上，一位职员就王石的"三个善待，缺一不可"帖子提出建议："建议再加上'善待合作单位'——广义客户的概念就齐了。"王石的回复非常积极："善待合作单位，说得好！相对于金融，我们还没有认真讨论过如何处理好和建筑商、材料供应商、中介代理商、广告商的关系。"实际上，这一话题当时已经在讨论之中。就在同一个月，万科出台了《材料设备采购规定》，推出新的统一采购模式，并引入了"战略供应商"概念。同年 3 月 7 日，万科联动网站（a-housing.com）上发出了第一份统一采购招标书；5 月底，宾士发电机（深圳）公司、美标（中国）公司、广日电梯以及太古漆油公司四家企业成为万科第一批集团战略供应商。

万科讲整合，讲联盟。"在联合模式中，企业的目标是一致的，就是联合作战，协同进退，实现共赢。"万科也在着手进行品牌整合。"众多知名品牌的加盟，将使万科房子的品牌得到更大的提升。"

2002 年，万科提出要构建全面均衡的公共关系网络。在这个网络里，既包括客户、投资者、合作伙伴，也包括同行、政府、媒体。万科认为这些关系元素对万科的意义是重大的：客户是企业利润的本源，提升客户关系将成为万科在未来竞争中持续领跑的关键；房地产开发是资金密集型行业，企业离不开资本市场的持续支持；材料供应、设计、施工、监理、中介等产业链上下游单位的支持与合作，直接影响到项目运作的质量；与同行的交流和相互学习，以及行业协会的推动和约束，都是营造健康、规范的行业环境的动力；房地产开发是城市运营的一部分，每一环节都和政府政策密不可分；身处信息时代，媒体则必然成为企业提升形象、扩大正面影响力的助力。万科认为所有"关系"都是双向的，而所有"合作"都应该是共赢的。万科对发展与成功的向往，也同样是客户、投资者、合作伙伴、同行、政府、媒体的向往。了解和尊重他们的利益，诚挚地与他们一起"成就梦想，共享无限精彩"，是万科"建筑无限生活"不可或缺的一部分。

截止到 2010 年，万科核心合作伙伴达到 543 家，包括施工总承包、专项工程承包管理咨询、设备材料供应等四大类，其均为各自领域的领军企业，掌握行业优势资源，具备质量、技术方面竞争力以及持续的创新能力。2010 年，万科的多家合作伙伴取得了很好的业绩，口立电梯、阿克苏诺贝尔、TOTO、科勒、西门子、方太、圣象、海尔等 11 家合作伙伴销售额增长超过 30%，市场份额位于行业前三名。

2010 年，万科的采购规模接近 400 亿元，在 46 个城市 200 个项目当中与万科紧密的合作伙伴超过 50 万人。2010 年到 2011 年一季度，万科与日立电梯、中国第四工程局等 84 家优秀合作伙伴签署或再次签署新一期总对总战略合作协议。

资料来源：作者根据相关资料整理。

3. 实训任务

（1）在万科客户管理体系中，哪些措施有助于提升客户满意？哪些措施有助于提升客户忠诚？哪些措施有助于提升客户终身价值？请具体分析。

（2）假定你是万科公司的销售人员，请简述在客户关系试探、关系拓展及关系托付阶段应做的工作要点。

（3）假如你是海尔电器公司的销售人员，如何与万科公司建立战略合作伙伴关系？

4. 实训步骤

（1）个人阅读。

老师应督促学生针对实训任务进行阅读，并让其在课前完成。针对中国学生的特点，课堂上老师或学生还需再花费 3～5 分钟对案例学习要点及相关背景进行简单的陈述。

（2）分组。

在授课教师指导下，以 6～8 个人为单位组成一个团队，要求学生选出组长、记录人、报告人等角色。

（3）小组讨论与报告（20～30 分钟）。

主要在课堂进行，围绕实训任务展开讨论。同时老师应鼓励学生提出新的有价值的问题，要求每个小组将讨论要点或关键词按小组抄写在黑板上的指定位置并进行简要报告，便于课堂互动。小组所报告的内容尽可能是小组成员达成共识的内容。

小组讨论与报告

小组名称或编号：_____　　组　　长：_____

报告人：_____　　记录人：_____

小组成员：_____

1）小组讨论记录：

发言人 1：_____

发言人 2：_____

发言人 3：_____

发言人 4：_____

发言人 5：_____

发言人 6：_____

发言人 7：_____

发言人 8：_____

2）小组报告的要点或关键词（小组成员达成共识的内容）：

任务 1：_____

任务 2：_____

任务 3：_____

（4）师生互动（30～40 分钟）。

主要在课堂进行，老师针对学生的报告与问题进行互动，同时带领学生对本章的关键知识点进行回顾，并追问学生还有哪些问题或困惑，激发学生的学习兴趣，使学生自觉地在课后进一步查询相关资料并进行系统的回顾与总结。

（5）课后作业。

根据课堂讨论，要求每位学生进一步回顾本章所学内容，形成正式的实训报告。建议实训报告以个人课后作业的形式完成，其目的是帮助学生在课堂学习的基础上，进一步巩固核心知识，联系自身实际思考并解决问题，最终形成一个有效或学生自认为最佳的解决方案或行动计划。要求学生在制定方案时应坚持自己的主见，学以致用。实训报告的提纲如下。

实训报告

根据小组讨论和课堂讨论，归纳万科客户管理体系的关键措施：

1）客户满意 _____

_____

_____ ；

2）客户忠诚 _____

_____

_____ ；

3）客户终身价值

_____

_____ ；

根据本章 7.1、7.2 与 7.3 相关内容，请简述作为万科公司的销售人员，应在客户售后关系维护中所做工作的要点：

1）关系试探 _____

_____

_____

_____ ；

2）关系拓展 _____

_____

_____

_____ ；

3）关系托付 _____

_____

_____

_____

根据本章相关内容，请说明作为海尔电器公司的销售人员，与万科公司建立战略合作伙伴关系的工作要点：

1）增进互信 _____

_____

_____

--；

　　2）管理合作关系 _____

　　（6）实训成果的考核：根据学生课堂表现和实训报告质量，评定实训成绩。

第8章 CHAPTER8

客户关系的解散与挽回

争取一个客户不容易，失去一个客户很简单。

——佚名

客户关系的挽回阶段好比是企业与客户的"复婚阶段"。

——苏朝晖，《客户关系管理》

学习目标

1. 全面理解客户关系解散的原因。
2. 掌握客户关系挽回的基本方法。
3. 了解智能呼叫中心对客户挽回的作用。

📍 引例

D 公司销售代表的难题

小刘是 D 电气化公司的一名销售人员，已有很长一段时间没去拜访 B 公司了，于是他打算去拜访自己的大客户李科长（B 公司的采购科长）。与 D 公司合作多年的李科长向来对小刘都是笑脸相迎，但没想到的是，这次小刘刚一进门，李科长就拉下个长脸，爱理不理的。小刘就纳闷了，难道自己什么地方得罪了李科长？几经笑脸相陪、挖空心思地讨好李科长，却没什么进展。小刘发现情况不妙，肯定是哪个环节出问题了，于是便在 B 公司四处打听，得知原来是自己产品售后服务没做好。此外，小刘还意外从 B 公司比较熟的员工那里得知一个惊人且致命的消息：B 公司最近有新项目，并且和自己的竞争对手 A 公司走得比较近。听到这个消息，小刘像热锅上的蚂蚁，心急如焚，不知如何是好。

资料来源：作者整理。

思考：

1. 你觉得 D 公司与 B 公司的客户关系会解散吗？
2. 小刘如何挽回与 B 公司的客户关系？

客户流失已成为很多企业所面临的尴尬问题。据研究，失去一个老客户的损失需要企业再开发 10 个新客户才能予以弥补，而获得一个新客户的成本是保留一个老客户的 6 倍。销售人员经常会误认为，一旦与客户建立伙伴关系，就不需要再花费力气来维持了。研究发现，55% 的战略合作伙伴会在 3～5 年内解散。认为合作伙伴关系不需要维持的销售人员常会栽跟头。销售人员应敏感地意识到合作关系的解散可能发生在任何时候，不一定是关系托付阶段之后。不管怎样，优秀的销售人员首先应及时分析客户关系解散的原因，然后采取有针对性的客户关系挽回措施，从而推进合作关系的延续。

8.1　人际关系引起的客户关系解散与挽回

8.1.1　客户采购人员跳槽

长期客户关系与客户采购人员有密切关系，销售人员如果将客户关系局限在某个人上（如客户采购经理），风险是很大的，会受到辞职、工作调动、生病、环境、情绪，甚至法律等因素的影响。如果将与客户的个人关系扩大到组织层面（如客户的总经理、技术部门、使用部门等），使销售人员和客户内部某个人点对点的接触，转变成为企业各部门与客户各部门面对面的接触，无疑也降低了销售人员跳槽后也同时带走客户的风险。优秀的销售人员常与客户公司中的多个决策人员发展多样性的关系。

成立于 1841 年的美国邓白氏公司，是世界著名的商业信息服务机构，在近 40 个国家设有分公司或办事处，在 50 个国家和地区替客户开展追账业务。其客户包括全球最大的、最成功的企业，也包括中等规模的企业与刚刚成立的小公司等。邓白氏相信，应与客户建立"高而广"的关系，即与客户的高级经理与执行主管建立关系，理解其想法。在实施"高而广"策略的第一年，该公司就获得 2 650 万美元的额外收入。

8.1.2　销售人员跳槽

销售人员跳槽是客户关系解散的重要原因之一，尤其是企业的高级销售管理人员的离职，更容易导致客户关系的破裂及流失。很多企业在客户管理方面做得不够细腻，企业与客户之间的关系牢牢地掌握在销售人员的手中，而企业自身对客户影响相对乏力，一旦销售人员跳槽，老客户也就随之而去。如今，销售人员是每个公司最大、最不稳定的"流动大军"，如果管理不当，往往伴随着客户的大量流失。其原因是这些销售人员手上有自己的渠道，这也是竞争对手所看重的最大个人优势和资源。

为预防原有销售人员跳槽而引起的客户关系解散，公司可尝试如下方法。

1. 强化公司与客户的紧密联系

从公司层面，定期进行客户联络、联谊，如举办年中或年终客户总结大会、节假日会餐等，并加强理顺主管与客户的往来渠道，真诚致电或走访客户，寻求支持，使销售人员成为公司政策的忠实执行者，且公司管理者要对业务全过程进行有效的监控指导。在战略合作伙伴关系中，由于客户组织与销售组织之间建立了长期合作的稳固关系，所以，销售人员跳槽对客户关系的影响微乎其微。

本书一直强调销售人员在客户关系建立中的关键作用，但暗含销售人员是代表公司而非完全代表个人与客户发展关系。毋庸置疑，优秀的销售人员更易于跳槽，但不能因此就认为其是靠不住的。相反，公司应从改善人力资源管理水平入手，采取各种措施吸引和留住优秀的销售人才，这也是优秀公司的一项战略任务。

2. 将客户名单作为商业秘密来保护

客户名单，一般是指客户的名称、地址、联系方式以及交易的习惯、意向、内容等构成的区别于相关公知信息的特殊客户信息，包括汇集众多客户的客户名册，以及保持长期稳定交易关系的特定客户名册。客户名单是一种经营信息，该信息具有现实的或潜在的商业价值，不为公众所知悉、能为权利人带来竞争优势。只要与客户有关的信息无法从公开的渠道获得，或者虽然能够获得，但是需要付出一定的价值，那么它就可以作为商业秘密获得法律的保护。

企业可以在签订劳动合同时，与员工在劳动合同中约定保守用人单位的商业秘密，或者单独签订保密协议，或者把保守商业秘密纳入企业的日常管理工作中，另外制定企业的保密制度。如果企业没有任何的保密措施，在员工离职之后，仍然与原先企业的老客户相联系，企业将对此束手无策。

根据中国《最高人民法院关于审理不正当竞争民事案件应用法律若干问题的解释》规定，"客户基于对职工个人的信赖而与职工所在单位进行市场交易，该职工离职后，能够证明客户自愿选择与自己或者其新单位进行市场交易的，应当认定没有采用不正当手段，但职工与原单位另有约定的除外"。"但职工与原单位另有约定的除外"的含义也就是原单位可以与职工签订协议，明确约定其离职后不得再与原客户联系发生交易。这样的约定是具有法律效力的。如果员工违反约定与原客户交易，那他就是违约，单位就可依据双方的约定来提出诉讼。

3. 提高销售经理的管理能力

在大多数公司，销售人员都是一个特殊的群体，受外界环境影响较大，往往有这样的倾向：哪个企业底薪高去哪里，哪个企业提供的职务高就去哪里，哪个企业的工作轻松就去哪里，哪个企业的提成高就去哪里……公司要留住销售人员，销售经理的工作非常关键。案例8-1就描述了惠氏销售经理留住一名优秀销售人员的过程。

案例 8-1　惠氏销售经理如何留住优秀销售人员

惠氏公司1915年创建于美国，在全球80多个国家和地区生产和销售婴幼儿奶粉等营养品。小芳是在该公司工作3年的销售人员，一直负责天津地区华润万家超市的现场销售工作，销售业绩突出。有一次，竞争对手开出非常诱人的条件来挖小芳，她断然拒绝了，可是现在却提出要辞职。戴云听到这个消息，感到很吃惊。

戴云是惠氏公司的销售经理，一向以拥有一支优秀的销售人员队伍而自豪。在奶粉行业里，人员销售是最常见也是最基本的销售手段，在终端里如果没有销售人员，再优秀的品牌也卖不了多少销量。多年以来，惠氏凭借这支王牌销售人员队伍，在中国市场稳步经营，无论是店内的终端拦截、顾客开发和保留、维护同卖场的关系，还是对公司的忠诚度都离不开优秀销售人员的努力。

这已经是这个月以来第 3 个要辞职的销售人员了。前两个新入职才不到 1 个月，但是小芳却是干了 3 年的老员工啊！戴云意识到了问题的严重性……

戴云决定准备去小芳家里看看情况，希望能找出小芳辞职的原因。这时他突然发现自己管理天津市场好几年了，居然还不知道小芳住在什么地方呢，开始反思作为一个领导对自己的下属了解太少了。他从一堆发黄的文件夹中找到了小芳的资料：陈学芳，女，34岁，高中学历，已婚，2003 年加入公司。原来小芳比自己年龄还大呢，看来下次得叫她芳姐了。他又找来芳姐的工资单，发现工资不低，基本工资、奖金、工龄补贴、电话补贴在同行业中处于较高水平。看来问题不出在工资上，还是需要登门拜访才能弄清楚。

来到小芳家，戴云开门见山地问道："芳姐，你在惠氏做得这么好，怎么突然想不做了呢？""戴经理，我也很想继续在惠氏做，可是家里太忙了。孩子要上学，每天得接送。我父母年龄大了，带不了小孩。真的没办法啊！"小芳似乎对这个问题早就预想到了。不过，突然听到戴经理称呼她为芳姐，心里还是有点异样的感觉。戴云又和小芳聊了半天家常，了解到家里忙只是个借口。

戴云盘算着应该和另外一个销售人员小琳谈下心。一方面稳住小琳，如果她再走的话，那这个店的运转真的会出现问题了；另一方面也想从她那里了解更多关于小芳的事情，说不定能找出她离职的原因。

"戴经理您来了，这几天芳姐请假，我这边快忙不过来了。"看样子小琳还不知道芳姐的事情呢。

"过两天就来了。对了，小琳，芳姐之前有和你说过五星计划吗？"五星计划是惠氏专对五星级销售人员的一个培养提升计划。凡是优秀、有管理潜力的五星级销售人员都有机会提升为销售主管。戴云猜测芳姐的辞职可能和这个有些关系。戴云之前曾向人力资源部的张经理提出过关于芳姐的提升计划，可是张经理认为芳姐学历低，且领导管理经验不足，就没批准。

"对了，新来的崔主管什么时候到位啊？快到月底了，我们的工资还等着她核算呢！"

小琳的话再次提醒了戴云，芳姐肯定是认为升职无望才辞职的。其实小芳心里也明白自己学历低，不可能提升到促销主管。眼下经过朋友介绍，请她去另一家企业做促销主管，工资比现在的高出 1 000 元呢。

戴云此刻也想起了一个月前报纸上整版的招聘广告，职位包括销售人员、促销主管等。在分析了各方面的可能性之后，戴云决定和小芳来个彻底的沟通。准备好了下面三个条件来留住小芳。第一，说明在领导沟通方面小芳还需要锻炼，公司已经准备月底送她去总部接受专门培训，培训结束之后就提升为促销主管。戴云还特地给她量身定做了一套学习课程。第二，其他竞争对手虽然工资高、品牌大，但其实到一个新的公司会面临很大的不确定因素，而且原有售点的很多老客户将会丢失，这是件很可惜的事情。特别是，新到一个公司做促销主管，很可能下面的销售人员很难管理。而留在惠氏就不同了，凭小芳的销售能力和在惠氏的资力，基本上大家都听她的。第三，为方便小芳接送孩子上下学，答应只让她做上午班，这样就有时间照顾家庭了。

最终，戴云成功地留住了这位优秀的销售人员。

资料来源：作者根据资料整理。

销售经理除了建议公司设立合理的工资和奖金、顺畅的内部提拔机制外，还可实施传帮带计划，使优秀的销售人员能不断带出更多优秀的销售人员。同时，优秀的销售人员也经常面临着竞争企业的诱惑，所以更加需要经常性地和他们沟通，及时发现离职苗头，帮助没有经验的销售人员做好销售职业生涯规划。观察发现，频繁跳槽的销售人员升迁的可能性较低，且平均收入要远远低于那些跳槽较少的销售人员。其根本原因是，频繁跳槽的销售人员的职业目标往往不清晰、缺乏合理的职业规划。此外，进行感情投入，优秀的销售人员习惯在一个懂得尊重人的上司下面工作，时间一长，大家之间都有了深厚的友谊，其忠诚度会较高。在中国情境下，销售人员的日常工作很繁重，管理者更应该多体谅他们的辛苦，尊重他们的人格，逢年过节给他们发节日祝福短信、买点水果等，体现浓厚的人情味。

8.2　竞争对手引起的客户关系解散与挽回

不管合作关系有多强，竞争会减少一部分业务。不管销售人员有多么优秀，肯定存在客户经不住竞争对手诱惑的时候。如今市场竞争激烈，为了能够在市场上获得有利的地位，竞争对手往往会不惜以优厚条件来吸引客户。俗话说，"重金之下，必有勇夫"。特别在人员变动、技术变革或合作双方有重大改革的情况下，客户更易受到诱惑。

销售人员应居安思危，在客户关系较为稳定时，主动了解竞争对手的行为。应通过各种手段了解竞争对手，如可通过客户的前台查看拜访日志，也可通过与采购人员及客户公司相关人员的闲聊，了解竞争对手情况。销售人员应重点了解竞争对手与客户的交往情况。也可通过市场部门或其他途径，对竞争对手进行深入、细致、全方位的具体了解，包括下述内容：

- 竞争对手商品的一览表，以知晓他们现在正在做什么。这是对其现状的了解，属于最基本的事实了解。
- 竞争对手下一步还想干些什么，有哪些产品是即将问世的，有哪些产品是正在研制的，有哪些产品是其意向中考虑的。

- 竞争对手所有产品的价格，这些价格是属于渗透定价法，即少盈利甚至不盈利以期扩大市场占有率的，还是撇脂定价法，以期从中获取巨额利润的？

- 竞争对手的产品有哪些突出特征？属于节能型、轻微型还是安全型、智力型的……

- 竞争对手的产品系列中有哪些遗漏、忽略，有哪些长处，有哪些不足？了解这一点的意义非常之大。日本许多产品进军美国市场，都是首先在美国人产品系列中被遗忘的角落上大做文章，然后才全面铺开。

- 竞争对手产品的市场销售量如何？是呈上升趋势、下降趋势，还是多年持平？

- 竞争对手的市场占有率如何？其成长率又是如何？

- 竞争对手的销售形式、途径以及经销商的数量及其合理性如何？是否存在被竞争对手遗忘、抛弃然而却是非常重要、非常有效的销售形式与途径？竞争对手与经销商之间的关系如何？经销商对竞争对手有哪些不满，有哪些抱怨？自己能否克服、消除这些不满与抱怨？

- 竞争对手企业及产品的知名度如何，美誉度如何？在消费者及客户心目中的形象又是如何？其知名度、美誉度及在消费者心目中的形象是逐日上升还是每况愈下？

- 竞争对手的广告宣传费用大约是多少？与其销售额大概呈一个什么样的比例关系？他们的广告主要是通过什么媒介传播的？

- 竞争对手的企业内部关系处于一个什么样的状况，是上下同心、众志成城？还是人心涣散、钩心斗角？

- 竞争对手的员工素质如何？如果企业的产品、销售再上一个台阶，其员工素质能否担此重任？

- 竞争对手的企业主管，即主要决策者具有什么样的个性特征，是开拓型的还是保守型的，是喜欢冒险的还是十分稳健的，是力图创一番大事业的还是守业求安的？此外，竞争对手的企业主管的基本指导思想是什么，是重视产品开发还是重视市场营销，是重视扩大规模还是力争财政盈余？

- 竞争对手企业的技术力量如何？是否有一批高科技人才作为技术支撑？

- 竞争对手的市场营销策略是什么？战略指导思想又是什么？这些策略与战略指导思想中有哪些优点和缺点？在缺点中，有哪些是属于枝节的，有哪些是属于致命的？

- 竞争对手的战略指导思想和市场营销策略的实现率有多高？换言之，他们的思想转换为实际行为效率大约是什么样的比例？

- 从总体上看，竞争对手的生产水平、科技水平、市场销售水平大致处在哪个等级上？与本公司相比有多大差距？

若销售人员能从上述各个方面对竞争对手有一个透彻的了解，对竞争对手的行为做出预测，那么，在激烈的市场竞争中就有了充分的主动权，客户流失的可能性就会大大降低。

　　竞争不仅存在于同行之间，不同行业之间也存在着相互竞争的问题。这种竞争有两种表现形态。一是某种新兴行业、新产品对老行业、老产品的替代。譬如，晶体管替代电子管，电视机冲击电影业。所以，电子管生产厂家、电影业的销售人员除了要对同行竞争对手进行了解外，还得重视新兴行业的竞争者。不要同行间杀得天昏地暗，最后却被新兴行业"一锅端"。例如，拥有100多年经营历史的全球胶卷业巨头柯达公司，虽然是数字摄影技术的开创者，但由于缺乏对数字摄影这一新兴行业的竞争对手进行有效监控而不得不接受破产的命运。二是乍看起来几乎毫不相干、风马牛不相及的行业之间也同样存在着隐性且激烈的市场竞争。所以，销售人员对非同行企业的种种行为亦不可视而不见或漠然视之，亦需分出一部分注意力去观察它们。

8.3　行业状况引起的客户关系解散与挽回

　　许多销售人员不了解行业的状况，认为行业发展和自己的销售工作无关，想当然地认为监控行业发展状况是高层主管或其他部门的职责。事实上，销售人员既要了解自己公司的行业现状及发展趋势，也要了解战略合作伙伴公司所处行业的概况，这对减少客户流失也会非常有益。要深度了解一个行业并非易事，专业销售人员可从以下几个角度循序渐进地了解一个行业。

8.3.1　通过做精市场了解行业

　　销售人员最先接触到经销商、中间商、终端客户等渠道成员，可从渠道成员获得更多的一手信息。之后，也可从竞争对手的"吹牛"中了解原材料、设备、工艺等与产品品质相关的问题。同时，销售人员还需在持续、认真听取其他销售人员市场汇报时，提升能力，扩大视野。事实上，只有少数销售人员愿意认真听取其他人员的市场报告。此外，还可通过与同行（包括行业内所有企业的销售人员、员工）的交流，了解一些机密信息。一个销售人员如果没有几个熟悉甚至关系很密切的同行，信息可能会比较闭塞。

　　销售人员对行业情报必须非常敏感、非常细心，不断从这些支离破碎的、时断时续的信息中，积累起相关的行业知识，并且不断地去伪存真、去粗取精，才能逐步梳理和提炼出对于行业的有价值的认知。更重要的是，能根据这些认知提出满足客户需求的产品概念，并对公司产品开发进行有效指导。

8.3.2　通过二手资料了解行业

　　很多销售人员有丰富的销售经验，掌握大量一手信息，自认为了解行业，其实他们只不过是知道一些皮毛而已。专业的销售人员会通过参加展览会或行业专业会议或阅读商业杂志、媒体或行业报告收集行业资料，如可阅读《销售与市场》杂志或登录中国营销传播网，了解中国销售行业的发展趋势。事实上，根据波特五力分析模型，一个行业可以简单地概括为同业竞争者、供应商、客户、潜在进入者、替代品五个方面，除此之外，还包含政府的行业政策。所谓对行业的了解程度，原则上就包括对上述各部分过去、现在与未来发展趋势的把握程度。这是一个相对复杂的体系，并且需要一个庞大的数据库支持。中国很多销售人员对行业数据并不敏感，而跨国公司的销售人员则比较重视行业数据。

8.3.3 通过跨行业分析了解行业

销售人员一般不会轻易跨行业跳槽，所以很难积累其他行业的经验。一些咨询专家认为，只做过一个行业的人不可能真正了解这个行业。事实上，行业发展有其共性规律。一个对行业发展共性规律不了解的人难以了解一个行业的突出特点。站在行业外看行业有两个参照坐标：一是本行业在其他国家的成长阶段性和规律；二是国内类似行业的成长规律。在一个行业内部，看不清行业整体，而在行业外反而有可能看清整体。正所谓"像外行那样思考，像内行那样做事"。IT 界的传奇人物—— IBM 前任总裁郭士纳，在加盟 IBM 之前，完全是计算机行业的门外汉，但他曾在麦肯锡、运通、纳贝斯克食品等多家公司任合伙人或总裁，正是这种多行业的背景，才使他具有超强的跨行业分析能力，迅速抓住 IBM 市场运作的缺陷——官僚模式、市场冲击力锐减、研发周期缓慢、企业运作成本昂贵、"大锅饭"等，把面临困境的"蓝色巨人"从巨亏中挽救出来，造就 IBM 此后 10 年的辉煌，并把服务观念带给了 IT 业。杰出的销售人员应像郭士纳那样，通过超强的学习能力和跨行业分析的能力，更有深度地把握行业规律，管理好战略合作关系。

8.4 服务伦理及细节引起的客户关系解散与挽回

有些销售人员喜欢随意向客户承诺返利、奖励等条件，但不能及时兑现。客户最担心和没有诚信的企业合作，一旦有诚信问题出现，客户往往会选择离开。当然，有些公司迫于经营压力，无暇顾及客户流失问题，可能会造成客户开发的恶性循环：因客户流失，市场规模减小，不仅会打击员工士气，还会损害公司信誉和市场估值；若客户流失速度过快，还可能导致公司破产。比如 ofo 小黄车的退押金问题就是应对经营压力的无奈之举，见案例 8-2。

案例 8-2 ofo 不能退押金，是挽留客户还是花式赖账

ofo 是一个共享单车出行平台，其创始人兼 CEO 戴威带领团队在 2017 年 7 月，完成了 E 轮 7 亿美元的融资。截至 2018 年年中，ofo 投放总量约 1 000 万辆，累计向全球 20 个国家 250 座城市的 2 亿多用户提供了超过 40 亿次的出行服务。2018 年年底，ofo 的退押金功能出现异常。据了解，当时 ofo 不仅将押金退还到账时间延长到了 15 天，

而且连其 APP 界面的退款按钮也已经变成灰色，无法正常点击；甚至用户提交退款申请到期后仍没有给予退款，反而还让用户选择"把押金充进余额，享受 0 押金免费骑行"，引起用户强烈不满。此外，ofo 的人工客服电话也一直处于忙线或无人接听的状态。对此，ofo 回应，退押金按钮灰色是正常状态，是正常的挽留用户设置。其实点击灰色按钮的话，还是能够进入退押金流程的，只不过客户已经习惯按钮变成灰色就是代表这个功能不能使用了。

资料来源：作者根据网络资料（http://www.sohu.com/a/279604903_587311）整理。

有些销售人员每次交易都追求自身利益最大化，没有长期合作的诚意，好的客户关系应是"放长线钓大鱼"。还有些大公司的销售人员存在"店大欺客"行为，常常提出一些苛刻的销售政策，使一些中小客户不堪重负而离去；或者是"身在曹营心在汉"，抱着一定抵触情绪来推广产品，但这样做会使客户一遇到合适时机，就甩手而去。医药、大型超市连锁企业往往对供应商索要很高的进店费用，使许多小企业根本无法接受，如格力空调曾因不满成都国美电器在价格上的"独断专行"而撤出。

有些情况下，销售人员对服务细节的疏忽也会使客户离去，如一些销售人员对客户不主动回电或回复邮件，或者浪费客户时间。永远记住与客户沟通的机会是非常宝贵的，珍惜每一分钟与客户谈话的机会，提高销售效率。尤其当问题发生时，细节是每个销售过程成功与否的关键因素。还有一些销售人员对待客户有"贵贱之分"，很多企业设立了大客户管理中心，对小客户则采取不闻不问的态度；广告促销政策也都向大客户倾斜，使得很多小客户产生心理不平衡而离去。其实很多情况下从小客户身上所赚取的纯利润率往往比大客户高。

也有不少销售人员在取得了一定的销售业绩后会产生自满情绪，设想客户永远属于自己，从而不会像一开始做业务那样努力。如可口可乐曾是墨西哥老虎足球队的供应商，多年的良好合作，使其销售人员服务非常懈怠，结果被百事可乐以更好的服务替代。曾有机构做过调查统计，3/4 的客户会因为销售员的漫不经心、不够礼貌或者粗野的态度而选择别的卖家。而且，这些不高兴的客户会跟 10～20 个人谈论他们不愉快的经历。为避免自满情绪，销售人员要定期检查所服务的客户，建议考虑下面的问题：

- 我了解每个客户的个性特征吗，我对此有记录吗？
- 我都做过哪些承诺，这些承诺都有记录吗？
- 不管客户的请求多么无关紧要，我都会及时处理吗？
- 成交之后，所有后续工作都能迅速完成吗？
- 最近，我是否找到比竞争对手做得更好的事情了吗？

8.5 客户体验引起的客户关系解散与挽回

客户体验是客户使用产品或服务过程中最直接的感受，它涉及销售人员或服务人员与客户的每一次接触。客户体验已成为一些企业获取客户认可的竞争武器。例如，创建于 2000 年的 Zipcar，其主要业务是提供网上汽车租赁服务，人们可以按小时租车，主要针对不愿买车、又可能临时用车的用户。这项服务刚从欧洲引入美国时，除了坚定的环保主义者，不受其他客户欢迎。但是，Zipcar 通过重新构想客户体验的全过程，将汽车租赁发展成一项主流业务，同时还为环保做出了贡献。Zipcar 使其潜在客户和现有客户的体验都从网站开始。潜在客户先上网了解租赁服务，注册成为会员，寻找并预订附近的汽车，然后从账户中付款。Zipcar 会把客户服务的方方面面都考虑到，包括从车队中选择哪些汽车，客户如何确定在某一时段自己要用的是哪辆车；处理加油站停车以及汽车和乘客的保险；停车场所处的位置与车队管理。Zipcar 几乎把所有可能的客户问题、困难和需求都事先想好，并一一采取措施应对，从而为客户创建了流畅的使用体验。

客户体验差是许多企业客户流失的关键问题，其原因很多，如销售人员与客户发生冲突、服务失败等，这些因素都会导致客户体验差，并产生客户不满或流失。

8.5.1 客户冲突的表现及化解方法

销售人员与客户的冲突问题比客户投诉更为复杂。表现为：①诚信问题导致的冲突，这是最常见的冲突之一。其主要表现在销售人员和客户之间的一方或多方对对方有所承诺，但在实践中却不兑现，因而产生冲突。如销售人员对客户承诺年终有一定的销售返还，但到年终时却不兑现；或者客户说好货到付款却不兑现等。②渠道控制冲突。主要是由于销售人员对渠道成员价格不统一，或售后服务不到位等原因使得代理商或中间商之间在市场上互有冲突而造成损失，中间商迁怒于销售人员而产生冲突。③无法满足客户需求导致的冲突。由于销售人员和客户之间的信息不对称，或者双方沟通不到位，有些客户提出的一些需求无法得到满足，而销售人员未能及时解释或解释不到位引起客户不满而导致的冲突。④突发事件引起的冲突。在合作过程中，难免发生一些突发事件，如一些由于交通工具发生问题导致的送货不及时，在产品使用过程中仍可能出现安全问题而引发的冲突等。

销售人员需要特别注意，上述冲突可能会破坏双方的信任，导致关系解散，应努力避免。具体可采取以下步骤来化解冲突。

- 第一步：积极面对。对于已发生的冲突，销售人员应积极面对，逃避无助于冲突的解决，甚至会使冲突升级。
- 第二步：理性思考。在面对冲突时，作为销售人员一定不能自己乱了方寸，一旦乱了方寸，则会出现六神无主的状态。销售人员首先应使自己冷静下来，仔细思考一下冲突发生的来龙去脉，分析原因，找出要点。
- 第三步：权衡利弊。权衡利弊并不是要求销售人员思考怎样做对自己更有利，而是要求销售人员着重思考怎样做对冲突双方维持现有的合作关系有利，并对未来双方的工作更有利。

- 第四步：化解问题。化解冲突的关键是时间要快、行为上要灵活、态度要友善、立场上要坚定，补偿上应稍多于期望。

8.5.2　服务失败及补救

优秀的销售人员通常主动为客户服务，从售前的需求挖掘、售中的销售介绍与售后的冲突与投诉处理等各个环节，积极为客户提供满意的服务。服务所包含的一系列环节和大量因素都会对客户的服务体验产生影响，并最终影响到客户满意。客户与服务组织接触的每一个点（即关键点），都会影响到客户对服务质量的整体感觉。所以，不管销售人员多么优秀，仍会遇到服务失败的情况。对每一次服务失败，销售人员都不能置之不理，而要积极努力去挽回，即进行服务补救。销售人员可针对关键点制订服务补救计划。该计划一般包括如下 5 个步骤。

1. 道歉

服务补救开始于向客户道歉。当销售人员感觉到客户的不满时，应主动向客户道歉。道歉在一定意义上意味着承认失败，一些销售人员不愿意这样做。可是销售人员必须认识到自己有时确实无能为力。因为服务是易变的，存在失败的风险是服务工作的固有特征。承认失败，认识到向客户道歉的必要性，真诚地向客户道歉，能让客户深切地感知到他们对销售人员的价值，并为重新赢得客户好感的后续工作铺平道路。

2. 紧急复原

这是道歉的自然延伸，也是不满的客户所肯定期望的。客户希望知道，销售人员将做哪些事情以消除引起不满的根源。

3. 移情

当紧急复原的工作完成后，就要对客户表现一点移情，即对客户表示理解和同情，能设身处地地为客户着想，这也是成功的服务补救所必需的。销售人员应对愤怒的客户表示理解，理解因服务未满足客户需求而对客户造成的影响。

4. 象征性赎罪

移情之后的下一步工作是用有形方式对客户进行补偿，比如送个礼物表示象征性赎罪，可以用赠券的形式发放礼物，如一份免费的点心兑换券等。象征性赎罪的目的不是向客户提供服务替代品，而是告诉客户，销售人员愿意对客户的失望负责，愿意为服务失败承担一定的损失。

5. 跟踪

销售人员必须检验其挽回客户好感的努力是否成功，跟踪使销售人员获得了一次对补救计划自我评价的机会，以识别哪些环节需要改进。

当然，并非每一次客户不满都需要上述全部的 5 个步骤。有时，客户仅仅是对服务的某一个具体环节有点儿失望，这时只要采取前两个步骤就可能达到服务补救的目的。而另外一些情况，客户被销售人员的服务失败所激怒，则需要采取服务补救的全部 5 个步骤。

8.6 大客户关系的解散与挽回

本章讨论了客户关系解散的各种原因及挽回方法。需要指出的是，并非每一位流失客户都是企业的重要客户，如果销售人员花费大量时间、精力和费用，去挽回一个无法盈利的客户，那就得不偿失了。因此在资源有限的情况下，销售人员应根据客户的重要性，分清轻重缓急，理性对待客户的流失问题。

对劣质客户，应彻底放弃或顺其自然。销售人员的重要任务是从现有客户和潜在客户中识别出哪些客户是劣质客户。劣质客户通常具有以下特征之一：

- 购买较少的产品或服务，但要求高，公司为满足其花费高，不可能带来利润的客户。
- 偶尔大量购买、极力压低价格而让公司在精力、成本和资源等方面不堪重负的客户。
- 由于公司战略调整或其他重大问题，无法履行合同的大客户。
- 要求公司从事毫不相干的业务，严重影响公司的主营业务及核心竞争力的客户。
- 期望极高，公司无法满足的客户。
- 无理取闹、损害员工士气的客户。
- 不讲信誉，给公司带来呆账、坏账，与之建立关系会损害公司形象和声誉的客户。

对待关键客户，应尽力挽回。关键客户包括大客户和一些盈利客户。大客户关系的解散会给公司造成巨大损失，因此销售人员要格外重视，本书对此做重点介绍。

8.6.1 大客户关系解散的征兆

事实上，大客户越来越理性，终止合作关系要符合自身根本利益，或者是出于战略考虑。通常情况下，大客户解散合作关系有一些征兆，需要销售人员不断地去观察、分析，并做好"防变"和"应变"的准备。大客户关系解散的主要征兆有以下几个方面。

1. 大客户正在"分羹"给更多的企业

随着公共采购趋势发展，大客户正在成为一种公共资源，无论大客户是工业客户还是商业客户。当大客户不断减少订单时，销售人员就应该居安思危，寻找巩固关系的有效措施。

2. 大客户正在调整企业发展战略

企业发展战略主要有前向一体化、后向一体化、水平一体化。例如，商业客户通过后向一体化进军生产领域，利用现有商业网络销售自有品牌产品，这将对原有的供货企业构成冲击，而且其在政策上也一定会向自有品牌倾斜。

3. 大客户公开宣布调整采购模式

大客户这样做就是向各企业发出"再竞争"通告，也是对合作关系提出警示，同时也是出于对过去采购模式的改革。其实大客户不断调整采购模式很常见，诸如欧倍德在刚进入中国时采取 100% 全国集中采购模式，然而面对中国市场的巨大差异，其饱受集中采购之苦，开始将全国集中采购模式大幅向区域采购（60%）和地方采购倾斜（20%）。

4. 渠道冲突出现而又难以平抑

供需双方在渠道上很容易出现不可调和或难以平抑的渠道冲突，这时如不能妥善解决，合作危机就可能出现。其实，在商业终端大型化的今天，尤其家电（如国美）、食品（如家乐福）、医药（如老百姓药店）等行业领域，生产商、经销商与终端商之间的"摩擦"不断，终止合作的事情时有发生。

8.6.2　应对大客户流失的方法

应对大客户流失的根本点是提升大客户的满意度，进而形成忠诚度，这要从战略和策略两个角度去解决：建立战略合作伙伴关系，有利于形成长久合作机制；策略化运作可以稳固日常合作关系；二者结合才能"长治久安"。有些咨询专家提出如下应对大客户流失的方法。

1. 在企业内建立大客户管理部门

组建专业的管理部门，并实现组织管理职能，这在通信、邮政、银行等很多行业都已实施。为更好地管理大客户，有必要建立有效的工作程序，即企业→大客户管理部门→交叉工作组→大客户。例如，办公设备巨头施乐公司，拥有 250 个大客户，与这 250 个大客户的业务就是由大客户管理部来处理的，而其他客户的管理工作，则由一般的销售团队来做。大客户部销售人员的素质、销售及服务方式，会与一般销售人员有较大不同。

2. 采取最适宜的销售模式

大客户与企业的合作具有一定的特殊性，而其特殊性就体现在模式创新性、价格特殊性、服务紧密性等诸多方面。而这些特殊性就要求企业最大化接近大客户，掌握客情和需求。为此，很多销售模式应运而生，诸如以直销为基本特征的俱乐部营销、顾问式销售、定制营销等，这对于把握针对大客户的时间精力投入、信息收集、个性化策略制定以及个性化服务大有裨益。

3. 建立销售激励体系

企业必须给大客户建立销售激励政策，通过激励使其更加感觉到合作的"甜头儿"。

其实，很多企业把客户划分为关键客户（KA）、重点客户、一般客户等几个级别加以管理，并根据不同级别制定不同的管理政策，目的就是为那些为企业贡献度高的客户予以激励，包括物质激励（如资金、实物等）和精神激励（荣誉证书、奖杯等）。

4. 建立信息管理系统

企业有必要引入大客户管理系统，以大客户的信息资料为基础，围绕大客户进行大客户发展分析、大客户价值分析、大客户行为分析、代理商贡献分析、大客户满意度分析、一对一大客户分析等工作。这可以使决策层对大客户的发展趋势、价值趋向、行为倾向有一个及时准确的把握，并能对重点大客户进行一对一的分析与营销。

5. 建立全方位沟通体系

大客户管理部门中的大客户销售人员、客户经理及其主管要定期或不定期地主动上门征求意见，通过与大客户碰面，发现大客户的潜在需求并及时解决。要加强与大客户间的感情交流，根据企业实际，也要定期组织企业高层领导与大客户高层之间的座谈会，努力与大客户建立相互信任的朋友关系及互利双赢的战略伙伴关系，这样有利于化解渠道冲突。

6. 不断分析研究大客户

管理大客户要坚持"动态分析，动态管理"的原则，把握大客户动态的同时，也不断创新大客户管理。大客户分析包括大客户发展分析、大客户服务分析、大客户流失分析、大客户费用分析、大客户价值分析、大客户经理分析等方面，这是进行大客户管理决策的基础，也可以"防患于未然"。

7. 提升整合服务能力

提升整合服务能力应以客户为导向，包括以下内容：量身打造服务模式（如顾问服务、驻扎服务）；建立服务沟通平台（如网络、电话等）；开通大客户"绿色通道"（为大客户提供便利措施）；强化基本服务（基本服务项目保障）；提供增值服务（不断为客户创造产品之外的新价值）；建设企业服务文化（企业内部文化传播和对客户传播）；提供完善的服务解决方案等。

8.7　利用智能呼叫中心挽回重要客户

呼叫中心也称客户服务中心，是在一个相对集中的场所，由一批客户服务人员组成的服务机构，其通常利用计算机通信技术，为客户提供电话及线上查询、咨询、投诉处理、回访与客户满意度调查等交互式服务。

近年来，不少企业将商务智能工具和技术融入呼叫中心，提高客户服务效率，强化重要客户的挽回。智能化呼叫中心有客户接触主动性强、范围广、低打扰等优势，成为挽回重要客户流失的重要防线。通过在线价值比较（进行网络、服务、套餐价值比较）、在线关怀（客户身份动态维系、使用量提醒、合约到期提醒）、在线预警挽留（合约管理、消费异动、沉默客户、高危投诉），可以延长客户生命周期。

一个高效的智能呼叫中心能降低服务成本，提高客户满意度，创造更加有利持久的客户关系。这里需要强调的是，公司在实现客户自动交互时应确保采用智能的方式，否则可能降低客户的满意度。有研究显示，63%的被调查客户表示喜欢座席代表，但是，如果需要等待两分钟或更长时间，43%的被调查客户表示更倾向于自助语音服务。显然，客户已做好转向自助服务方式的准备。

对企业而言，当务之急是要寻求人工和自助服务相结合的有效方式，真正提高客户满意度，最大限度挽回可能流失的客户。比如Convergys公司为优选合作客户并防止客户流失，采用销售智能工具，不断汇集来自网络、互动式语音应答和座席代表的客户信息，分析客户的共同体验和个性化体验，帮助公司确定客户可能流失的关键环节，以及时采取最有效、最贴近客户的服务措施。

▼ 本章习题

一、判断题（对的打√，错的打×）

1. 每一位流失的客户都是企业的重要客户，所以销售人员必须花费大量时间、精力和费用，去挽回每一位流失的客户。（　　）

2. 客户合作关系的解散可能发生在任何时候，不一定是在关系托付阶段之后。（　　）

3. 一个高效的智能呼叫中心能降低服务成本，提高客户满意度，创造更加有利持久的客户关系。（　　）

二、单选题

1. 下列哪一项不属于人际关系引起的客户关系解散的因素？（　　）

A. 客户采购员跳槽　　　　　　　　　B. 行业状况变化

C. 客户采购经理跳槽　　　　　　　　D. 销售人员跳槽

2. 可口可乐曾是墨西哥老虎足球队的供应商，由于多年的良好合作，使其销售人员服务非常懈怠，结果被百事可乐以更好的服务替代。这种客户关系解散的原因属于（　　）。

A. 人际关系引起的　　　　　　　　　B. 服务细节引起的

C. 服务伦理引起的　　　　　　　　　D. 行业状况变化引起的

3. 下列哪一项不是大客户关系解散的征兆？（　　）

A. 大客户正在"分羹"给更多的企业　　B. 大客户的销售人员跳槽

C. 大客户正在调整企业发展战略　　　D. 大客户公开宣布调整采购模式

三、简答题

1. 简述销售人员跳槽所引起的客户关系解散的挽回方法。

2. 简述服务补救的五个步骤。

3. 简述应对大客户流失的方法。

📍 销售演练

演练 8　学会向客户道歉

请按以下几个步骤进行客户关系挽回演练。

步骤一：请同学思考并回答下面的问题。

问题：为什么对挑剔、不满的客户要表示理解？

步骤二：表示理解。

要求同学说出一些表示理解的话，如"我能理解您的意思""我知道您确实有难处""如果我是您，我也会感到不满的""我理解您现在的心情"……

步骤三：询问同学下面的问题。

问题：什么时候要向客户道歉？

步骤四：表示歉意。

要求同学说出一些表示歉意的话，比如"对我们的错误，我向您郑重道歉""实在对不起""真的抱歉，我们搞错了""这是我们的错"……

步骤五：分发卡片。

制作若干红色和绿色的卡片，分发给参与者，确保每人得到红色和绿色的卡片各一张。红色表示"道歉"，绿色表示"理解"。

步骤六：请同学针对下面所列出的客户话语，出示卡片。

①我已经来过好几次了，你们总是找借口相互推脱。

②我一直以为贵公司允许退货，哪知道你们并没有这样的承诺，事前并没有人告诉我这一点啊！

③我第一次打电话时，你们表示 10 天之内就可以到货，可是我已经等了 5 个星期了。

④我想退回这个软件，因为我的电脑空间不够了。

……（教师可根据实际情况设计新的话语）

📍 销售案例实训

实训项目 8　客户关系解散与挽回训练

1. 实训目的

（1）结合案例，学会分析客户关系解散的具体原因。

（2）训练学生在具体情境下挽回客户关系的基本技能。

2. 背景材料

案例 8-3　一位客户是如何失去的

徐天野感到很纳闷，因为小罗把客户关系搞砸了，结果失去了一个价值 450 万元的大客户。徐天野是惠普公司的销售经理，最近，其天津的客户康师傅公司所使用的两台惠普复印机出现了故障。这种故障已发生过一次，本应通过更换设备来解决，但由于种种原因，却迟迟未能解决。更糟糕的是，其公司的决策者之一陈特助所使用的复印机也是问题机器之一。徐天野知道，陈特助是一个做事非常认真，同时也是一个非常挑剔的人，可能会质问惠普公司的销售人员如何处理这类"劣质产品"或者能否履行更换设备的承诺等问题。

作为该公司的服务主管，小罗也认识到了这个问题，他也希望为客户更换出现故障的两台复印机，但不确定公司是否批准。

徐天野已经和小罗沟通了相关事宜，并亲自指导小罗在销售电话中如何回答。他告诉小罗要对陈特助说，公司正在审核他们的要求，也许会在一个星期内为其更换机器，若实在不能更换，请陈特助与公司内部其他部门交换使用。按照销售经理的建议，小罗对如何打服务电话还特别练习了多次。

果然不出徐天野所料，陈特助提出了问题，小罗进行了回答，但他说话吞吞吐吐、支支吾吾。他除了机械地回答问题，什么也不会做了。遗憾的是，徐天野不能替小罗回答，因为客户服务领域是由小罗负责，而非他负责。

电话结束后，徐天野与小罗进行了以下对话。

徐天野：事情进展得怎么样？

小罗（微笑）：非常好，徐经理！陈特助的问题您都猜中了。

徐天野：你处理得怎么样？

小罗：我认为她满意我的解答，但我不知道她为什么那么啰唆，多次重复相关问题，似乎还想问些什么，但忍了忍没说话。

徐天野：哦，是吗？

小罗：是的。

两个星期以后，徐天野收到一封信，这封信是写给他手下的一位销售人员的。信里首先对惠普公司表示感谢，然后，正式通知惠普公司以后不能再参加该公司复印机采购项目的投标。

事实上，惠普公司已与康师傅公司合作三年多了。三年来，向康师傅公司共销售100多台复印机，除了这两台机器外没有出现过任何故障，但可惜的是，惠普公司今天连参与投标的机会都没有了！徐天野和客户主管异常安静地呆坐着。

资料来源：作者根据访谈整理。

3. 实训任务

（1）讨论在惠普公司中谁应该对客户关系解散负责？并说明理由。

（2）如果你已是惠普公司的一名大客户销售人员，请分析客户流失的原因。

（3）请为惠普公司提出挽回康师傅这一客户的具体措施。

4. 实训步骤

（1）个人阅读。

老师应督促学生针对实训任务进行阅读，并让其在课前完成。针对中国学生的特点，课堂上老师或学生还需再花费3～5分钟对案例学习要点及相关背景进行简单的陈述。

（2）分组。

在授课教师指导下，以 6~8 个人为单位组成一个团队，要求学生选出组长、记录人、报告人等角色。

（3）小组讨论与报告（25 分钟）。

主要在课堂进行，围绕实训任务展开讨论。同时老师应鼓励学生提出新的有价值的问题，要求每个小组将讨论要点或关键词按小组抄写在黑板上的指定位置并进行简要报告，便于课堂互动。小组所报告的内容尽可能是小组成员达成共识的内容。

小组讨论与报告

小组名称或编号：_____　　组　　长：_____

报告人：_____　　记录人：_____

小组成员：

1）小组讨论记录：

发言人 1：_____

_____

发言人 2：_____

_____

发言人 3：_____

_____

发言人 4：_____

_____

发言人 5：_____

_____

发言人 6：_____

_____

发言人 7：_____

_____

发言人 8：_____

_____

2）小组报告的要点或关键词（小组成员达成共识的内容）：

任务 1：_____

任务 2：_____

任务 3：_____

（4）课后作业。

根据课堂讨论，要求每位学生进一步回顾本章所学内容，形成正式的实训报告。建议实训报告以个人课后作业的形式完成，其目的是帮助学生在课堂学习的基础上，进一步巩固核心知识，联系自身实际思考并解决问题，最终形成一个有效或学生自认为最佳的解决方案或行动计划。要求学生在制定方案时应坚持自己的主见，学以致用。实训报告的提纲如下。

实训报告

根据小组讨论和课堂讨论，说明谁应对惠普公司的客户关系解散负责？说明理由。

1）负责人：

；

2）理由：

；

若你已是惠普公司的一名大客户销售人员，请分析客户流失的原因：

1）人际关系：

；

2）竞争对手：

；

3）行业状况：

；

4）服务伦理及细节：

；

5）客户体验：

请为惠普公司提出挽回康师傅这一客户的具体措施：

1）

；

2）

---------------；

　3）---------------

---------------；

　4）---------------

（5）实训成果的考核：根据学生课堂表现和实训报告质量，评定实训成绩。

关系经理人

销售人员要成为一名优秀的客户关系经理人，挑战重重。首先，要学会自我管理，这是成为优秀客户关系经理人的一项基本素质；其次，要对销售团队进行有效管理，这是销售职业生涯持续发展的必然要求。本模块分为两章：

第 9 章　销售人员的自我管理
第 10 章　销售团队管理

第9章 CHAPTER9

销售人员的自我管理

销售人员是自己的老板。

——查尔斯·M.富特雷尔，《关系销售 ABC》

优秀的销售人员要有激情、有梦想、有责任，更要有自我管理的能力。

——佚名

学习目标

1. 了解目标管理与资源配置的方法。
2. 掌握时间管理与区域管理技能。
3. 学会压力管理和灰色关系管理的基本技能。

引例

一位销售人员从高考落榜到年薪 60 万元的经历

以下是一位销售人员自述的摘要。

1998 年夏，我高考落榜了，揣着仅有的几百块钱和高中毕业证书，简单地收拾了一些行李，买了火车票，来到了北京。我虽然进不了北京的大学，但我想在北京混出个人样。

我的第一份工作是通过《北京人才市场报》的招聘启事找到的，做一家汽车销售公司的前台接线员，老板之所以录用我，是因为他觉得我的声音甜美。那时候这家汽车销售公司规模很小。我的工作先是负责向客户提供一些信息咨询服务，然后被调到总经理办公室，除了接电话，还负责收发文件，偶尔替老板起草材料、制定日程安排等。正当我干得有滋有味时，1999 年 8 月，我们代理的一个重要品牌出现质量问题，并被中央电视台曝了光，公司业务一落千丈，大部分职员跳槽去了竞争对手那儿，薪水也增长了好几成。看到一个在华北地区很有名气的汽车销售公司招聘人员的时候，我也偷偷地跑去应聘，但被拒绝了。那时真的很痛苦，但是也很受刺激，于是我准备用一年或更多的时间来寻找被拒绝的答案。同时暗自下定决心：我要成为一名优秀的销售人员！

汽车销售并非一个很轻松的工作，它专业性很强，要求对各种车和部件的性能了如指掌，于是我开始广泛涉猎市场营销、汽车和相关知识，并开始大量地结交朋友。我也获得了在汽车生产厂各个生产车间进行不定期的实习和参加销售培训的机会。实习生活并不轻松，面对一条条周而复始的生产流水线，我咬牙在机器轰鸣声中度过了日日夜夜。

经过半年多的恶补，我顺利拿到销售技巧、产品知识两项证书。2000 年 5 月初，在老板的支持下，我如愿转到销售部。随后我就和其他销售员一起参加培训，两周后，我就开始汽车销售工作了。我选定的第一个目标是一个合资企业的行政管理部主任，但他没容我多加介绍就把我打发走了。第一次遭人拒绝，当时觉得这推销真不是人干的活儿。在后来的推销中，我总是先在电话里和客户联系好再登门造访。这样做了近 40 天，我收了 210 张名片，平均每天访问 5 个客户，但是依然没有收获。我突然发现，现在的工作就是每天大量的拜访，结果只是一面之交，转过脸，许多人都想不起来了。因此，只能说自己是一台拜访机器，而不是在推销。于是，我从 210 张名片当中，挑出 52 个印象当中还不错的人，还起了个好听的名字"幸运 52"。然后，我从中找窍门，按照线路、距离重新进行编排。我重新设计自己的工作：一个月 30 天，每天拜访 2 人，给另外 10 个人打电话；如果锁定目标没找到，那么就近找 1 人。果然，坚持了两个月，业绩开始慢慢地来了。

我当时销售的品牌是奥迪、桑塔纳 2000 和德国产奔驰。为了提高销量，我除了不停地拜访北京的一些客户，还积极跑市场搞宣传，不放过任何一个潜在的客户。每逢有企业老总参加的会议论坛，我都要去光顾，有不少民营企业老总比较喜欢我代理的这款汽车，但他们是来开会办事的，没有时间去展厅看车。我虽是初次卖汽车，但我却深知，在保证质量的前提下，卖车的关键是卖服务。因此，为了方便外地来京办事的客户，我向每一个潜在客户郑重承诺：只要他们来展厅看车，不管买不买汽车，我都实行"四包"服务：包车去接，还包吃、包住、包安全。此后，每当有外地客户来北京，我就立即放下手头的工作，亲自去飞机场、火车站接待；安排好宾馆后，我还陪同客户看车、试车；客户决定买车了，我又帮助办好相关的手续；汽车卖出后，我将他送到高速公路上；如果有客户想在北京游玩，我还亲自全程陪同。总之一句话，就是想方设法让客户满意。

就这样，仅用 5 个月的时间，我就创造了卖出 476 辆轿车的奇迹！

资料来源：作者根据网络资料（http://news.k618.cn/ds_37049/201308/t20130817_3713830_1.htm）整理。

思考：

1. 你认为该销售人员创造销售奇迹的关键是什么？

2. 该销售人员进行自我管理的动力是什么？

成功的销售人员往往会首先设定明确的职业目标，而非仅仅为了完成公司下达的销售任务；其次，主动地整合各种资源，为客户提供满意的服务，并通过时间管理、区域管理、压力与精力管理，提高销售的效率与效果。

9.1　目标管理

目标是一个人前进的方向，方向是指引人走向成功的必要因素。没有目标的销售就好像是没有航标的船，只能在江面上随波逐流。对销售人员来讲，目标既具有重大的心理学价值，也具有重要的管理学价值。销售人员的目标可分为职业目标和销售目标，职业目标既能指明人生的方向，又能为实现销售目标提供动力。销售目标是实现职业目标的基础，没有销售目标，销售人员难以对自己的工作成绩进行评估和总结。

9.1.1　职业目标

有培训师把中国的销售人员归纳为四大类型：推销员、策划师、职业人士和战略顾问（见图9-1）。其中推销员类型居多，其他三类相对较少。推销员和策划师属于非职业化的，职业人士和战略顾问是职业化的；推销员和职业人士成功的关键依靠"术"层面，策划师和战略顾问则依靠"道"。

成功关键

	强调"术"	强调"道"
低　职业化程度　**高**	**推销员** 强迫式推销；灰色销售（见本章9.6节）	**策划师** 靠直觉、灵感、广告、卖点、新点子等
	职业人士 掌握售前、售中及售后客户关系管理方法与技能	**战略顾问** 与客户建立战略合作关系实践与理论结合的专家

图 9-1　销售人员四大类型

如果销售人员定位于一直从事销售工作，方向有两个：第一，必须从业余选手变成职业选手，从非职业化变得职业化，工作的理念、思路、工具和方法都要更加专业，讲求定量数据、专业调查分析；第二，要增加系统分析、全面思考，从战略高度做销售，与客户建立战略合作关系，最终起到为高层决策扮演战略顾问角色的作用。

选择专业化道路，成为战略型销售人员，是销售人员可行的路径之一，也是中国市场营销工作获得全面升级、销售团队素质全面提升的迫切要求。目前，销售人员是中国企业需求最广泛的职业之一，没有哪家企业不需要销售人员，从某种程度上说，销售团队的生命力决定了企业的生命力。当然也有很特殊的情况，比如一些刚起步的小企业可能就没有专职销售人员，因为老板本身就担当了销售人员的角色。

销售人员之间的竞争十分激烈，并非所有销售人员都能成功转型。为获得职业成功，避免被淘汰，销售人员必须主动制定自己的发展方向或职业目标。职业化的销售目标可分为四类。

1. 成为高级销售经理

销售经理具有销售和管理双重角色，要成为高级销售经理，销售人员可选择以下具体的发展途径。

（1）上行流动。如果具有在大公司的分支机构、片区或分公司从事销售工作的经历，当积累一定的经验后，优秀的销售人才可以选择合适的机会，上行流动发展，即到更上一级的公司或公司总部的销售部门工作，或者可以带领更大的销售团队、管理大区市场。

（2）下行流动。如果在公司总部销售部门工作积累了一定的经验后，销售人员可以根据市场发展的规模和速度，选择合适的机会，下行流动发展，到下一级或多级的分支机构去工作，通常是带销售团队、管理省或大区市场，或是到某个细分市场开辟新的业务。这样的销售人员，可以将在总公司学到的先进销售管理理念和操作手段与实际的市场结合，在继续锻炼一定时间后往往成为许多企业的未来领军人物或高级经理人。

（3）横向跳槽。优秀的销售人员往往是公司的骨干，可直接为公司带来销售收入和现金流，但如果公司的薪酬福利或绩效考核政策不能有效地激励他们，那么他们转行或跳槽就在所难免。从组织的角度看，许多公司都不惜重金从竞争对手那里将一些优秀的销售人才挖走。从个人的角度来看，只要没有违反职业道德、劳动合同的相关条款规定和相关法律规定，销售人员在发展到一定阶段后换一个环境和空间都是一条不错的路子。选择跳槽会对现有客户关系管理带来诸多挑战，要求销售人员需慎重考虑薪金、发展空间等综合要素。

2. 转向其他管理岗位

当销售人员做到一定程度，可以结合个人兴趣和组织需求通过横向流动即轮岗的方式，转向相关的专业化职能管理岗位，具体可以从三个角度考虑选择：

其一，如果还对销售业务或相关的工作感兴趣，不愿意完全离开市场营销工作，公司的人力资源安排也允许，可以选择横向的相关岗位有市场分析、公关推广、品牌建设与管理、渠道管理、供应商管理等。

其二，如果有管理专业背景或者对管理感兴趣，可以发展的方向包括市场信息或情报管理、行业研究、战略规划、人力资源管理、项目管理等。

其三，如果在销售工作中或在产品、行业的生产制造、运营、研究开发、设计等技术方面积累了优势，则可以往技术含量较高的岗位流动，如运作管理、售前技术支持、产品测试、售后技术服务等。

3. 自主创业

销售能力是很多创业者必须自己先行解决的难题，在个人创业前如果就已经积累了丰富的销售经验，这是一笔很好的财富。优秀的销售人员可以把自主创业作为自己的职业目标。许多令人羡慕的成功人士都是从销售人员开始做起，在积累一定的资金、经验和资源后自主创业而获得成功。

销售人员进行创业的最大优势是经验和资源。一个有着丰富销售经验的人士比起其他创业者，对行业的理解、对企业的运作、对市场变化的感知都会有很大的优势。同时，他们很可能积累了资金和产业链上下游良好的人际资源，了解行业的运作模式和成功的关键，甚至合理合法地把握了稳定的客户关系资源。例如，薛先生本科学数学专业、硕士学哲学专业，在某公司做销售四年后，业绩平平。但是当公司发展壮大成为集团公司后，薛先生主动请战，横向流动，成了集团公司的战略规划，当时公司确实没有人可以胜任这项工作，只好对他抱有一定的希望，结果他的工作却根本无法开展。反复锻炼三个月后，他再次横向流动，改做人力资源工作，负责各地分公司的人力资源规划和培训工作，结果做得非常好，赢得上下一致好评。一年后上行流动为人力资源部经理，两年后下行流动到某重要分公司担任人事总监。眼看一切进展十分顺利，但是公司突然发生意外，外部资金进入，股权结构大调整，总部和分公司的高层大调整，薛先生迫于无奈离职。半年后，他利用外部的关键资源进行自主创业，结果非常成功。目前，其企业已经走过了发展的初级阶段，开始步入成长期。由于他对管理的各个方面都很了解，积累了很多经验，这些对他成为全面的综合型管理者都非常有用。

4. 从事管理咨询和培训

如果销售人员离开本行业，重新开始新的事业，也是一种新的职业方向选择。比如，有经验的销售人员改做管理咨询和培训也是不错的选择。许多管理咨询公司的咨询顾问、培训师都是从营销岗位中转过来的，有些还是营销老总、总监、大区经理等，因为他们有丰富的销售经验和行业背景，更理解企业实践的营销环境，在做相关行业的营销管理咨询、战略咨询和专业培训时，具有明显的优势。

从事管理咨询和培训是销售的最高境界，其不再销售有形的产品，而主要依靠理论联系实际的实战能力。优秀的咨询师和培训师还可以指导或培训更多的年轻人，帮助企业解决销售、营销、管理、战略等问题。

9.1.2　销售目标

通常销售经理会为每个销售人员规定销售定额，销售人员可以此作为自己的销售目标，也可制订更高的目标。销售目标可分为业绩目标、行动目标和效率目标，如图 9-2 所示。业绩目标是销售目标的直接体现，而行动目标是实现业绩目标的支撑，没有具体的行动目标，业绩目标只是空谈。效率目标是实现业绩目标的保障。销售人员应从实现职业目标的高度，落实各项细分的销售目标，否则，可能只会在其负责的区域内闲逛，浪费时间和精力。

1. 业绩目标

业绩目标（performance goals）指与最终销售结果直接相关的目标，通常涉及销售额或销售量、销售佣金或奖金额度、新客户数量等。公司通常设定总的销售额或销售量目标，每个销售人员据此设定自己相应的个人销售目标。为获得更多的收入，销售人员通常设定较高的目标。销售经理应鼓励销售人员自己设定目标，因为人们通常不愿完成别人强加给自己的目标。例如，某销售人员主动设定自己的销售目标为：2014 年年度佣金 9 万元、销售额 500 万元，开发新客户 9 个。

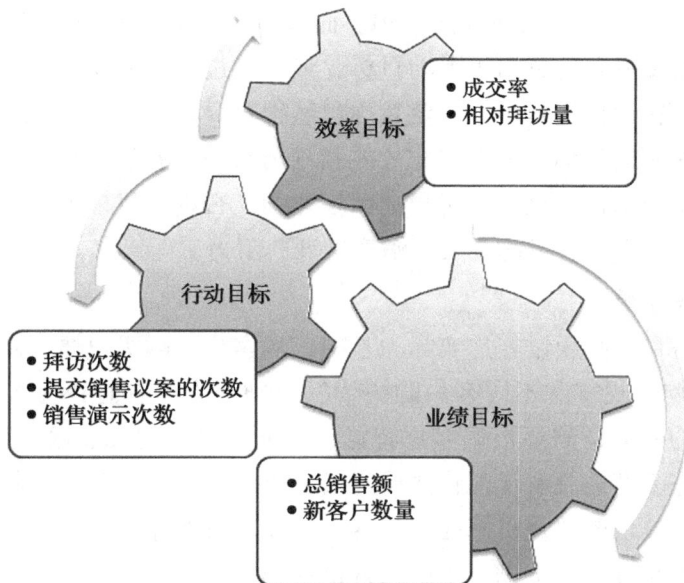

图 9-2　销售目标的种类

2. 行动目标

行动目标（activity goals）是为达成业绩目标必须采取的行动，通常涉及每天销售拜访次数、每月产品陈述次数等。行动目标反映销售人员工作努力的程度。例如，某销售人员为自己设定每天的销售拜访次数 12 次，每月的销售成熟次数 5 次。行动目标都是中间目标，它可以帮助销售人员明确每天具体应该做什么，这些行动可以促进最终业绩目标的实现。

3. 效率目标

效率目标（亦称转换目标，conversion goals）指用以衡量销售人员工作效率的目标。效率目标通常是一种相对业绩，涉及成交率（成交客户数与潜在客户数之比）、相对销售拜访量（发掘每个潜在客户所需拜访的平均次数）等。例如，某销售人员设定成交率为 9%，相对拜访量为 3 次，即每拜访 100 个潜在客户，会有 9 个客户可以成交；每拜访 3 次就可以确定一个潜在的客户。效率目标体现销售人员工作的有效性或灵活性，例如，销售人员若能把成交率由 9% 提高到 15%，就意味着他的销售技巧有较大进步。销售人员也可以据此与其他销售人员进行对比，确定标杆型销售人员，找到自身的不足。

9.1.3 目标制定的技巧

1. 区分愿望与能力

愿望是想达到的目标，能力是能够达到的目标。在现实销售工作中，许多销售人员不顾自己的能力，制订很高的业绩目标，在这种目标的激励下，一时积极兴奋，可事实并不像想的那样美好：面对不断遭遇的客户拒绝，热情与自信慢慢降低，最终会否定自己，这样的目标就失去了激励和导向作用。而有些销售人员只是制订一个大概的目标，且目标适中，最重要的是，突出了行动目标，最终通过自己的积极行动，超出了预期的业绩目标。因此，在销售过程中，制定目标虽然很重要，但是在制定目标时，一定要区分想达到的与能做到的目标，只有这样才能制订出来一个有效的目标，从而使销售人员朝着预期的目标不断前进，创造出优异的销售业绩。否则，目标不仅难以成为获取良好销售业绩的动力，反而极有可能会成为销售生涯的阻力。

2. 注重需求与实效

销售人员制定目标必须以客户实际为基础，从客户的购买习惯、购买需求着手，时时刻刻把握客户购买规律。不同客户购买情况差别很大，有时销售人员很难把握。所以，在制定目标的时候，需要根据客户特点、规模、过去购买数据、采购周期等信息，做出合理预测。许多客户关系管理软件具备该功能，销售人员可加以利用。

另外，销售人员还要注重目标的实效性，要成交量而非拜访量。许多销售人员想当然地认为，成交量是拜访量堆砌起来的，拜访量越多，成交量也就越多。这是一种片面的认识，成交量的确是以拜访量为基础的，但是，成交量与拜访量并不成正比。如果销售人员拜访前准备不充分，或者销售推介技能较差，许多拜访无法转化为成交量。一些销售人员由此陷入一个怪圈，即销售拜访非常努力、非常辛苦，每天都忙着拜访客户，但并未对任何一个客户做跟踪拜访，从而使很多拜访都无功而返，没有产生预期效果。这就要求销售人员在制订销售目标的同时，考虑制订基本素质提升的目标，如提高沟通技能、可靠的品质、创造力、自信心、情商等（详见本书第1章）。通过素质目标与销售目标的匹配，提高整体销售业绩。

3. 目标细分

目标有长期和短期之分，在整个目标实现的过程中可把长期的大目标分为多个短期的小目标。首先从短期目标的小目标做起，把眼前的一点一滴做好。比如，今天需要完成多少任务，实际完成了多少，完成的质量如何等。这些细小的问题都是长期目标的重要部分，完成得不好，长期目标肯定不会如期实现。研究发现，1～3天的即期目标是最好的目标，也是最容易实现的目标。这些目标好比马拉松长跑路上的一个个显著标志，它能时刻鼓舞人们前进并坚持不懈地去做，从而体会到达成一个个小目标之后的幸福感和成就感。

1984年，在东京国际马拉松邀请赛上，一名叫山田本一的本土运动员出人意料地夺得冠军。赛后，有记者问他："为什么能一鸣惊人地取得如此惊人的成绩？"山田本一只说了一句话："凭智慧。" 10 年后，在他的自传中人们才知道他所说的"智慧"就是"分解目标"。他是这样写的："每次比赛之前，我都要乘车把比赛的线路仔细地看一遍，并把沿途比较醒目的标志记下来，第一个标志是一个银行，第二个标志是一棵大树，第三个标志是一座红房子……就这样每隔一段找一个标志，一直做到赛程的终点。比赛开始后，我就奋力地向第一个目标冲去，等到达第一个目标后，我又向第二个目标冲去。40 多千米的赛程，就被我分解成这么几个小目标轻松地跑完了。"

优秀的销售人员与山本先生类似，会将年度的计划和目标细分到每季、每月、每周和每天里，并用务实可行的条款进行详细说明，避免盲目夸大、空洞无物的目标。一个人最大的痛苦不是没有自己的目标，而是不知道怎样一步一步实现自己的目标。目标有具体的行动步骤，才更容易实现。比如，一个销售人员希望一年内实现 90 万元的销售额，那么，他就需要细分到每季、每月、每周、每天的销售额。只有这样，才知道每天应如何去做，才能如期实现预期目标。

9.2　资源配置

销售人员设定了合适的职业目标和销售目标之后，就要充分利用自己所掌握的资源，达成目标。这就要求销售人员认清自己拥有的可支配资源的种类，采用有效的资源配置方法，实现资源价值的最大化。

9.2.1　可支配资源的种类

销售人员拥有各种资源，包括有形资源和无形资源。其中有形资源包括免费样品、试用品、产品宣传册、媒体资料、直邮预算、广告礼品、配送服务及其他营销资源。越是优秀的公司，为销售人员提供的有形资源会越多。这些资源对公司来讲都是成本，对销售人员来讲是投资。销售人员只有合理利用这些资源才能得到应有的回报。

无形资源包括销售人员的时间、精力、公司品牌、实力及关系资源等。其中时间是销售人员最宝贵的资源，销售人员可以把时间用在诸多方面，诸如开会、了解产品、准备报告、出差、拜访客户及其他非销售工作。事实上，对很多销售人员来讲，处理非销售工作占据了大部分时间，因此，管理时间非常重要。销售人员的精力也是一种有限的资源。若其身体、情感、思想和精神的能量被无效利用，又不能及时恢复和补充，就会影响效率、激情和创造力，在很多工作上只是蜻蜓点水，很少真正投入。销售人员若以这样的状态开展工作，销售业绩也很难达到理想的效果。

销售人员应充分利用公司拥有的其他无形资源。例如，公司品牌是产品推介的敲门砖。好的品牌可以感染客户，激发其购买的热情，有利于成交。企业实力会给客户一种信赖的感觉，强大的实力很容易打动客户促成销售。公司的政府关系也是一个产品迅速打开市场的不可多得的保证，尤其在中国目前的市场条件下，若销售人员向客户阐明清楚其中的利害关系，对销售工作有一定的促进作用。行业关系包括公司与行业协会、知名专家、上下游企业的关系，适当利用也可以成为打动客户的特别卖点。

9.2.2　资源配置方法

销售人员应对自己所负责的区域及客户进行调研，合理配置各种资源。要根据现有利润和购买潜力对客户进行分类，再合理配置资源。销售人员应将其资源集中在最有价值的客户身上，尽力减少在无利可图的客户身上浪费资源。下面介绍几种客户资源配置方法。

1. ABC 分析法

ABC 分析法（ABC analysis）根据客户的购买潜力将客户分为不同类别。销售人员可利用 80/20 原则，分辨出 20% 最具购买力的客户，称作 A 类客户；其他 80% 的客户称为 B 类客户；而那些非客户或低购买力的客户称为 C 类客户和 D 类客户。表 9-1 给出了某公司一位销售人员的分类情况，据此，销售人员可以给 A 类重要客户分配更多的拜访次数。

表 9-1　某公司一位销售人员的客户分类情况

客户类型	联系客户的数量	拜访次数	每个客户平均拜访次数	销售额（美元）	平均每次拜访的销售额（美元）
A	15	121	8.1	212 515	1 756
B	21	154	7.3	115 451	750
C	32	226	7.1	78 090	346
D	59	320	5.4	53 882	168
总计	127	821		459 938	560

资料来源：巴顿·威兹，史蒂芬·卡斯伯里，小约翰·坦纳. 销售与客户关系管理 [M]. 胥悦红，等译. 北京：人民邮电出版社，2008.

ABC 分析法可以帮助销售人员提高拜访效率，比如对 A 类客户，可以增加拜访次数；对 D 类客户，每年访问 1 次就够了。这样，可以不断提高销售业绩。实际销售工作中，销售人员还要针对每个客户的历年销售额、预计销售额制订具体的销售拜访计划。对同一类客户，拜访次数也可以有所不同。

ABC 分类法适用于重复购买率较高的易耗品或快速消费品行业，而对于重复购买率较低的其他行业并不适用。

2. 方格分类法

方格分类法（sales call allocation grid）根据客户的竞争地位及购买潜力对其进行分类，目的是为了确定不同客户分配资源的多少。图 9-3 给出了对客户进行销售拜访的分配方格。

竞争地位

	强	弱
大	Ⅰ 特点：成交机会多、竞争地位强；拜访策略：较多拜访	Ⅱ 特点：成交机会多、竞争地位弱；拜访策略：较多拜访
小	Ⅲ 特点：竞争地位强但购买潜力小；拜访策略：拜访次数适中	Ⅳ 特点：竞争地位弱、购买潜力小；拜访策略：较少拜访或用电话、邮件替代拜访

（左侧纵向标注：购买潜力）

图 9-3　销售拜访分配方格

　　方格分类法是一种对现有客户进行分析的有效方法。销售人员可运用此法对现有客户逐一进行分析：对Ⅰ区客户，应集中优势资源，优先开发；对Ⅱ区客户，应分配较多资源，重点开发；对Ⅲ、Ⅳ区客户不要投入过多资源，谨慎开发。Ⅱ区客户通常在业务往来的初期贡献利润较少，但只要不断对其增加拜访次数和后续服务，销售利润会不断增长，进而成为Ⅰ区客户。

3. 客户关系管理软件

　　客户关系管理软件（也称 CRM 系统）是利用信息技术对客户数据进行高效管理的一种软件，它可以记录企业在市场营销与销售过程中和客户发生的各种交互行为、各类有关活动的状态，并提供各类数据模型，为分析和决策提供支持。它有利于引入新客户、维系老客户，并与客户建立起长期、稳定、相互信任的密切关系，提高客户交付价值和客户满意度。

　　销售人员可利用 CRM 系统对客户进行更快捷、全面的 ABC 分析与客户方格分析，从而更加有效地配置资源。首先，销售人员将客户资料、联系记录、报价单等数据录入；其次，可以进行客户资料的查询和分析统计、每天客户联系拜访情况的查询和分析、业绩查询和统计以及工资、提成与费用的查询，并可及时收到客户联系进度及应收款等事项的提醒。

　　目前许多公司提供 CRM 软件或在线服务。公司应根据自己的客户规模、沟通频率等因素选择合适的 CRM 系统。销售机会漏斗是 CRM 系统中一种常用的客户数据分析工具，该工具通过对客户基本数据的系统分析，以直观的图形方式，指出公司的客户资源从潜在客户阶段，发展到意向客户阶段、谈判阶段和成交阶段的比例关系，或者说是转换率。图 9-4 给出了销售机会漏斗示意图。漏斗的顶部是有购买需求的潜在用户，漏斗的中部是基本上已经确定购买本企业的产品只是有些手续还没有落实的潜在用户，漏斗的底部就是成交的用户。

　　销售人员可自觉运用销售机会漏斗工具，管理自己的销售业务。对销售人员来讲，合理分配资源，确保每一个阶段都能达成目标非常重要。每一个阶段其实就是一个里程碑，只有许多个里程碑都能实现才能确保最终成交。简而言之，要求销售人员"该说的要说到，说到的要做到，做到的要见到"。销售经理也可根据销售机会漏斗工具管理自己的销售人员。

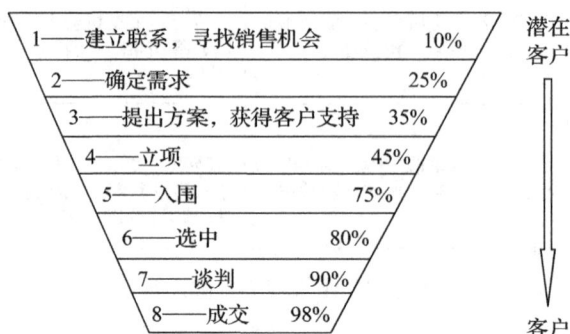

图 9-4   销售机会漏斗示意图

9.3   时间管理

时间是最珍贵的资源。事实上，销售是一件 24 小时的工作。实践表明，时间管理技能是提升销售人员销售业绩的关键因素。专业的销售人员可从以下几个方面提升时间管理的技能。

9.3.1   认识个人时间管理的不良习惯

失败的销售通常是不良习惯带来的后果，若销售人员能加以克服，销售业绩会大大提升。以下是一些销售人员在销售管理方面经常出现的不良习惯。

1. 拖沓

迅速而又执着的行动是无可替代的。无论潜在的还是现有的客户，都会厌烦那些总是忘记在约定时间拜访的销售人员。如果客户需要产品，说明他们当时就有需求，不能拖延。那些习惯性开会迟到、和客户见面迟到、上班迟到的销售人员很快就会发现自己不得不去找新的客户，甚至需要另谋高就了。

2. 做无用功

花过多的时间和精力来编造借口；花太多时间去拜访客户而不是真正地完成销售；花太多时间在旅馆大堂或休闲娱乐的地方休整。销售人员应多在路上休整，安逸的环境会让人失去动力。

3. 过于频繁的夜间社交活动

许多销售认为社交活动和关系网的营造会对自己的事业有好处，但是这应该建立在不影响第二天工作的基础之上。

4. 不能预先规划自己一天的工作

一个合理的规划会使销售人员的工作进展顺利，可以完成预期的目标；而没有任何计划的销售人员在工作时则会觉得无从下手。

5. 碌碌无为

一些销售人员同时进行着许多个工作方案，但似乎无法全部完成，往往因顾及其他事而无法集中精力来完成目前该做的事。他们每天睡觉前总是累得精疲力竭却又觉得好像没做完什么事，总是觉得老是没有时间做运动或休闲。

9.3.2　遵循时间管理的程序

为有效控制和利用时间，销售人员应遵循一定的程序来管理自己的时间及销售活动，如图 9-5 所示。首先，销售人员应为自己的销售活动列表，同时，为这些活动设定优先顺序或者按照 A、B、C 进行分级：A 级活动要求立即行动，B 级活动是第二重要的，C 级活动在条件允许时才进行。成功的销售人员能识别出紧急的活动。其次，估算各项活动时间，如寻找潜在客户、客户咨询、销售拜访、产品演示、客户培训、销售会议等，也需预留时间用于制订各类计划及处理文书工作。再次，制定时间进度表。最后，将计划时间与实际时间对比，可借助客户管理软件或其他计算机辅助分析工具进行。需注意，时间管理计划很重要，但需考虑到变化，因此，在按上述程序制订计划时，要考虑到修改时间进度的可能性，及时做出相应调整。

图 9-5　销售活动时间管理程序

9.3.3　掌握时间管理的技巧

1. 提前制定时间表

销售人员应在一周前制订好销售拜访的预约计划，并在拜访前一天或几天进行确认。若没有事先约定，最好在办公室里处理一些文书工作。

2. 充分利用黄金销售时段

黄金销售时段是客户最空闲或销售人员最容易对客户进行拜访的时间，在这个时间里，双方易于达到充分交流与沟通的效果。不同行业或公司的销售黄金时段不同，销售人员可根据自己的调查了解进行判断。一般来讲，销售人员拜访客户，最易成交的时间是上午，最佳时间是上午 9～11 点，但因情况不同，也有例外。下面以销售人员的第一次客户拜访为例，说明各阶层人士的最佳拜访时间，如表 9-2 所示。

表 9-2　销售人员拜访不同客户的最佳拜访时间

客户阶层	最佳拜访时间
公司职员、公务员	如果到公司去拜访，最好在上午 11 点之前

（续）

客户阶层	最佳拜访时间
企业负责人	最好在刚上班时拜访。因为上班时间拜访他们，见到的机会最大
产业工人	最好在中午吃饭时间拜访，或在晚上 6～8 点拜访
医生	最好的拜访时间应当选在上午 7～8 点
值班人员	最好在晚上 7～9 点拜访
教师	最好在下午 4 点 30 分左右拜访
家庭主妇	不上班的家属，其一般在上午 9～11 点、下午 2～4 点不忙于做家务，属于最佳拜访时间
夜市老板	最好在下午 2 点左右拜访他们
商店老板、摊主	最好在上午刚开门时拜访，这时商店刚开门，客流不大，他们有时间
鱼贩、菜贩等	最好在下午 2 点左右拜访他们
其他	对于难以确定作息规律的行业，一般最好在晚饭后拜访，以晚上 7 点左右为宜

3. 灵活利用空档时间

若临时取消预约或需要等待客户，需做一个临时计划或为后续工作做准备。比如，初次拜访客户，虽然已与客户预约，但有时销售人员还需要等待。可利用等客户的时间看一些资料、观察所在的环境，或分析客户的性格、爱好、财力、修养等，为与客户见面时的交谈做好准备。销售人员应尽量随身携带笔记本电脑或销售跟踪工具，随时随地利用零碎时间，节省文书工作的时间。

4. 善用时间管理的各种工具

联系客户并非一定要亲自上门拜访。销售人员应根据不同场合，可采用电话、电子邮件、传真、短信、QQ 等各种交流方式，提高沟通的效率与效果，具体内容在本书第 4 章中已做了介绍。事实上，很多销售拜访任务只需发一个 QQ 信息即可解决，有些客户也喜欢这样高效简单的沟通方式，因为这样可以节省客户的时间，不影响其进行手头的工作。有些企业甚至建立了专门的 QQ 系统，致力于搭建销售人员、客服人员与客户之间快速沟通的桥梁。销售人员可利用 QQ 强大的功能，如群组讨论、多人语音视频、文件离线传输、远程协助等，提高沟通的效率。

需要注意的是，在请求客户再次订货、交叉销售或处理一些棘手问题时，尽可能采取上门拜访形式。另外，销售人员要善用一些自我约束的手段，如手机备忘录、日记本、台历、电话簿或其他工具来帮助自己做好时间管理。销售人员若能有效掌握时间管理技能，那么其日常工作就会忙而不乱，销售业绩也会稳步提升。

9.4　区域管理

为了有效利用时间，提高拜访效率，销售人员可通过区域划分、路线计划等区域管理方式，落实日常拜访计划。

9.4.1　区域划分

区域划分（zoning）指根据交通便利性和客户分布情况，将某个大区分成几个小区以便缩短拜访时间的做法。多数公司将中国市场划分为八大区域，即华东、华南、华中、华北、西北、西南、东北、港澳台地区。有些公司还把京津地区作为一个独立的大区看待。

在销售实践中，公司还会把大区分成几个小区或省区、市区等，以此来分解销售目标和任务，进行区域管理。销售经理负责辖区内的销售业务管理工作，其主要任务之一是为销售人员或经销商分配一组现有和潜在的客户。对销售人员来讲，必须清楚所负责区域的销售潜力，分析自己为取得销售潜力所必须做的所有工作，包括：区域内有多少客户需要访问；平均访问多少个客户，才可以接受一笔订单；为涵盖整个区域，一个月或一年内销售访问的总次数；一个月或一年内，需要的销售访问时间；一个月或一年内，需要的交通旅行时间；对每个客户访问的有效次数是多少；适当的访问间隔有多长；每天花在非销售活动上的时间有多少；花在等待客户上的时间有多少等。销售人员可利用百度地图、360 地图、Google 地图等在地图上找到客户分布的区域，若区域很大，可将其分成若干小区域。

为发挥分区拜访的最佳效果，销售人员可首先确定辖区内现有客户及潜在客户的位置、数量、规模，然后进行销售潜力预测；其次，依据客户不同的需要和特点，对客户进行分类，可采用 ABC 分析法；另外，依据不同的产品、不同的市场，对每一类型客户再进行分类；最后，设计合理的拜访形式，主要考虑在一个月或一年内的销售访问次数及每位客户的访问频率，并依据拜访的数量和频率，计算出客户访问次数。例如，某销售人员一天访问 6 个客户，一个月能进行 120 次访问：大客户（A 级）1 个月访问 8次；中客户（B 级）1 个月访问 4 次；小客户（C 级）1 个月访问 2 次。这样，Ⅰ、Ⅱ、Ⅲ三个区域各需 112 次、108 次和 110 次拜访。由于一个销售人员每天能够进行 120 次访问，所以，三个销售人员完全可以涵盖这三个区域。但如果由一个销售人员负责三个区域，那么销售拜访效果就会受到极大影响。（见表 9-3）

表 9-3　某销售人员分区拜访计划

销售区域	Ⅰ区域		Ⅱ区域		Ⅲ区域	
	客户数量	月访问次数	客户数量	月访问次数	客户数量	月访问次数
A 级	5	40	5	40	5	40
B 级	7	28	6	24	7	28
C 级	22	44	22	44	21	42

9.4.2　路线计划

销售路线计划（routing）是指建立一套固定的行程计划，以使销售人员能够最大限度地覆盖销售区域并能最合理地利用时间。好的销售路线设计能使销售人员在正确的时间内到达正确地点，并且避免不必要的往返。

销售人员一般使用四种路线计划，即直线型、螺旋型、四叶草型和跳跃型。直线型指从公司出发，沿途拜访所有客户，然后按原路或其他路线直接返回公司，适用于当客户或多或少处于一条直线上的情况。螺旋型指由公司出发，按圆周形式拜访客户，结束时正好返回公司，常用于客户很分散的情形。四叶草型指把销售区域细分成一系列叶片形式，销售人员每次访问一个叶片区域，常用于销售区域很大，并需要好几天时间的情形。跳跃型指将整个区域划分为一定数量的地带，这种划分以客户密集程度为基础，可以避免重复访问，销售人员采用此种线路，可以从离公司最远的客户开始访问，在回公司的途中对其他客户进行访问。图 9-6 给出了四种路线计划的示意图。

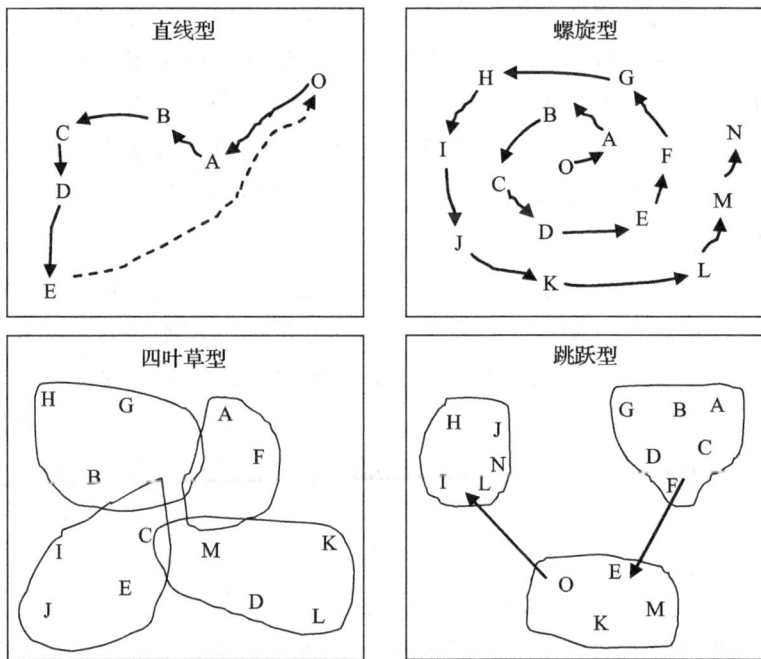

图 9-6 四种路线计划的示意图

销售人员要根据区域内客户的数量和拜访频率，选定一种路线形式，然后，编排每一天的拜访路线，并绘出每一天的拜访路线图。

9.5 压力管理

压力来自外在刺激及情绪反应。销售人员的压力可能来自销售目标过高、时间紧迫、客户拒绝、在公众场合演讲以及缺乏自信心等方面，从而产生焦虑、恐惧、肌肉紧张及心跳加快等反应。销售人员若没有压力，很难产生工作动力，但压力过大，精力会被快速消耗。在精疲力竭的状态下去拜访客户，对客户关系和销售效果都会造成负面影响。事实上，销售人员要完全消除工作中的压力是不可能的，即使一些销售人员采取了时间管理的有效方法，仍觉得每天忙忙碌碌，总有诸多压力。因此，销售人员在管理时间的同时，必须做好压力与精力管理。当精力透支而补充不足时，压力就将影响销售人员的情绪控制、注意力集中以及创造性思维，甚至会影响其对所从事工作的投入程度，这对建立愉快、持续稳定的客户关系非常不利。销售人员可从以下几个方面对自己的压力进行管理。

9.5.1　寻找压力来源

销售人员最常见的压力有两种：情境压力（situational stress）和情绪压力（role stress）。情境压力指因情境因素而造成的短期焦虑。例如，面对新客户进行销售介绍所产生的压力就属于情境压力。处理情境压力的最好办法是离开情境或消除造成压力的情境因素，但销售人员不能因为销售介绍压力大而放弃介绍或敷衍了事，较好的办法是设想自己已经介绍完毕并获得客户的赞许，通过想象成功来缓解情境压力。表 9-4 给出了一些缓解情境压力的方法。

表 9-4　缓解情境压力的方法

方　　法	说　　明
想象	闭上眼睛，想象自己已经克服了该压力，尝试压力消失后的感觉
暂停	从事感兴趣的运动、散步、睡眠、听音乐或给朋友打电话聊天等
准备	若情境涉及未来表现，那么积极准备、反复练习，提前准备各种意外情况
恢复	若高压情境经常发生，需规划好恢复的时间

情绪压力是因工作要求或制约所带来心理上的紧张或焦虑。情绪压力最常见的形式是角色压力，即由角色冲突（role conflict）、角色超载（role overload）或角色模糊（role ambiguity）所产生的压力。对销售人员来讲，角色冲突通常发生在两个上级要求不一致时。角色超载发生在角色要求超过了销售人员所能承受的范围，如要求一名新的销售人员达到与资深销售人员同样的绩效水平。角色模糊出现在销售人员不知道该怎么做的时候，或者不了解公司如何对绩效进行评估时。面对角色冲突，应首先分析冲突的根源，然后有针对性地采取措施，如若客户与上司的要求存在冲突，你只能优先满足一个人的要求，然后适当解释，但不要老想着冲突。不管什么情况，与销售经理建立牢固的合作关系对减轻压力都有很大帮助。表 9-5 给出了一些缓解角色压力的方法。

表 9-5　缓解角色压力的方法

方　　法	说　　明
设置优先顺序	预先设定自认为合理的优先顺序，即使出现冲突，仍按预先计划行动
寻求支持	从你的家人、上级及其他重要的人那里获得建议，集中精力在行动而非冲突上
重新设置期望值	平衡各方对你的期望，多沟通，争取一致意见，使各方期望都接近实现
继续行动	一旦做出行动决策，就不要考虑冲突
提高销售技能	熟悉销售各项业务，认清销售工作的机会与挑战，变压力为动力

实际销售工作中，恐惧心理是销售人员压力的主要根源，其主要的产生原因是销售人员担心客户拒绝、对销售业绩期望过高或期待每次拜访潜在客户都能成交等。销售人员要做成一笔生意首先要克服恐惧心理。在恐惧心理状态下，销售人员会对销售推介感到厌烦，语调会单调乏味，从而导致客户感到厌烦，使其无法清楚了解销售推介的内容。只有自己认为自己是失败者时，才会真正失败。因此，销售人员能在多大程度上说服自己对销售成功充满信心，决定了其能在多大程度上说服客户达成交易。

9.5.2　变压力为动力

研究表明，自我驱动力是销售人员的必备素质。销售没有终点，优秀的销售人员通过自我驱动，不断超越自己并提升业绩。案例9-1解释了销售精英朱丽欧是如何通过自我驱动力在诸多销售与市场岗位上取得成功的。

案例 9-1　　　　　　　　　　销售精英朱丽欧的自我驱动力

朱丽欧现任《大巴顿鲁治商业报告》的总裁兼合伙人，也是美国顶级的激励演讲家。他坚信成功属于那些拥有正确态度和必胜信念的人。朱丽欧的销售职业生涯与众不同，他曾在广播和出版领域的诸多销售与市场岗位上都取得了成功。他将自己的成功要素总结为五个方面。

1. 相信自己可以实现梦想和愿望

朱丽欧喜欢引用《箴言》（*The Book of Proverbs*）中的一句话：人之所思即为所成。换言之，"只要相信，就会实现"。销售人员都有自己关于成功的看法，并据此采取行动。那些严重怀疑自己能力的人，面对巨大挑战时，往往会减少或完全放弃努力。

2. 写下所有的目标

将自己所有的目标都写下来，每天检查，持续努力，就有可能实现。朱丽欧认为，将目标写下来，能使远景呈现在眼前。很多销售人员不了解这种自我督促方法的重要性，因而不愿设定目标。事实上，只要对自己做出承诺并坚持下去，就会增强自信心和自控力。许多销售人员通过设定目标，不断打破旧习惯，养成新习惯。

3. 不断学习

朱丽欧喜欢说的一句话是："学得多才能赚得多。"最近几年，大多数销售人员不得不去学习客户关系管理专业知识，如果想与客户建立牢固的伙伴关系，客户关系管理的相关的业务知识必不可少。在适当领域开发专长可增强销售人员的自信心。

4. 承诺在每一件事上都追求卓越

工作与家庭密不可分。朱丽欧认为，销售人员必须履行工作和家庭的双重义务。事实上，销售人员的迟到、旷工及低效率往往与家庭问题有关，而工作上的问题反过来会对其个人生活产生消极影响。

5. 保持热情

朱丽欧说："当心你的朋友、与你交往的人及所看的电视节目。"工作上的热情通常是脆弱的，往往会受到同事、朋友消极观点的侵蚀。防止热情丧失的最好方法之一就是对未来充满美好的期望。

资料来源：《现代销售学：创造顾客价值》，作者杰拉尔德·L.曼宁、巴里·L.里斯、迈克尔·阿亨，译者欧阳小珍、童建农，机械工业出版社出版。

销售是一个每天都面临压力、失败和挑战的行业，如果销售人员内心没有强烈的自我驱动意识，而仅仅是抱着完成任务、做一天和尚撞一天钟的态度，那么，这样的销售人员往往会害怕、逃避、畏惧拜访客户。例如，给客户打电话的时候甚至期望没人接电话；不敢给客户打手机，而且找出很多借口，如打手机不方便、别人可能在开会等。为提高自我驱动力，销售人员应从日常生活的各个方面做起，激发出自己内心的力量。日常生活安排不善、遇事没有章法，可能会影响工作的精力，加大工作的压力，销售人员可通过建立积极的生活目标与健康的生活方式，养成早起学习与终身学习的习惯，来不断提升自我驱动力。

建立积极的生活目标，需要销售人员不断进行反思，如设法使自己有安静的时刻：每天可以挤出半小时来想想计划，思考一些问题，理清头绪或激励自己。同时，销售人员还要养成健康的生活方式，例如有规律的饮食；少睡懒觉，多些运动；适度饮酒；娱乐活动要适度健康；多交一些优秀的朋友等。当销售人员确实做到这些时，即便偶尔出现工作压力大和超负荷工作的情况，也会有充沛的精力来面对压力与挑战，之后若能及时休息反而会有利于提高自己的精力。

很多销售人员时间安排得非常紧凑，每一天早上总是拖到最后一秒才出门，最后一秒才进公司，然后又匆匆忙忙去拜访客户。这样会使其一天的所有工作处于被动状态。销售人员应养成早起学习的习惯，因为早起学习不但可以学到新知识而且可以训练持之以恒的毅力。一个通过学习不断进步的销售人员往往比别人拥有更多的机会，从而取得更佳的销售业绩。销售人员还要学会终身学习，丰富自己的知识、提高自身技能及能力（KSAs），这不但是工作晋升的需要，也是缓解工作压力、增加工作乐趣的需要。许多销售知识隐藏在销售过程中，优秀的销售人员会利用汇报工作或陪同拜访的机会向销售经理学习，也可以利用开会或有意的安排向其他优秀的销售人员学习。例如，有些公司建立良师益友计划，让成功的销售人员与资历较浅的销售人员配对，帮助新进销售人员快速适应工作，同时可增强指导者的成就感，提高其工作满意度。

9.6　灰色客户关系管理

9.6.1　灰色客户关系的概念及形式

灰色客户关系指销售人员通过向采购人员提供回扣或其他有形、无形的好处来销售产品从而建立起来的一种客户关系。说它是"灰色"的，是因为它不透明，是一种私下的交易行为，介于合法与不合法、道德与不道德之间，很难界定；或即使能够明确界定，相关的法律也难以执行。

灰色客户关系的典型形式是回扣。所谓回扣，就是在买卖双方交易时，买方按照卖方的出价支付货款，然后卖方再从得到的货款中拿出一定比例返还买方的交易行为。从具体操作上讲，又分为几种不同方式：买者先付款，卖者后给回扣；卖者先给回扣，买者后付款；付款时，买者直接从应交货款中扣下相应金额；付款和回扣同时进行。

灰色客户关系也会以其他非典型形式出现。例如，请吃、请喝、请玩，送昂贵的礼品，或提供其他不直接以金钱表示的好处，如提供子女上学的费用等。灰色客户关系不管以什么形式出现，都可能有利于短期客户关系的改善，但往往不利于买卖双方建立透明、平等、互信的长期合作关系。

9.6.2　灰色客户关系产生的原因

1. 采购代理制

如果每一个人自己花自己的钱，买自己需要的东西，那么灰色客户关系就不可能出现。采购代理制使采购代理人有了利用采购代理权为自己谋利的可能性。

2. 商品供过于求

商品供过于求，是灰色客户关系产生的市场因素。随着市场经济的发展，中国商品市场已由过去计划经济体制下商品短缺的卖方市场，逐渐转变为今天市场经济条件下商品品种、数量繁多的买方市场。在这种供大于求的状态下，如果市场经济法制建设不健全、商家缺少商业道德，灰色客户关系自然会出现。

3. 传统文化的负面影响

灰色客户关系有很深的文化基础，"关系"这个因素在交往中被看得很重。这使西方企业所倡导的关系营销模式，在一些国家往往被灰色客户关系所"异化"。

4. 销售人员追求短期销售业绩

许多销售人员为了实现短期销售目标，通常喜欢与客户建立灰色关系，这已经成为许多行业的"潜规则"，尤其在医药、建筑等行业，这种"潜规则"更为盛行。销售人员与客户建立灰色客户关系，从短期来看，对于销售业绩确实能够起到明显的促进作用；而从长期来看，由于行业内的企业必将纷纷效仿，会造成生产成本的提高，同时会增加客户的成本，导致产品质量下降，最终破坏市场秩序甚至造成整个行业的萎缩。

5. 交易双方内部组织因素

买卖双方内部组织因素也是影响灰色客户关系的一个重要因素。对于买方来说，如果企业内部没有一个完善的组织采购制度、严格的奖罚制度以及强有力的执行机制和监督机制，其采购代理人倾向于接受灰色利益。对于卖方，一般来讲，那些比较注重自己声誉、制定了正式的行为道德守则的企业，会较少地鼓励其销售人员使用灰色客户关系手段。这类企业往往在内部都有严格的订货与出货程序，比如会计制度与票据管理制度，这样就难于进行灰色交易。反之，对于那些不太重视自己声誉的企业，其销售人员寻求建立灰色客户关系的可能性更大。

9.6.3　各国治理灰色客户关系的方法

1. 日本：对交易行为制定严格的标准

日本在打击灰色客户关系行为方面，连微小事件也不放过。凡是能够满足人的需要或者欲望的一切利益都可以算作贿赂，包括提供性服务以及高规格的宴请和接待等。利用手中掌握的权限，在经济活动中要求他人给予金钱、物品或者提供其他好处的，以及接受或者约定接受利益和好处的都属于受贿行为，必须承担刑事责任。

2. 德国：对交易行为制定明确的标准

以德国的医药行业为例，为了避免医药公司向医生行贿，德国医学科学专业协会、联邦药物生产商协会、联邦医院药房联合会、德国大学联合会等 12 个相关协会在 2001 年制定了《企业同医疗机构合作的刑事评估要点》，其中部分内容专门对宴请和送礼做了规定。医药企业员工以私人名义宴请医生是不允许的，但是可以在举办某种活动或者举行工作餐时邀请医生参加，且每次邀请都应记录备案。另外，医生收受小额礼品是合法的，但是超过一定金额则会被视作受贿。医生一旦被发现收受贿赂，就会被医院开除。

3. 美国：三个机制遏制灰色客户关系

一是反垄断机制。垄断行为是市场不公平竞争的最大体现。为了从垄断者手中获得产品和服务或者向垄断者出售产品和服务，不正当的幕后交易便会产生，从而很容易导致灰色客户关系行为的发生。二是舆论监督机制。在公开和严格的舆论监督下，任何形式的贿赂都将成为丑闻被公之于世，使行贿和受贿者及其公司遭到媒体曝光、道德谴责和法律制裁。三是法律机制。严格的反腐败立法和执法是预防灰色客户关系最重要的手段。

4. 韩国：全民抵制灰色客户关系

2005 年 3 月，韩国政府、政界和经济界共同签署了《透明社会协约》，其目标是建立没有腐败的先进型透明社会。该协约规定了公共部门、政界、经济界和公民社会建立透明、廉洁机制的办法。公共部门的任务是国家清廉委员会、监察院、检察所（院）、公职人员伦理委员会分工协作，建立防止腐败、信息公开、公众监督和纳税人诉讼等机制，加强票务管理，实行公营企业透明经营，加强对公职人员的伦理道德教育等。政界的任务主要是清除非法政治资金，防止金元选举。经济界的任务是实行伦理经营、透明经营，绘制"反腐败地图"以切断商业贿赂的关系网；加强会计制度的透明度，建立企业内部举报制度。公民社会的任务是协助建立与反腐败有关的居民传唤、居民投票、纳税人诉讼等机制，依据《透明社会实践市民参与宪章》参与反腐败社会行动等。

5. 中国：从政府廉政风暴到企业合规建设

近年来，中国从中央到地方政府反腐之风劲吹，取得了举世瞩目的成就。2018 年中央成立国家监察委，专门负责反腐工作。同时，国有企业的廉政建设和反腐力度也不断加大。以中国电信集团为例，2018 年其纪检监察机构处置问题线索 2 324 件，立案 430件，给予处分 538 人，提醒、诫勉及组织处理 1 967 人。此外，民营企业也在积极探索反腐新机制。比如阿里巴巴于 2009 年成立了"廉正部"，2012 年升级为"廉正合规部"，其主要职能为腐败调查、预防及合规管理。该部门独立于各业务线内审及内控部门，调查权限上不封顶；专设举报平台，要求员工在与外部合作伙伴进行业务往来时体现诚信的价值观，绝不容忍任何不道德或不合法的行为。除"廉正合规部"外，阿里巴巴的每个部门、每条业务线也有内审、内控部门，还有"首席风险官"一职，专门负责公司内部重大经济案件的防治和侦破。2015 年，阿里巴巴又增设了"首席平台治理官"一职，并设平台治理部，负责电商平台的规则、知识产权保护、打假、打击信用炒作等管理事宜。多年来，阿里巴巴已处理违反营销道德法规的大批员工，上至高管，下至基层服务人员。2015 年 6 月，阿里巴巴联合碧桂园、复星、美的、顺丰、世茂、万科等企业成立了中国企业反舞弊联盟，旨在通过创新和合作，帮助企业实施反舞弊行动和制度建设，努力构建廉洁、透明、友好的客户合作关系，共同建设风清气正的商业环境。

本章习题

一、判断题（对的打√，错的打×）

1. 成功的销售人员只需制订销售目标并努力达成，制订职业目标是没有意义的。（　）
2. 设置工作的优先顺序可以缓解销售人员的角色压力。（　）
3. 治理灰色客户关系是政府的事情，与企业无关。（　）

二、单选题

1. 下面关于销售人员的职业目标和销售目标关系的论述，哪一项是不正确的？（　）
   A. 销售人员的职业目标与销售目标是没有关系的
   B. 职业目标既能指明人生的方向，又能为实现销售目标提供动力
   C. 销售目标是实现职业目标的基础
   D. 没有销售目标，销售人员难以对自己的工作成绩进行评估和总结
2. 下面关于销售压力的论述，哪一项是不正确的？（　）
   A. 销售人员通常面对的是情景压力，而非角色压力
   B. 销售人员通常既有情景压力，又有情绪压力
   C. 情绪压力最常见的形式是角色压力
   D. 处理情景压力的最好办法是离开情景或消除造成压力的情景因素
3. "买者先付款，卖者后给回扣"属于（　）。
   A. 灰色客户关系　　　　　　　B. 正常的交易行为
   C. 正常的促销行为　　　　　　D. 平等、互信的合作关系

三、简答题

1. 简述销售活动时间管理程序。

2. 简述缓解情景压力的方法。

3. 简述灰色客户关系产生的原因。

◉ 销售演练

演练 9　销售时间与区域管理游戏

假定你是一位按销售额提成的销售人员，明天你的销售经理将花费一天时间陪同你拜访销售区域（见图 9-7）。该区域共有 16 家客户，为了增加收入，你计划先拜访那些销售潜力最大的客户。假定走完每个小正方形的每边需花费 15 分钟时间，拜访每个客户需要 30 分钟。若早晨 8:30 或之后出发，中午在你最喜爱的餐厅吃饭，下午必须在 4:30 时拜访完最后一位客户，5:00 回家。

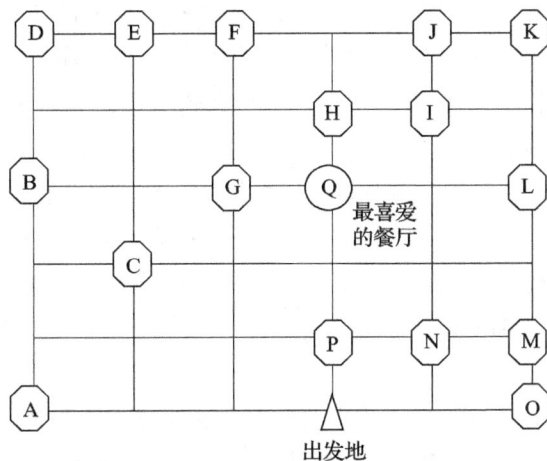

图 9-7　销售区域

客户购买潜力如表 9-6 所示。

表 9-6　客户购买潜力

客　户	购买潜力（万元）	客　户	购买潜力（万元）
A	4	I	1
B	3	J	1
C	6	K	10
D	2	L	12
E	2	M	8
F	8	N	9
G	4	O	8
H	6	P	10

演练任务1：为了明天获取最大潜在收入，请在图9-7中画出一个拜访路线图。

演练任务2：若销售人员后天仍从出发地开始拜访该区域内剩余客户，请画出一个最佳拜访路线图。

销售案例实训

实训项目9 销售人员的自我管理综合训练

1. 实训目的

（1）训练学生在具体情境下管理灰色客户关系的基本技能。

（2）训练学生突破环境制约进行自我管理的素质。

2. 背景材料

案例9-2 临床药的灰色客户关系：一位医药公司销售总监的自白

上午9点，王先生像上班一样，出现在杭州某医院门诊部门口。下午5点，"下班"了，王先生离开医院，回家。这样的"作息时间"已经执行了半个月。

王先生从事医药销售已经有10年之久，从医药代表一直做到销售总监。2010年，王先生的公司与一家制药公司签订了代理协议，在浙江地区推广该公司的药品。在医院门诊部"上班"，王先生的目的是让公司的药品摆上医院的药房架，并且出现在医生的处方里。

"从制药企业，到代理公司，再到商业公司；从医药代表，到医院领导，再到临床医生。每一个环节都有着极其迫切的利益冲动，而我就是那个串起这条链的人。"王先生说，他的任务是"搞定"杭州的三家医院。

医院"公关术"

在医院"盘踞"了半个月之后，王先生和一些医生混了个脸熟。"要先找到愿意和自己说话的医生，要从医生的口中套取有用的信息，比如这家医院谁说话算数。"王先生告诉《浙商》记者，他后来找到了该医院的药剂科主任李某，因为要将所代理产品打入该医院，医院药库是进药和发药的渠道，作为主任的李某至关重要。他负责医院药品采购，把好药品价格关、质量关，保证临床及时、足量、足库用药。

王先生直接来到李某的办公室，他将产品的说明书给了李某。李某看了说明书后未置可否。王先生见状起身告辞，顺手将一个信封放在李某的办公桌上，信封里是1000元现金。

过了一段时间，王先生打电话请李某吃饭。李某如约而至，与他一起来的还有李某的妻子以及医院的妇科主任。吃饭时，王先生向李某透露了产品回扣比例等信息，并想：一定要让他印象深刻。

过了几天，王先生打电话给李某，李某说："你把药拿过来好了。"

当然，光搞定了李某还远远不够，因为如果临床医生不用他的药或少用他的药，他就会前功尽弃。王先生的策略是，找李某与科室负责人联系上，将整个科室医生的回扣集中交给他，由他分给每个医生。临床医生每用一支他的产品，付不等的回扣。王先生说，自己共付给这家医院外科回扣 23 000 元，妇产科回扣 4 000 元，小儿科回扣 2 000 元。

"有时候，也要找到该医院主管药事的副院长甚至是院长。定期召开的药事委员会会议，拥有最终是否进药的最高权力。"王先生说。当然在药事会之前，还需要找到能说上话的医生，请他们"提单"，他们会在药事会上表达对各类药品的临床意见。最后的药事会就会象征性地走过场，所有的工作都在之前完成了。

药事会确定进药后，医院药房就会通过计算机网络向对其供货的商业公司进货。药品能够进入商业公司的前提，是在各级药品招标采购时中标。

使用同样的手段，王先生搞定了另一家医院的药剂科副主任俞某。他付出的"代价"仅仅是 5 000 元的银行卡和价值 1 000 元的利群牌香烟 5 条。而送给该医院外科医生的回扣是 4 700 元，内科医生回扣 5 000 元。

2010 年 5 月至 2010 年 11 月，王先生成功地将该款药品打入杭州市的三家医院。

利益分配法

在心照不宣中，药品销售已经成为一条运作高效、利益均沾的利益链条。根据目前医疗价格政策规定，除实行"零差率"销售的医院外，其他医院可以施行"药品加成"政策，即在进药价格基础上加价 15% 卖给患者。

以王先生推广的药品为例，医院给患者的价格是每盒 30.5 元，其从商业公司的进货价应该在 26.5 元左右；商业公司从王先生所在公司的拿货价格大约是 25 元，刨去 10 元/盒的药品出厂价，剩下来的 15 元就是他们销售的费用了。换言之，每盒药品里有一半的钱都留在了药品流通领域的中间环节。

王先生的公司自建了医药代表队伍，只通过商业公司发货。如果他们的药品委托代理公司来销售，则需给代理公司更高的折扣，而代理公司在获得药品的代理权之后，就会通过自己的医药代表负责向医院推广。

医院进药之后，王先生除了按月兑现的回扣之外，还要不定期地邀请医生参加各类活动，如学术研讨会、旅游等，以巩固医生对其公司药品的印象。

"药房负责具体进药的人也不能得罪。"王先生经常送给他们一些礼品，维持良好的关系，这样就不会因为晚进货而让药品断货了。每个月底的时候，王先生还有求于药房的出纳，打印出每个医生开药的电脑单。电脑单会准确地显示出哪个医生开了多少药，王先生就会根据这个数据给医生支付回扣。这一业内称为"统方"（统计处方）的过程自然也产生了一笔"统方费"。

如果以平均 50% 的药价作为流通领域的中间环节的费用计算，其中的 5% 要确保药品招标过程顺利中标，5% 用于"开发费"和打点医院各类人员，医生的回扣一般会占到 10%，某些药品可能高达 20%，各级医药代表的工资和提成要占到 10% 左右，剩下的 10%～20% 就是公司的利润了。

"一般来说，各类型药品中，抗生素类的药品利润最大，它们的实际成本不到申报价的 1/10，如某药的供货价为 2 元/支，医院拿到的批发价为 21.80 元/支，零售价为 24.30 元/支。从区区 2 元暴涨至 24.30 元，表面上看，药企每销售一支药就能拿到 19.8 元的利润，但是药企要将其中 50% 的利润'献'给医院。而在医院，这部分利润的分配模式已基本成为惯例：院长、药剂科长 5%～10%；开单医生 20%～30%；药剂科工作人员 5%～10%。"王先生说。

"潜规则"盛行

"药企与医生是什么样的关系？"王先生说，"我做了这么多年，还没有碰到不收回扣的医生。医药代表再有钱，在医生面前还是像条狗一样。"他坦言，药品经销一般都要经过这样的流程：药企→医药代表→医院→患者，药品价格就此一路飞涨，这样，回扣链条就产生了。

王先生对医药回扣很无奈。"我不给医生回扣，他们就不用我的药。有的科室还向我要额外的回扣，门诊的个别医生知道了也向我要，我就酌情增加了回扣，给了回扣后我的药用量就大增，所以利润也增多了。"

在王先生进入医药销售行业时，他对自己的职业有一个规划：医药代表→成立销售公司→做制药企业。如今，已经完成第二步的石先生，却显得迷茫。

"在这样的环境下，制药企业生存环境也很差，尤其是规模小的药企。"2010 年 9 月，王先生本来是想通过收购的方式涉足制药，但是未能如愿。"很犹豫，之前有家企业说要5 000 万元整体收购，还在谈。"让王先生感到却步的，是目前医药流通过程中的灰色链条给药企带来的生存压力。

由于新医改政策规定，今后药品集中招标采购将以省为单位，这意味着一旦药厂不能中标，将是对一个省医药市场的丧失。为此，一些药品生产、流通企业面对医院回扣潜规则，只能被动接受。

"医药商业面临最为核心的问题，是多数医药流通企业的竞争模式还停留在过去，导致医药商业在整条价值链的博弈中处于劣势。"

近年来，卫生部出台了一系列治理药品回扣的措施，但回扣之风依然屡禁不止。2010 年 11 月 16 日，杭州某知名网站惊曝回扣案，涉及 6 家医院数十名医生。而就在 2010 年 5 月，行风建设先进单位浙江省宁波市某医院部分医生刚刚因收受药品回扣被网络曝光。

"如果少数医生收回扣，可能是道德问题；如果收回扣成了行业'潜规则'，就应该从制度上反思了。"王先生说。

资料来源：作者根据资料整理。

3. 实训任务

（1）你支持王先生的做法吗，为什么？

（2）假如你是一名医药销售人员，能找到一种比灰色客户关系更高明的销售手段吗？

（3）请尝试从医院、医药生产企业、政府三个角度提出治理灰色客户关系的方案。

4. 实训步骤

（1）个人阅读。

老师应督促学生针对实训任务进行阅读，并让其在课前完成。针对中国学生的特点，课堂上老师或学生还需再花费 8～10 分钟对案例学习要点及相关背景进行简单的陈述。

（2）分组。

在授课教师指导下，以 6～8 个人为单位组成一个团队，要求学生选出组长、记录人、报告人等角色；

（3）小组讨论与报告（25 分钟）。

主要在课堂进行，围绕实训任务展开讨论。同时老师应鼓励学生提出新的有价值的问题，要求每个小组将讨论要点或关键词按小组抄写在黑板上的指定位置并进行简要报告，便于课堂互动。小组所报告的内容尽可能是小组成员达成共识的内容。

小组讨论与报告

小组名称或编号：-------------------------------- 组　长：---------------------------------------

报告人：---------------------------------- 记录人：---------------------------------------

小组成员：---

1）小组讨论记录：

发言人 1：---

发言人 2：---

发言人 3：---

发言人 4：---

发言人 5：---

发言人 6：---

发言人 7：---

发言人 8：---

2）小组报告的要点或关键词（小组成员达成共识的内容）：

任务 1：---

任务 2：---

任务 3：---

（4）师生互动（30～40 分钟）。

主要在课堂进行，老师针对学生的报告与问题进行互动，同时带领学生对本章的关键知识点进行回顾，并追问学生还有哪些问题或困惑，激发学生的学习兴趣，使学生自觉地在课后进一步查询相关资料并进行系统的回顾与总结。

（5）课后作业。

根据课堂讨论，要求每位学生进一步回顾本章所学内容，形成正式的实训报告。建议实训报告以个人课后作业的形式完成，其目的是帮助学生在课堂学习的基础上，进一步巩固核心知识，联系自身实际思考并解决问题，最终形成一个有效或学生自认为最佳的解决方案或行动计划。要求学生在制订方案时应坚持自己的主见，学以致用。实训报告的提纲如下。

实训报告

医药灰色客户关系的危害：

1）_____
_____
_____；

2）_____
_____
_____；

医药灰色客户关系的根源：

1）_____
_____
_____；

2）_____
_____
_____

从医院角度出发，治理灰色客户关系的建议：

1）_____
_____
_____；

2）_____
_____
_____；

3）_____
_____
_____

从医药生产企业角度出发，治理灰色客户关系的建议：

1）_____
_____
_____；

2）_____
_____

--；

3 ）_____

_____

从政府角度出发，治理灰色客户关系的建议：

1 ）_____

_____

--；

2 ）_____

_____

--；

3 ）_____

_____

从自我管理视角出发，假如你是王先生，销售坚持的道德底线是：

1 ）_____

_____

--；

2 ）_____

_____

（6）考核实训成果：根据学生课堂表现和课后作业完成情况，评定实训成绩。

第 10 章　CHAPTER10

销售团队管理

　　人的巨大的力量就在这里——觉得自己是在友好的集体里面。

——奥斯特洛夫斯基

　　团队，看这两个字就知道，有口才的人对着一群有耳朵的人说话，这就是团队。

——佚名

学习目标

1. 深刻理解销售团队的作用及构成。
2. 了解团队销售的形式。
3. 了解创业型销售团队的类型。
4. 了解销售自动化系统。

引例

华为的"狼性"销售团队

　　1987 年的华为只有 6 名员工，全部资产只有两万元，而今天的华为全球员工总数早已超过 18 万。2013 年，华为首超全球第一大电信设备商爱立信，位列《财富》世界 500 强榜单第 315 位；2018 年，其在《中国 500 最具价值品牌》榜单居第 6 位。2019 年，华为与海尔、苏宁在 5G 领域开展战略合作。

　　电信设备行业是一个竞争异常激烈的行业，在跨国电信设备巨头面前，华为无论是在技术上、人才上，还是在管理上、资金上都没有任何优势可言，其成功很大程度上应归功于高绩效的销售团队。华为的销售团队数量高达 1 万余人，占全部华为员工的 10% 左右；大部分是国内名牌大学的毕业生，都是经过华为的魔鬼训练之后投入到市场第一线去的，拿的薪水是诱人的，但这些人的一线市场寿命一般只有 3 年。

　　华为团队精神的核心就是互助。华为非常崇尚"狼"，而狼有三种特性：其一，有良好的嗅觉；其二，反应敏捷；其三，发现猎物后会集体攻击。华为的管理模式是矩阵式，要求企业内部的各个职能部门相互配合，通过互助网络，面对任何问题都能做出迅速的反应。而华为的销售人员在相互配合方面效率之高让客户惊叹、让对手心寒，因为华为从签合同到实际供货只要 4 天的时间。华为的客户关系在华为被总结为"一五一工程"——一支队伍、五个手段、一个资料库，其中五个手段是"参观公司、参观样板店、现场会、技术交流、管理和经营研究"。对客户的服务在一个系统，几乎所有部门都会参与进来。

华为招聘员工的方法主要有社会招聘、校园招聘两种。对于销售人员来说，华为更热衷于用校园招聘的方式进行人才的选拔。每年的 11～12 月，华为都要在全国高校密集的城市举行推介会，通常先安排一两个华为近年招聘的新员工对参加招聘会的人员就自己在华为如何成长进行演说，演讲者口若悬河，很有"煽动性"，然后接收简历。接下来，选取一些符合公司要求的毕业生参加笔试，主要进行专业知识和个人素质测试，包括智商、情商、个人素养等。之后，对笔试合格者进行面试。面试的主要目的是确认应聘对象的能力是否与公司的要求相符。面试的内容涉及营销理论、个人心态、基本的业务素质。华为希望挑选一些有理想、能吃苦、能够尊重别人且能自重、能谦虚容纳别人的人加入他们的团队。最后，组织面试合格者参观华为在本地的公司，或者邀请其到一家星级饭店洽谈并现场签协议。

新员工都要接受华为的培训，其培训过程往往是新员工的一次再生经历。首先是上岗培训，又称"魔鬼培训"，分军事训练、企业文化、车间实习与技术培训和营销理论与市场演习三个部分。其次是岗中培训，目的是激发一线销售团队的激情与活力，针对销售人员个人提供一套完整的成长计划，持续地对员工进行充电使其拥有持久的战斗力。最后是上岗培训，即将新销售人员直接派往华为分布在全球各地的分公司或办事处，让他们在市场一线展示自己的才华并接受实践的改造。

华为公司的绩效管理强调物质激励。华为是中国员工收入最高的公司之一，但其销售人员没有提成，其业绩与自己团队的业绩挂钩。这样的设计是为了避免销售队员发生机会主义行为，忽视与客户长期关系的维系。华为销售人员的收入以硕士为例（税前）：底薪每月6 000～7 000 元，津贴 800 元，年终有奖金、分红；入职 3 个月后，底薪会增加，幅度由个人表现而定；另外还有退休基金（约为 15%×底薪）。本科生底薪 4 500～5 500 元，博士 7 000～8 000 元。华为的精神激励主要有荣誉奖、职权。任意一项荣誉奖可以随之得到300 元的奖励。华为公司的销售组织共分五层，除了基层销售人员，其他四层都是有一定职权的，以此激励员工。一位销售新人可以从分布在各个地区办事处的销售代表开始做起，然后是客户经理，客户经理又有三个发展空间：国际、国内营销专家，国际、国内营销高级专家和国际、国内营销资深专家。一旦从事管理职位，那么发展的空间、可以获得的职权就更大了，比如有常务副总裁、市场部部长等。

资料来源：作者整理。

思考：

1. 你觉得华为销售团队成功的最关因素是什么？

2. 若你打算成为华为销售团队中一员，当务之急是做好什么准备？

　　许多销售人员因销售业绩突出而获得管理销售团队的机会。事实上，优秀的销售人员在销售一线工作时已经开始认识到销售团队的作用，并积极与销售部门及其他相关部门建立良好的合作关系，通过团队销售获得卓越的销售业绩。

10.1　销售团队的作用

10.1.1　建立内部合作关系，传递客户需求

　　为更好地满足客户的需求，并与客户建立更为持久的合作关系，销售人员既要代表公司或产品，又要代表客户协调公司内部其他人员，建立内部合作关系。例如，销售人员可能要说服仓储经理及时送货，与生产经理协商生产符合客户特殊要求的产品，以履行对客户的承诺。虽然销售人员无权要求仓储及生产经理，但可通过沟通技能达到相应效果。

　　能否建立良好的内部合作关系直接影响到销售人员的经济收入。许多销售人员整天忙于外部客户关系，而忽视公司内部关系的建立与维护，致使许多客户承诺延迟兑现或无法兑现，结果影响到与客户的初次成交或重复购买。成功的销售人员应清楚公司内部对其销售业绩有重要影响的人员的需求及愿望并加以满足，致力于建立牢固的内部合作关系。案例10-1给出了隆力奇公司建立内部合作关系的例子。

　　案例 10-1　　　　　　　　　　　隆力奇公司的内部合作关系

　　江苏隆力奇生物科技股份有限公司拥有目前国内规模最大、技术力量最先进的日化产品、保健品的研究、开发和产销基地。公司发展20余年来平均每年以40%以上的增长速度高速、健康地向前发展，成为本土日化行业的领军品牌。2007年，隆力奇营业收入达到69.68亿元人民币。在众多民族日化品牌被外资日化企业收购或消灭的今天，隆力奇成了民族品牌抗衡外资品牌的希望。

　　靠"蛇粉"起家，身居常熟的一个小镇，面临内外夹击的行业竞争，隆力奇怎么有发展的机会呢？通过研究发现，除了其正确的产品策略、推广策略、区域策略外，"内部多级承包模式"是其快速发展的重要原因。

　　20世纪90年代，隆力奇采取的是传统的经销代理制模式。但是随着竞争加剧，现代渠道的兴起，利用传统的经销代理制，其产品已经无法与外资强势品牌和国内低价产品进行竞争。于是在20世纪90年代末到2003年，隆力奇采取直营分公司模式运作，使企业快速增长。但在2003年后，随着企业规模的日益壮大，控制直营分公司也日益困难，隆力奇开始进行销售模式创新。2003年11月，隆力奇开始在中央电视台做广告，同时将直营分公司的经营模式转为经理承包的独立公司经营模式。此时，销售团队和公司双方变成了一种客户关系和买卖关系。这种变革，一方面保证了企业资金的回

收，降低了经营风险；另一方面把盈亏责任和经营权下放到销售团队手中，并在团队中导入分级承包，共同分担经营风险和责任。目前，隆力奇在国内市场上有大小承包市场200～300个。隆力奇利用多级承包这种独特的销售模式，将3万多销售员工和隆力奇公司紧密联系在一起。

在这种新的内部合作模式下，隆力奇解放了销售团队的生产力，释放出了销售人员的潜能，其威力不可想象。

资料来源：作者整理。

销售人员不仅要向外部客户推销其公司、产品和服务，还要向内部员工传递客户的需求。虽然许多公司会增加专门的客户服务人员以了解客户需求，但是真正了解客户需求及购买动机的人只有销售人员，向公司内部传递客户的声音是销售人员不可推卸的重要职责之一。例如，一些公司要求每个销售人员定期填写"客户之声"的信息表单，公司将其汇总后分发给内部各部门，以确保公司的产品研发、生产、出货及配送等过程符合客户的需求。还有些公司在销售部门举行庆功会或游玩时，要求与相关支持部门一起，以表达感激之情；同时，设计丰富的活动环节，加强销售部门与其他部门的横向关系。

10.1.2　内部销售

内部销售是指销售人员通过建立内部合作关系，获得公司销售主管、其他销售人员及员工对其销售工作的支持与理解，从而更好地服务客户的过程。内部销售应坚持以下七个原则：

- 勇于承担责任，获得内部员工的支持。
- 确立更高目标，将销售目标与相关员工及公司的利益关联起来。
- 运用SPIN和积极倾听技巧，挖掘内部客户的个人及职业需求。
- 利用演讲技巧，满足内部客户的内心需求。
- 不要花费时间及精力抱怨内部客户，而要用更多心思捉摸内部客户所关切的问题，提升其协助销售的紧迫感。
- 对事不对人，不批评人，不对人心存嫉妒。
- 准备谈判。

需要特别注意的是，销售人员不能简单地命令同事协助销售，而要尽力寻求共同的需求。例如，某销售人员希望生产经理加急生产一个订单，便强调该订单所产生的边际利润可帮助其降低生产成本，更好地完成生产目标，从而获得生产经理的支持。

与外部销售一样，销售人员应提高内部销售的专业性，应积极与内部员工建立良好的私人关系，若出现冲突，切记对事不对人，可通过谈判技巧解决内部冲突。同时，销售人员还要把与自己销售工作有关的所有内部员工看成销售团队的成员，积极发挥团队销售的作用。

10.2   销售团队的构成

10.2.1   公司销售部门

在一个销售团队中，往往存在各种类型的销售人员，如大客户经理、销售总监、销售经理、区域经理等，销售人员应与他们融洽相处、积极交流，共同完成销售团队的整体任务。谁能与其上级建立合作的关系，谁就能获得更多的可支配资源，进而获得更好的销售业绩。对一个面向全国市场的公司来讲，销售人员应重点处理好与销售总监、区域销售经理之间的关系。

1. 销售总监

销售总监是销售团队内部的最高领导者，也是销售政策与总体销售目标的制订者。销售总监的职责包括诸多方面，如预测整体销售情况、制订年度及长期计划、费用预算、设置销售配额及报酬计划；制定关于新产品与新市场的战略、价格与竞争策略等；决定销售组织规模并控制销售工作进度。销售总监往往根据公司销量目标和客户满意目标决定销售人员的数量和销售团队的结构，如需要销售人员的总数是多少，是否需要大客户经理等。

（1）销售预测。销售总监使用大量技术进行销售预测，其中最常用的方法是自下而上法（bottom-up forecasting），即将所有销售人员的销售预测逐级汇总，推测公司整体销售额。一线销售人员有时会因乐观而高估销售额，也有些销售人员可能担心公司增加销售定额而故意低估销售额。销售总监应根据经验和相关信息调整预测，使之更切合实际。

（2）销售成本。销售总监还需要控制销售成本，通常采用费用预算或销售额配比的形式。销售经理及销售人员对销售花费应做到心中有数，若将实际花费控制在预算之内，会获得较高的一次性奖励，但可能影响销售的整体绩效。例如，一名销售人员为了节省成本，不给客户提供免费样品，使客户无法直观了解产品的使用情况，从而放弃购买。这样，销售人员表面上降低了成本，实际上降低了销售额。因此，销售人员不应一味降低成本而浪费公司或销售总监所提供的预算资源。

（3）工作配额。工作配额是在一定时期内销售总监可接受的工作绩效的最低数量要求，包括销量配额、销售收入配额、销售利润配额及活动配额。销量配额指销售人员应该完成的最低销售数量；收入配额指最低的销售收入要求；利润配额指可接受的最低利润水平；活动配额指每个销售人员销售活动的最低期望值。销售人员应理解各种工作配额的具体要求，因为这些配额与销售总监对销售人员的绩效评定直接相关。

（4）薪酬制度。销售总监需从员工与公司两方面来考虑，建立公正、稳定、易于被销售人员接受且富有竞争力的薪酬制度，激励销售人员以较高的价格卖出更多的产品，同时吸引和留住业绩优秀的销售人员。薪酬制度通常和工作配额相联系，若销售人员对薪酬体系不满，销售工作的积极性就会大大降低，影响销售业绩甚至引起跳槽。事实上，薪酬像一只看不见的手，将销售人员从低收入的企业推向高收入的企业，从低收入行业推向高收入行业。

许多销售总监采取底薪加奖金形式确定销售人员的薪酬，这是一种简单的薪酬计算方法：底薪是一种固定报酬，而奖金是根据销售人员的销售业绩而支付的额外报酬。这种方法的优点是容易操作，但很多情况下缺乏公平性与灵活性，也难以留住高水平的销售人员。

现在越来越多的公司采取全面薪酬的理念来设计销售人员的薪酬，将销售人员的薪酬分为内在薪酬和外在薪酬两大类。内在薪酬是指那些给销售人员提供的不能以量化的货币形式表现的各种奖励价值，比如对工作的满意度、培训的机会、提高个人名望的机会、优秀的企业文化、相互配合的工作环境，以及公司对个人的表彰等。外在薪酬主要指为销售人员提供的可量化的货币性价值，比如基本工资、佣金、奖金等短期激励薪酬，退休金、医疗保险等货币性的福利，以及公司支付的其他各种货币形式的开支。基本工资指以销售人员的销售技能、工作的复杂程度、责任大小及劳动强度为基准，按员工完成定额任务（或法定时间）的实际劳动消耗而计付的工资。它在销售人员的总薪酬中所占的比例根据企业、职位、时期的不同而不同。奖金（或佣金）指根据销售人员超额完成任务及优异的工作成绩而计付的薪资，其作用在于鼓励员工提高工作效率和工作质量，所以又称"效率薪资"或"刺激薪资"。津贴指为了补偿和鼓励员工在恶劣工作环境下的劳动而计付的薪资，或对交通、通信等付出的补偿。它有利于补偿销售人员延长劳动时间、经常出差等具体付出。福利指为了吸引销售人员到企业工作或维持企业骨干人员的稳定性而支付的作为基本薪资补充的若干项目，如失业金、养老金、午餐费、医疗费、退休金及利润分红等。

外在薪酬与内在薪酬各自具有不同的功能，它们相互补充。忽视精神方面的激励，一切都想用钱来解决问题，会伤害员工的积极性。各个指标在不同的薪酬制度中所占的比例不同，体现销售总监设计薪酬制度出发点的不同。比如加大内在薪酬比例有利于营造良好的内部合作氛围，加大津贴比例可以鼓励销售人员增加拜访客户的次数、巩固客户关系，增加福利有助于留住销售人员。

此外，销售总监设计薪酬时还会考虑销售人员付出的劳动及其职位、受教育程度、销售经验、为企业服务的年限（工龄）和企业的盈利能力、地区差异、行业差异、劳动力市场的供求状况等因素。全面薪酬的优点是比较科学、全面；其缺点是较为复杂，操作起来较为麻烦。

2. 区域销售经理

区域经理的主要职责是招聘与甄选销售人员，并对其进行培训、激励与绩效评估。

（1）销售人员的招聘与甄选。招聘与甄选合适的销售人员是区域销售经理面临的最困难任务之一。一些专家认为，约有一半的销售人员选错了职业，而且有 20%～25% 的销售人员所销售的产品或所提供的服务不适合他们的性格。这说明销售经理选错销售人员是一种较为普遍的现象。

很多销售经理在招聘销售人员时，着重强调所谓的"相关工作经验"，希望应聘者是能在短期内为企业带来订单的销售高手。但始终很难招到合适的销售人员，或是招来的确有经验的销售人员，很快就跳槽了。因为越是有经验的销售人员，越难适应现企业的销售管理制度，难以融入现企业的销售团队。优秀的销售经理会把甄选方式看作一门科学，而非艺术，为达到"人职匹配"，除了销售经验的要求外，还要考虑能否建立融洽的内部关系。

（2）培训。销售经理的一项重要职责是培训销售人员。老员工培训的内容通常由销售经理根据销售人员在销售拜访过程所遇到的实际问题确定，新员工培训的内容通常由销售总监决定，销售经理执行。

许多销售人员认为培训是浪费时间、制造不便的活动。优秀的销售人员则喜欢参加培训，珍惜公司提供的学习机会，认为通过培训可以提升其销售业绩，也可以提升在职场的竞争优势，促进销售职业生涯的持续发展。销售人员无论业绩多么突出，都应主动参加培训，不断学习，提高销售技巧与效率。

（3）激励。区域经理根据公司的薪酬制度，设计各种激励措施，如举行销售竞赛、选择具有吸引力的会议地点、赠送独特的生日礼物。不同的销售人员，由于兴趣、价值观和工作动力不同，因而对不同的激励方式反应也不尽相同，这要求区域销售经理因人而异，采取个性化的激励方式。比如 10 000 元的奖金可以发给销售人员现金，可以为销售人员买一台高档笔记本电脑，可以送销售人员出国旅行，还可以为销售人员攻读 MBA 学位提供学费。很多情况下，销售业绩与销售经理对工作业绩的赞许直接相关。一对一、面对面的沟通非常重要，每个人都希望作为独特的个体来对待，销售经理应了解销售人员的个人兴趣、业余爱好，记住其配偶及孩子姓名、生日等，并选择适当的时机表达祝福或一起聚会。

（4）绩效评估。优秀的销售人员往往会对销售业绩进行自我评估，督促自身的销售活动，明确努力的方向，获得最佳的销售机会。销售人员应在每次拜访客户之后首先及时记录拜访情况，有条件的销售人员应以表格形式输入电脑；然后，根据拜访目标考量哪些任务已经完成，哪些任务还未完成，快速制订下一次拜访计划。销售人员要在每天、每周及每月检查自己的销售行为，衡量目标是否已经实现；应在每天晚上做好第二天的计划，每周五晚上总结一周的销售情况，每周日晚上做好下一周的计划，最后，以周为单位汇总销售情况。

绩效评估也是销售经理的一项重要职责。专业的销售经理会通过一些关键指标来衡量销售人员的业绩，这些指标包括销售额及达成率、销售佣金率、转换率及拜访活动。销售额可按客户类型、产品类别、新客户、老客户进行细分。销售额达成率指实际销售额占目标销售额的比例；销售佣金率指实际所得佣金占目标收入的比例；转换率指每次拜访所能完成的销售额，是衡量拜访有效性的重要指标，其也可根据客户类型来计算；拜访活动包括不同客户类型的拜访次数、销售介绍的效果等。

销售经理通常根据公司下达的月度销售指标和行为指标对销售人员进行考核。其中，销售指标包括销售额、新客户开发数量，行为指标包括执行遵守公司销售政策与规章制度、工作态度及工作能力等。表 10-1 是某公司销售人员的绩效考核表。

表 10-1　销售人员绩效考核表

姓名：　　　　　　　　　　　　　　　　　　　填表日期：　　　年　　月　　日

考核时间范围：　　年　　月　　日　至　　年　　月　　日　　得分：

考核项目	考核指标	考核标准	满分	实际完成	得分
销售业绩 （40 分）	销售完成率 销售增长率 新客户开发	本月销售额 上月销售额 5 人	20 分 10 分 10 分	实际销售额 本月销售额 _____人	
工作态度 （44 分）	日总结 团队协作 销售制度执行 客户拜访 参加培训、会议、活动 出勤率 日常行为规范 服务意识 服从安排 周总结 责任感	保证每天按规定上报 个人利益服从集体利益 按公司销售制度执行 每两个月拜访一次客户 培训____次、开会____次、 活动____次 迟到次数 公司各项规章制度 客户投诉次数 对领导工作安排的态度 1 分：无总结 4 分：全面有效，计划完善 0 分：本职工作差 3 分：除了做好自己的本职工作外，还主动承担额外工作	5 分 5 分 5 分 5 分 4 分 5 分 3 分 2 分 3 分 4 分 3 分	漏报____次 违规____次 违规____次 违规____次 缺席____次 迟到____次 违规____次 投诉____次 违规____次	
工作能力 （16 分）	专业知识 分析判断能力 沟通能力 灵活应变能力	0 分：只了解公司产品基本知识 4 分：掌握熟练的业务知识及其他相关知识 0 分：较弱 4 分：强 0 分：差 4 分：强 0 分：差 4 分：强	4 分 4 分 4 分 4 分		

3. 销售内勤

销售内勤是销售人员内外交流的桥梁，是客户联系的纽带，在销售工作中起着举足轻重的作用。销售内勤的工作职责根据公司的不同而有所不同，基本上更侧重于后台的辅助工作。例如，对合同执行情况进行跟踪、督促；编制年度及月度工作计划及资金回笼使用计划；汇总及总结各片区的年、月资金回笼及资金使用情况；督促销售人员的资金回笼并监督其业务费用按规定使用；根据公司的营销政策建立、核算总账及明细账并按时登记；接、发、处理、保管一切商务来电来函及文件；对客户反馈的意见进行及时传递、处理；建立用户档案；依据公司营销管理制度准确有效地开展业务人员销售费用的会计核算、管理、服务，如出差费用的结算、报销、工资奖金的核算等工作。每个月度对合同履行、资金回笼、业务费支出情况进行统计和上报；按合同要求给制造商做好衔接工作；根据合同编制应收账款明细，并对应收账款实施管理；协助业务人员回款；提供应收账款及其相关信息；协助其编写商务文档，编制投标文件。

销售人员应了解、理解并尊重销售内勤的工作，通过与其建立良好关系，改善与区域销售经理和其他销售人员的关系，从而达到提高销售效率的目的。许多销售业绩突出的销售人员因为没有搞好与销售内勤的关系，而造成销售部门内部人际关系紧张，使自己的销售工作甚至是职业发展陷入被动的局面，本章章末的实训案例10-2介绍了一个销售人员的亲身经历及销售职业发展教训。

10.2.2　公司相关部门

销售工作涉及生产、财会、运输、客户服务、市场等部门，销售人员应协同本部门同事与其他各个部门员工一起开展工作。

1. 生产部门

生产部门通常追求产品制造的标准化、低库存与低成本，希望订单周期长一些；而客户往往希望快速买到定制化的产品。因此，很多生产型企业会遇到销售部门与生产部门的矛盾问题，主要表现在：①订单和产能的矛盾。订单少时，产能空闲，设备运转率低；订单多时，产能供给不上，生产超负荷运作。②销售人员与生产部门平时沟通少，互不理解，遇到客户的需求问题时相互推诿。③市场需求波动较大，销售人员的销售预测往往与实际订单差异较大。

为解决可能出现的矛盾，销售人员平时应主动沟通，提前做好销售计划，将订单具体的品种、交货期以及临时性订单处理等信息及时反馈给生产部门，主动了解学习相关生产知识，如生产工艺及每个部件、组件的生产标准时间，生产部门的日生产能力，瓶颈在哪里。然后将销售计划与生产计划相协调，对于不可控因素还要有备用方案。此外还需要考虑如何控制生产成本的问题，这样才能实现"以销定产"的管理思想。必要时应与生产部门相关人员建立良好的私人关系，以便能够顺利兑现客户承诺，满足其各种可能的需求。

2. 财会部门

财会部门对每个销售人员的销售记录，特别是应收账款、应付账款、客户还款记录等进行管理。这是信用管理的基础。信用管理工作是帮助企业流入现金，控制销售部门将库存转移给客户。有些公司有单独的信用管理部门，由负责财务工作的副总经理兼管，不少公司的信用部门隶属财会部门。

销售人员的目标经常同信用管理部门的目标有冲突。很多销售人员认为信用管理部门在阻碍他们创造业绩，信用管理人员也怕因销售人员失去订单而受到指责，其实信用管理人员只是希望剔除风险过大的客户而已。

销售人员应与信用管理人员主动沟通、经常联系，让其了解销售的过程、客户的需求，这样既能提高销售效率，又可以减少信用风险。销售人员最了解客户的变化情况，如客户的设备、库存、售价等情况，有经验的销售人员会据此判断一些客户是否可靠及其管理水平的高低，这些都是企业信用管理部门需要掌握的信息。

3. 运输及客户服务部门

运输部门主要负责产品运输任务的安排。不同公司，运输部门的设置不同：许多公司单独成立部门，也有公司将运输部门设在销售管理、仓库管理或生产部门内。无论如何，销售人员都需要运输部门的协助，以便及时送货甚至加急送货，从而兑现销售承诺。运输部门经理主要关心运送成本，通常通过制订有效的运输路线计划，将成本维持在可控范围之内。加急送货或临时送货会扰乱正常的运送计划，往往会使销售人员处于内部员工抱怨、外部客户承诺无法兑现的尴尬境地。

客户服务部门主要负责产品安装、维修、咨询及客户投诉。多数公司设立独立的客户服务部门，一方面可以减轻销售人员工作量，使其集中力量进行销售工作；另一方面可以控制客户资源，以防销售人员辞职后所引起的客户流失问题。在这种情况下，很多销售人员在达成交易后，完全将售后方面的工作交由客户服务人员完成。其实许多客户在出现售后问题时仍然喜欢联系销售人员，并且希望销售人员帮他解决问题，而当事销售人员最常见的做法是告诉客户服务的联系方式，由客户自行去联系，在之后的服务处理过程中，也不主动关心具体的服务客户是否满意，这其实违背了本书反复强调的"与客户建立长期伙伴关系"的原则。

客户服务工作的最终目的是获取利益，就是要在重复销售过程中获取利益，其中包括两方面：老客户的重复购买，及通过老客户的介绍而购买的新客户。在实际工作中，公司往往不对客户服务部门进行销售考核，老客户的再次销售也由销售部进行，也就是说没有相应的激励措施鼓励客户服务部进行老客户的维护及开发。

优秀的销售人员会与客户服务人员建立良好的关系，同时，采取有效措施，促进客户服务人员在销售中发挥重要作用。销售人员可与客户服务人员实行合作销售方式，如销售人员主要负责新客户开发和大客户维护，而客户服务人员主要负责老客户关系维护、跟单、对账等职责，也要给予其一定的销售奖励。对于流失的销售人员开发的客户，客户服务人员负主要责任，享受重复销售的奖励，必要时交给新销售人员跟进。

4. 市场部门

一些公司将市场与销售工作放在一个部门，但大多公司将市场与销售工作分离，单独设立市场部与销售部。市场部门关注整体市场的均衡、可持续发展，具体的工作包括市场研究、品牌宣传、销售促进活动的策划和实施以及销售人员培训等；而销售部门主要关注销售业绩和利润，具体工作就是拜访客户、推荐产品等。两个部门的职能密切相关，应高度协调，才能高效为客户提供合适的产品或服务。销售人员作为市场部门的耳目，应为市场部门提供竞争对手信息、客户趋势以及其他重要的市场信息，市场部门根据这些信息，进行策划展销、直接邮寄、广告、公关关系等促销活动，开发新产品，帮助销售人员拓展客户源，促进产品销售。

遗憾的是，在许多企业中，市场部与销售部的关系好比一对"欢喜冤家"，互相依赖、联系密切，但又互相制约、矛盾重重。研究表明，只有27%的市场部门主管相信销售人员传递了与市场部门希望传播的信息，主要原因是沟通不畅，从而导致两个部门对各自职责和角色认识的分歧。为此，销售人员在日常工作中，应主动及时与市场部门进行沟通，提供尽可能丰富有用的市场信息，主动参与由市场部负责的促销方案或者营销策略的制定；在销售执行过程中，应在真正理解整体市场计划的基础上，进行客户开发与服务工作，避免方案执行过程中相互指责，造成企业资源浪费、市场竞争能力降低的现象。有些公司从制度设计上建立市场部与销售部监控信息及时交换程序或者通过CRM软件系统提高沟通的效率。

10.3 销售团队的形式

团队销售指由不同部门人员组成的小组共同服务某一个客户的销售方式。团队中的每一个成员具有不同专业技能，承担不同的职责。越来越多的公司采取团队方式进行销售，图10-1给出了一个常见的团队销售形式，每位专家都可以和客户经理组成一个销售团队。例如，施乐公司曾为每条产品线安排一个销售人员，分别负责复印机、打印机、耗材、传真机、计算机的销售工作，会出现不同销售人员拜访同一个客户而彼此见面不认识的情况，给客户造成诸多麻烦。为此，施乐公司采取永久销售团队方式，一个客户由一个专门的客户经理负责，客户经理根据需要，可带上产品专家拜访客户。也有公司采取临时销售团队形式，由销售人员与工程师、科研人员、质量控制经理组成临时销售团队进行销售。

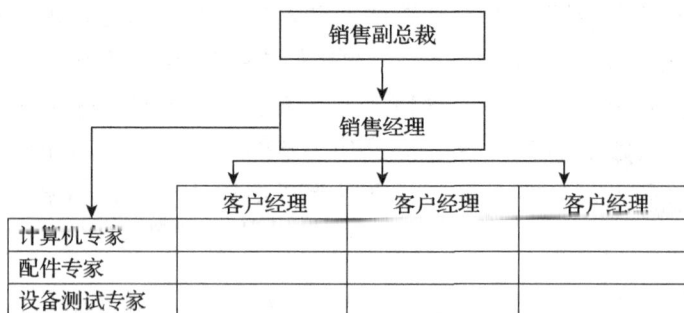

图 10-1 常见的团队销售形式

一些公司采取多层级销售团队（multilevel selling），使买卖双方的各个层级成员相互对应。这种销售团队通常在销售人员向大客户销售、需要公司高层管理者介入销售过

程时采用，目的是为销售提案争取双方高层的认可和支持，提高销售效率，如图 10-2
所示。

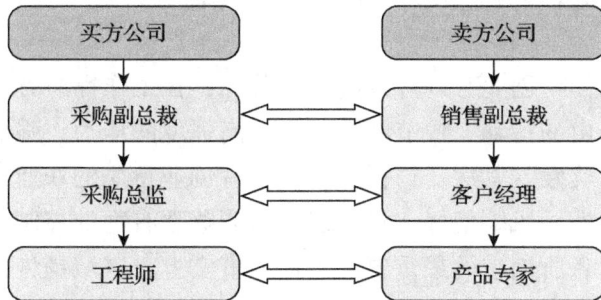

图 10-2　多层级销售团队构成

　　一些销售团队由区域代表和销售内勤人员组成，如图 10-3 所示。有些公司为一名
区域销售代表配备一名或多名电话销售内勤，电话销售内勤通过电话完成尽可能多的客
户沟通工作，若需要区域销售代表访问客户，电话销售内勤会预约拜访时间、安排相关
事宜。

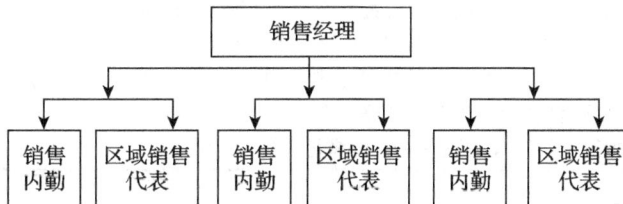

图 10-3　内勤 / 外勤销售团队

10.4　建立创业型销售团队

10.4.1　销售与创业

　　传统销售部门的主要功能是按惯例为销售人员分派任务并进行培训，规定销售人员
的工作权限、配额、奖惩措施等。销售人员被看作可以替换的，对其进行管理的主要技
巧就是"胡萝卜加大棒"，管理的主要目标就是要完成销售额。面对竞争加剧的多变的
市场环境，越来越多的公司，尤其是一些创业型公司意识到需要对传统销售模式进行大
刀阔斧的革新，打造创业型的销售团队，使其成为企业内部创造价值和创新的动力和源
泉，主要思路如下：

- 销售职能是公司竞争优势的源泉之一。
- 出色的销售组织应当具有战略远见并进行战略运营。
- 销售经理和销售人员必须把自己看作创业者，销售部门应是公司最具创业精神的
  部门。

- 销售应以机会为导向，而不是处处受限于资源条件。
- 创新应该是销售职责中最主要的责任之一。
- 创建、拓展和管理客户关系资源的能力是销售人员创造市场价值的一项主要优势。

事实上，销售工作与创业有许多共同点。首先，在工作性质方面，两者都涉及大量的人际交往、相对自由的行动、快节奏的工作、高强度的压力、强烈的结果导向，并有可能获得大量的财务奖励。其次，销售是一个很有创业特质的职业，如自信、独立、成功动机、容忍不确定性、风险偏好、对组织内部能够强有力的控制与协调。最后，销售绩效往往是一个创业者所追求的最重要的指标。事实上，区域销售工作和创业实践更为类似，如表 10-2 所示。

表 10-2 区域销售工作与创业实践的相似性

1. 该区域是一个自行管理的单位，并承载一定的价值
2. 销售人员通过谈判和既定的交易来确定该区域的价值
3. 绩效的衡量根据一定时期内的销售利润
4. 成功或失败有赖于销售人员的绩效
5. 销售人员必须与其他销售区域进行竞争
6. 销售人员通过对不同活动分配资源来试图管理该区域
7. 销售人员为该区域寻找投资（从销售经理那里）
8. 为达到目的，销售人员从公司的其他部门或者外部环境获得优势资源
9. 可能通过创新来挖掘区域扩张的潜力
10. 销售人员的工作就是创新性地满足客户的需求

创业销售就是把创业和销售工作融合在一起开展相关活动。一方面，在创业企业中，创业者可把公司的部分所有权授予销售人员，并让其充分理解该做法的战略意义。销售人员利用公司资源（生产、物流、信息技术、营销、客户服务等）进行业务运营，包括现场管理、产品取样、定制解决方案、客户奖励等，为创业企业创造价值。另一方面，销售人员应评估其所在区域的发展前景和投资价值。销售经理在某种程度上像风险投资家一样投资其感兴趣的企业，其总体销售增长类似于一种风险投资基金，在该领域投入资金的多少取决于该领域销售人员努力的程度。例如，思科公司给予销售组织高度的授权，给销售人员设置很高的职位，职位直接和报酬挂钩，因此许多销售人员身价百万。思科有很多创新性的销售方法，如销售中运用科技，创造性地解决客户的具体问题；通过网页定制，销售经理及其团队能够与客户更紧密地联系，能够有效地处理所有的交易账户、监控当前的绩效水平、评价培训的视频和文件。这些方法不但改善了内部沟通的效果，而且能有效地解决客户的具体问题。此外，其还鼓励销售部门与其他部门内部竞争，寻求电子商务的更好方式。

IBM 公司发现，为销售人员腾出更多时间与客户交流可以促进销售团队的创新。销售团队通过服务重点客户，建立一个普遍的报告制度，使用相同的绩效指标，让每个销售人员遵循相同的销售过程，减少内部会晤。这样，销售人员会有更多的时间与客户交流，从而可以适时开发出创新性的解决方案。

　　AT&T 开发出一种全新的工具，来解决销售人员谈判技巧方面的具体问题。该工具叫作"Dealmaker"，通过引入课堂与在线培训和一些鲜活的事例来强化谈判成功的技巧。当销售人员与客户接触后，该工具会提供相关知识协助谈判，并最终签订协议。这些知识能帮助销售人员查明客户未满足的需求，想方设法回答客户提出的复杂问题，制定可行的战略，并在谈判时给出一个周全的方案。此外，销售人员还可通过个案研究来提高谈判技巧。同时，公司鼓励销售人员的经验共享。

　　销售的目标是达成交易，但简单地达成交易是不够的。销售目标必须是达成长期有利可图的交易。本书的最后再次强调，对不同客户应采取不同的销售方法，如图 10-4 所示，与客户建立战略伙伴关系，共担风险、共享资源，这是销售的最高境界。

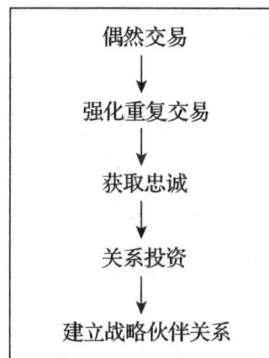

图 10-4　销售方法

10.4.2　创业型销售团队的类型

　　创业型销售团队根据主要功能可细分为创造型、探索型、授权型、战略型、技术型、协作型六种类型，如图 10-5 所示。

1. 创造型销售团队

　　从个人销售角度，创造意味着放弃固有做法与规则，愿意挑战已经确立的方法体系。可能短期会使销售人员的工作生活受到冲击，但会为其带来崭新的开始、全新的路径，冲破传统路径的束缚。这是人类精神的体现，也是员工工作动力和骄傲的巨大来源。

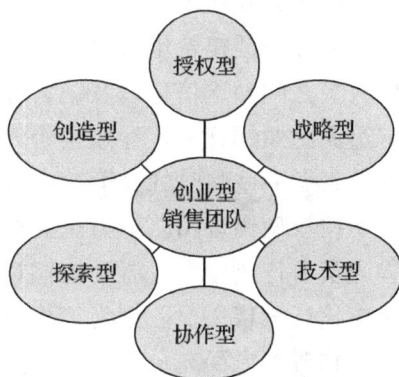

图 10-5　创业型销售团队的六种形式

　　从销售团队角度看，销售经理应敢于打破惯例，跳出思维定式，对销售部门进行创造性的管理。一方面，创造是混乱的、随机的、非科学的行为；另一方面，组织为了产生更多好想法，需进行系统性的创造。销售经理必须设定一些挑战性的任务，给销售人员一定的权限和资源，通过周密计划、团队合作来激发创新。这样就需要强化销售部门的组织价值、组织制度和组织结构。

　　另外，销售经理需鼓励创造性的摩擦，让不同的方法和观点彼此碰撞，但不厚此薄彼，最终使一种观点获胜。创造性摩擦不仅会激发销售部门自身的创造力，还会对相关部门（如设计部、采购部、财务部）产生积极的影响，有利于打破部门之间的职责界限，激发整个公司的创造力。

2. 探索型销售团队

　　传统销售团队在开发新客户时，首先会探寻客户欲望，然后找到可以满足其的方法，但常常屈从于客户。探索型销售团队则会采取多种形式，探索各种新方法，开创性地解决客户的一系列问题。由于新方法的生命力通常较为短暂，很容易被更新的方法所取代，这就要求销售团队必须快速行动，洞察机会，不断发掘新的市场。

探索型销售团队能够引导客户、牵制竞争对手、引领自己的公司进军新的市场。引导客户意味着密切联系客户，清楚公司的战略、相关能力、竞争力及来自环境的挑战等。

探索型销售团队不能忽视任何竞争者，必须对任何竞争行为进行适时反应，并且能够引领公司迅速改变眼前的商业环境，如描述当前的商业模式和趋势，应对可能的行业变革，实施新的战略计划，开拓和修正外部条件，识别市场信号并能在第一时间告知公司相关市场的最新动态。因此，探索型销售团队是引导企业管理和运营的工具性资源。

3. 授权型销售团队

传统销售团队有细致的预算控制、明确的工作范围，一些销售方法和补偿方式也会事先确定。在这种组织中，销售副总经理或总监做出决策，销售人员只负责执行。对有才能的销售人员来讲，销售经理的作用是在合适的时间，把他们放在合适的位置上，并以合适的方式激励他们，使他们能够把合适的产品卖给合适的客户。

传统的授权希望给销售人员更多的责任和权力，但因销售任务的复杂性、公司与销售人员之间缺乏信任以及销售经理缺乏必要的授权技能而难以奏效。此外，一些授权设定过高的业绩标准，导致销售人员难以完成；而另一些授权只有象征意义，经理只是允许员工做一些临时的决策，一旦出现错误，便撤销该授权。

授权型销售团队努力在公司控制的松与紧之间寻找动态的平衡点，把销售经理和销售人员看作创业者，激励他们识别机会，创造性地解决问题。首先，要在具体的销售工作中信任销售人员。销售工作涉及面很广，必须给销售人员在产品设计、定价、客户沟通、物流等方面充分授权，他们才可能真正为客户创造价值，为公司创造新的收益。其次，要进行"虚指放弃，实指加强"式的授权。虚指指销售人员的决策权力，实指指清晰的目标。例如，当销售经理放弃制定收益分配和价格谈判的控制权时，销售人员会表现出高度的一致，或是更加努力地工作、更有成效地创新，这样不但实现了控制的目标，而且提高了工作的满意度。

4. 战略型销售团队

传统销售团队不是把工作重点放在战略的思维和行动上，而是放在战术运作以及业务层面上，如销售人员的招聘、激励、寻求卖点、完成目标的效率等。事实上，效率并不意味着效益。效率强调具体行动路线；而效益则强调正确的战略方向，强调利用合适的机会，创造性地实现预期目标。

战略型销售团队把销售部门看作一个密切合作的、具有战略意图的组织。公司的总体战略确定了公司的核心价值主张，以此在市场、客户、产品等方面与竞争者区分开来。为落实公司总体战略，销售经理应在销售人员的雇用、销售方式、销售团队类型与组织方式等方面采取具体的战术安排。首先，销售部门的目标应与公司的总体战略相一致，销售人员应推动公司的创新，并把这些创新方式有效地运用到具体工作中去。其次，公司的战略方针应能真正指导各个地区的销售团队，使销售工作渗透到生产、市场、后勤以及其他核心职能部门，使销售部门对客户关系方面的投资符合公司的战略意图，从而能够得到其他部门的精诚合作并为客户创造新的价值。

5. 技术型销售团队

技术型销售团队能够将科学技术运用于销售管理和人员推销之中。在销售管理方面，利用现代信息技术，销售经理能够更好地评估客户的终身价值和公司的财务状况，也可以协助公司培训销售人员、适时评估销售人员的绩效。新技术还可以帮助销售部门管理客户关系，密切买卖双方之间的联系。在人员推销方面，新技术能够使销售人员"聪明地卖"，少花钱多办事，节省时间，大大提高销售工作效率，如客户与竞争者的背景调查、现场演示设计、快速响应客户询问等。

6. 协作型销售团队

协作型销售团队通过销售部门的内部合作，推出创造性的解决方案，为客户创造更大的价值。这需要公司各个层面的共同努力：高层经理应营造协作的企业文化，使销售经理、销售人员的价值观、信仰与之相一致；一线销售经理应改变老套的命令式的管理方式，强调平时的培训、平等交流、相互尊重、分享权力和股权，而不是单纯地审查下属的行动；销售人员要与销售经理同心同德、彼此信任，以应对销售过程中的一切冲突与环境挑战，同时，使用更加专业的销售技能来建立公司与客户之间的战略伙伴关系。

10.5　销售自动化系统助力销售团队管理

销售自动化系统通常是 CRM 系统的一个组件，是在销售过程中对每个客户、每次销售机会进行科学、量化的管理。它可以有效支持销售经理、销售人员跟踪销售机会、规范销售管理流程，从而实现销售团队的协同工作。

销售自动化可克服传统销售模式中耗时长、互动性差、获客成本高、投资回报率无法有效评估、销售管理无法统一甚至造成销售人员带走客户资源的问题。具体来讲，销售自动化系统的主要功能如下。

1. 提醒待办任务，制订销售计划

以往的销售模式周期太长，销售人员会因忘记客户的需求而易于失去客户的信任。而通过销售自动化系统可以为每个销售人员明确建立任务，并且可以记录其销售的全过程。此外，根据销售的需求，设置特定待办任务区域进行及时提醒，让销售人员跟进事先安排的事项，帮助其高效安排工作，同时也让管理者对销售人员的工作进度一目了然。

2. 规范销售管理流程

在传统销售模式下客户资料大多都是掌握在销售员工手上，至于销售的进度、详细

资料，企业管理者无法做到深入了解，往往销售人员一离职，客户资源就被一并带走。若采用销售自动化系统，第一次接触客户、服务客户等过程都会被详细地记录在系统里，可以确保客户资源掌握在企业手上。此外，还可以利用销售自动化数据回顾以往的销售过程，找到优化节点，提升员工的工作效能和服务标准。

3. 共享客户资源

企业通过销售自动化系统记录客户的详细信息，由企业统一分配客户任务。同时，根据系统上客户以往的购买信息，可以帮助销售人员在规定的期限内与客户达成签约，除了缩短服务周期，还可以提高企业跟进的效率；也能防止员工之间出现销售撞单的情况；方便管理者查看商机状态。

4. 防止客户流失

销售自动化系统通过对销售过程中客户信息的详细记录，增强与客户的有效沟通和商务联系，能为企业直观展示商机动态，从而帮助其预测销售结果、指导销售团队及时有效地为客户提供服务，最终全方位帮助企业预防客户流失。

◉ 本章习题

一、判断题（对的打√，错的打×）

1. 销售人员只需向外部客户推销其公司、产品和服务，没有必要与内部员工建立合作关系。（　　）

2. 一些公司将市场与销售工作放在一个部门，但大多公司的市场与销售工作分离，单独设立市场部与销售部。（　　）

3. 与客户建立战略伙伴关系，共担风险、共享资源，这是销售的最高境界。（　　）

二、单选题

1. 下列哪一项不是销售总监的主要职责？（　　）

A. 销售预测　　　　B. 工作配额　　　C. 薪酬制度　　　D. 产品质量管理

2. 关于销售与创业共同点的陈述，哪一项是不正确的？（　　）

A. 二者都涉及大量的人际交往、相对自由的行动、快节奏的工作、高强度的压力等

B. 销售是一个很有创业特质的职业，如自信、独立、成功动机、容忍不确定性、风险偏好

C. 销售绩效往往是一个创业者所追求的最重要的指标之一

D. 二者都是高收入、低风险、相对稳定的职业

3. 关于销售团队的陈述，哪一项是不正确的？（　　）

A. 技术型销售团队能够将科学技术运用于销售管理和人员推销之中

B. 协作型销售团队通过销售部门的内部合作，推出创造性的解决方案，为客户创造更大的价值

C. 战略型销售团队把销售部门看作一个密切合作的、具有战略意图的组织

D. 探索型销售团队在开发新客户时，首先会探寻客户欲望，然后找到可以满足其的方法，但常常屈从于客户

三、简答题

1. 简述销售团队的构成。

2. 简述创业型销售团队的六种类型。

3. 简述销售自动化系统的主要功能。

◉ 销售演练

演练 10　销售人员如何写个人简历

表 10-3 和表 10-4 给出了两种简历模板，请选择一种模板（扫描式或编年式），撰写自己的个人简历。注意：若未来有志于成为一位销售代表，要重点突出与销售相关的经历和素质。可以把自己写好的简历与朋友、同学或老师交流，听取别人的意见和建议并反复修改，这是求职取得成功的一项重要技能。

表 10-3　销售代表个人简历模板（扫描式）

姓　　名	
	性别：男	年龄：××	目前所在地：×× 民族：汉	户口所在地：×× 联系方式：×××××××××××

求职意向

期望从事职业：销售、市场 / 市场拓展 / 公关、商务 / 采购 / 贸易
期望从事行业：互联网 / 电子商务、通信、贸易 / 进出口、快速消费品（食品 / 饮料 / 烟酒 / 化妆品）
期望工作地区：西安
期望月薪：2 000~4 000 元 / 月
目前状况：目前在职，正考虑换个新环境（如有合适的工作机会，到岗时间一个月左右）

自我评价

长期的销售工作锻炼了我，使我能更好地与人相处和沟通，能在交流中挖掘客户的需求，培养客户的兴趣，从而达到自己的销售目的。经常学习使我的领悟能力和各种综合素质得到更大的提升。对待工作踏实稳定，有热情有责任心，对领导下达的任务 100% 接受和完成。性格开朗，尤其爱好体育运动。勇于迎接新的挑战。

工作经历

2012/03～至今 ××××× 电子科技有限责任公司 | 商务部 | 电话销售
　　　　工作职责：
　　　　1. 在公司利用电话营销向目标客户介绍百度竞价排名。
　　　　2. 介绍百度的主要优势，向目标客户传达一种低投入高回报的感觉，以吸引客户，从而达成约见。
　　　　3. 收集意向客户信息，了解客户产品信息。约见客户抓住客户需求点，解决客户顾虑达到签单。
2009/08～2012/02 河南 ×× 数据有限公司 | 商务部 | 销售代表
　　　　工作职责：
　　　　利用互联网搜集客户资料，公司主做服务器租赁托管、域名注册等相关业务。在职期间，善于利用自己身边的资源，更加迅速地完成领导所下达的任务。

教育经历

2005/09～2009/07 ×× 大学计算机科学学院 | 电子商务 | 本科

（续）

语言能力
英语：读写能力良好 | 听说能力一般

专业技能
计算机国家三级，Word、Excel，PowerPoint 熟练

爱好
摄影，旅游

表 10-4　销售代表个人简历模板（编年式）

联系方式：

姓名		国籍		
目前住地		民族		个人照片
户籍地		身高体重		
婚姻状况	未婚	年龄		

求职意向及工作经历			
应聘职位		可到职日期	
月薪要求		希望工作地区	
工作经历	2011.04—2013.05 深圳市 ××× 乳业有限责任公司（2 年 1 个月） 重点客户部 | 销售代表 | 4 001～6 000 元 / 月 | 规模：500～999 人 工作描述： 1. 负责所管辖区域门店堆头货架的陈列与维护； 2. 跟踪卖场的货源并对商品的大日期做好处理； 3. 负责商品在超市的陈列、销售以及促销活动，能够按照公司要求积极完成各项任务的指标； 4 协助领导谈判合同、对账结款及新品进店，及时反馈市场信息，协助公司制订有效的市场策略。 5. 与新老客户建立良好关系，以维护企业形象。 2016.04—2018.12 杭州市 ×× 电池有限责任公司（2 年 8 个月） 业务部 | 业务员 | 4 001～6 000 元 / 月 | 规模：20～99 人 工作描述： 1. 负责批发市场与终端的维护； 2. 负责开发新的客户，使其购买公司的产品； 3. 负责售后的退换货处理； 4. 月末进行客户的对账结款； 5. 维护新老客户的客情关系，以便更好地合作。		

教育背景			
毕业院校			
最高学历		毕业日期：	
所学专业		第二专业：	
教育经历			

语言能力			
外语		普通话水平	

自我评价
×××，一个比较活泼、开朗大方的小伙子。在工作中对待事情认真负责，诚实守信，遇到困难不退缩，做错了事情不推卸责任。工作给了我动力！我就要把它做好！对朋友重情义。

📍 销售案例实训

实训项目 10　销售团队管理训练

1. 实训目的

（1）帮助学生深刻领会建立内部合作关系的重要性。

（2）掌握建立销售团队的技能。

2. 背景材料

案例 10-2　我误入职场"雷区"

四年前，刚大学毕业的我应聘来到某市北郊高科技园内新注册的一家民营数控机床公司，做了一名管理人员。因为公司尚在筹建阶段，领导没有给我委派什么硬任务，只是先让我把计算机室组建起来。我很快就完成了基础工作，只等公司管理走向正规后投入使用。在等待投入使用这段时间里，我也没闲着，对该公司的经营进行了认真观察与研究。

这家公司的股东由一个农民企业家与几个海归高科技人才组成。企业家出资金，海归人才以自己的专利、技术以及成熟的产品入股。开发的产品在国内具有较强的市场优势，研发技术也很过硬，但生产秩序很乱，每天大小事故不断。很明显，现代化企业管理和市场开拓是企业未来发展的瓶颈。我看穿了这一点，觉得这正是施展自己才干的机会，于是，我暗下决心要找机会大干一场，在事业的起点获得成功。

主动争取机会，首次挽救公司

几个月过去了，公司已初具雏形，从德国进口的精密数控机床也安装调试完毕，试车成功，产品投入批量生产。几周后产品出库了，发往用户单位。若能按期回款，这一笔生意就能为公司赚回几百万。然而，仅仅过了一周，所有出去的产品一件不落地遭遇退货，赔了近 2 000 万元不说，因为延误了用户的使用，公司还被几家用户单位同时起诉。

公司的决策层急得团团转，花了几千万进口的数控机床难道有问题吗？于是又将德国专家请回来，经过精密测试，机床没有问题。可这种自动化程度很高的数控机床怎么会出废品呢？问题究竟在哪里？在这关键时刻，我这 23 岁的"毛孩子"站了出来，提供了一份调查报告，找出了问题的症结。

原来公司这种产品是应用于多种行业的精密机械产品，生产和储运需有严格的规章制度。可经过现场勘察，我发现产品下线后，没有按规定立即用特制包装纸单个包好，并按规格打包后送入标准仓库存放，而是被随便地堆砌在一旁。24 小时后，因为空气里的水分侵蚀和日光照射的原因，几百件产品从严格意义上说都成了废品：尺寸与标准规格相差从几微米到几十微米不等。

我的报告被提交到董事会，开始并没引起注意。农民出身的董事长望着闪着耀眼光泽的金属产品，无法理解仅仅没有及时包装储存，产品质量就会出现问题，从而报废。但是我的报告引起了技术投资方海归人员的重视，他们要求我列席董事会，并做重点发言。结果所有董事都觉得这个年轻人讲得头头是道，太精彩了。

会后经过实验，发现凡按我的意见及时处理的产品，没有一件报废。显然问题不在机器而在于管理。最后所有董事一致推荐我暂时主抓生产管理，对于生产、储运有关的人员有人事任免权。

兴奋的我，几夜未睡，草拟了一系列规章制度，被董事会全票通过。我又着手人员素质培训，每天亲自在生产和储运一线巡视，再小的差错也逃不过我的眼睛。有些员工是老板的亲属，开始很不服气，受不了严格的管理，对我阳奉阴违，还有人当面顶撞我。我毫不示弱，利用手握公司部分人事任免大权的利剑，开除了老板的几个乡亲，终于让公司的生产走上了正轨。

两个月后，公司的第二批产品出库发往用户单位，反馈回来的是一片赞扬，产品合格率达到99.8%，公司赚了几百万。为此公司开了庆功会，给每一位员工发了奖金。在董事会上，各位董事众口一词称赞我。尤其是产品研发部的几位德国大公司的海归技术权威，对我的评价更高，说没有我的管理理论和实践，他们带回来的技术将很难在中国生根开花结果；资金入股的董事们则表示，是我的工作挽救了他们近亿元的投资。董事长在激动之余，当场宣布奖给我2万元，并建议提拔我为生产部总监，可以列席董事会并在会上发言，工资由月薪2 000元涨为月薪5 000元。

克服内部阻力，打开国内市场

我一炮打响，吸引了全公司的瞩目。我自己也暗下决心，准备逐步实施自己的各项措施，在28岁之前进入公司决策层。随着生产储运管理的逐步理顺，公司生产能力大大提高，可是客户还是海归们带回来的那么几家，无法"吃掉"全部产品，公司的生产能力有50%的闲置，开拓海内外市场成为当务之急。

我的大脑又开始高速运转，很快我就拿出一套市场开拓方案：其一，借助国内行业协会的帮助，广泛宣传，扩大影响，在国内寻找商机；其二，在海外设立办事处，通过有实力的代理商大力开拓海外市场。董事会非常欣赏我的智慧和胆略，决意培养我这个"青年才俊"，很快批准了我的方案，并委托我全权办理。我亲自找到行业协会有关领导商量，最后决定以赞助一次行业年会的方式，向全行业展示公司的新面孔和实力。

会议地址选在南方一个著名的旅游地，我带几个年轻人先出发，总揽了会务事宜。然而，我没想到的是，会议日期和场地、日程都落实了，给全国各企业的邀请函也发出了，眼看着代表们纷纷报到，公司预先答应的50万元赞助款却迟迟不到账——那可是会议的全部经费呀！

我一遍遍催公司，出纳就是不给转账。我又找财务经理，他说他已批了好几天了，怎么会不到账呢？心急如焚的我又找了董事长和总经理，他们说这是董事会上通过的事，财务经理很清楚，他怎么会不执行呢？可是"县官不如现管"，过不了财务这道关，还就是拿不到钱。最后我求了姐姐，家里火速筹了10万元，才保证了会议的先期使用。

会议如期召开，公司在会议上的宣传攻势很猛，行业内许多企业是第一次听到这家民营企业的名字，对我们产品的各项技术指示非常惊讶，一致认为我们是很有实力和前途的公司，纷纷找来要签订合作意向。可直到会议开了一半，有些代表已打道回府了，公司的主要领导才赶到，错过了许多机会。更奇怪的是，公司派来为会议服务的几个小伙子接到指示，突然回公司了，致使会议期间的许多活动几乎泡汤。

我已经预感到公司内部有人专门针对我在捣乱，便急中生智在当地一家旅游公司"租"了几个年轻导游为代表们服务，终于坚持到会议结束。

这次会议收获很大，公司名扬全国，当场拿到十几份订单，会后又有几十家企业到北京找到我们，参观工厂的管理和检验产品质量，签订了几十份合作意向书。国内市场初战告捷，领导们说我立了头功。

我想起在外开会时公司某些人对我的刁难，气就不打一处来，我先找了财务部。原来故意延误的就是出纳张萌萌。我很奇怪，自己与她无冤无仇，交往都很少，她为什么这样做？张萌萌私下里却认为"整"我的理由很充分，出纳官不大权大，全公司的人见了都巴结着，唯独我金光，见了她不献媚、不说好听的，甚至连个笑脸都没有，更别说请吃饭、送小礼品了。这样的人要是掌了权，她这个出纳可就当的没意思了。所以机会来了挤对我一下轻而易举。我告状到财务经理那里，几天后得到的回话是银行账户问题，与张萌萌无关。她可真有招！我气得吃不下饭，但毫无办法。

为了提前撤人的事，我又找了办公室主任质问。得到的回答是，和我同去南方的人说会上的事早完了，而家里忙得很，所以把人叫回来了。是谁这样谎报军情？主任看我真动了气，就死活不说是谁。后来我了解，实际上是一些年资比我老的同事很妒忌我，觉得我"很跋扈"，瞧不起人，而我又没有及时用适当的方法与他们交流，所以……

销售业绩显著，待遇职务全无

因为我的销售思想和实践为公司打开了国内市场，而公司里也实在找不出第二个在能力上与我抗衡的人，所以员工中盛传我将走马上任公司主管销售的副总经理。若是那样，我的底薪将是一年12万元，毛利润15%的销售提成，还有10%的公司股份。但嚷嚷了一阵子，任命始终没下来。董事会让我先把刚拿下的国内销售阵地捋顺并巩固。董事长意味深长地对我说："小伙子，别着急，只要好好干，公司不会亏待你！这个公司将来是属于你们的！"说得我眼含热泪，热血沸腾。

我在名不正言不顺的情况下，开始了跑断腿的销售工作。我的名片上只印着"某某公司销售部金光"的字样，因为没有相应的职务，我没有什么活动经费，我的5 000元月工资，几乎全成了客户招待费。

两年下来，我在国内市场为公司赚回几千万利润，提成却按一般业务员的1%提取。我吃的苦、受的累写本书也说不完。

然而我没有被提职，销售部经理一职被从另一公司跳槽过来的一个学市场营销的人担任了。我拱手交出了自己创建、自己培育成熟的国内市场。自己辛苦种下的桃树，结的桃子却被别人摘走，痛苦让我第一次喝得酩酊大醉，伏案大哭：我想不明白，自己哪点做错了？

后来我才知道，董事会本来提的销售部经理候选人是我，但遭到人事部门强烈反对，原因是各部门对我的负面反映太大，说我自私。比如，加薪时没有请大家到高级餐馆撮一顿；骄傲，平时进了公司从不和同事点头示意；自大，到后勤领东西或到财务报销时趾高气扬，没给同事们送过任何小礼物；不懂人情世故，逢年过节也不和同事走动……结论就是这样，不懂人际关系的人不宜进入公司的决策层，我知道这又是某些我不熟识的、从不放在眼里的小人物在作祟。他们平时的小汇报、小不满积少成多，会在关键时刻坏大事，影响领导的决策。

职场无小事，这些既无业务能力又无一技之长，只好靠嫉妒别人、算计别人消磨时间混在公司里的小人物，真不可小视啊！

拿下北美市场，被迫辞职"醒悟"

我在交出国内市场后，心情十分郁闷。董事长亲自找了我："小金，主管销售的副总不是还空缺吗？你先去开拓海外市场，如果有成绩我会力排众议推荐你的！"就这样，我成了公司驻美办事处的工作人员。和开拓国内市场时一样，我的名片上印的还是"某某公司驻美办事处金光"。因为公司没有委任我当办事处主任，也不是首席代表，我的身份只是一般工作人员，所以我的工资不变——每月600美元。

在我赴美的准备期间，总经理室一位女秘书突然和我接触频繁，经常过来和我聊天。在我的潜意识里，自己怎么也是扛着公司半壁江山的人，大事忙不完，哪有时间和她闲聊？所以对她有点冷，她赌气走了。我没有细想其中的奥秘，反觉得松了口气。

办事处地点定在纽约，让人不可理解的是，公司每年给我的费用突然由10万美元降为8万美元；原要求第一年完成60万美元的纯利润增加为80万美元；而且原本答应设立的海外账号改为在纽约设一个临时账号，里面只放活动费用和我的工资，在国外的回款由客户直接对公司总部财务。这像一张网罩住了我，限制了我的活动。

肩负沉重责任，我只身飞往美国。当纽约的夜晚映入眼帘时，我想这回没人给我捣乱了，原公司的人一个不在，我将不再被迫"穿小鞋"，可以甩开膀子大干一场了！我首先通过商界的朋友，搞来全美有关商贸公司的一览表，然后一家一家打电话磋商本公司的产品代理事宜。经过近两个月的艰苦努力，我终于选定一家代理费用最低、产品价位最高、销售覆盖面最广的老牌公司作为本公司在北美的总代理。向公司汇报后，我按照常规带老美们回本公司考察，然后签订了供销合同。

在美国的第一年，我为公司打开了北美市场，销出了数百万美元的产品，纯利达几十万美元，圆满完成任务。董事长和总经理非常满意，主动提出要给我增加费用，那个总经理室的女秘书也来过两次电话，让我代买一些名贵的首饰，并说有朋友的10万美元要汇往美国，在我的账上走一下。我等了又等，不见女秘书的汇款。

随着海外业务量的扩大，我需要频繁出差和应酬，公司给的8万美元费用根本不够，而公司增加费用的许诺又迟迟不兑现。搞得我焦头烂额，真是难为无米之炊。

当我赴美的第二年就要结束时，我为公司赚的钱比上一年增加了30%。这时公司让我回国述职，派了两个人接替我的工作。在首都机场下飞机时我还踌躇满志，以为主管销售副总一职非我莫属。然而，我述职后，公司人事部宣布了驻美办事处主任及工作人员名单，主管销售的副总也由一个很有背景的海归博士担任，我则等待分配。

于是我不得不赋闲在家，并苦思苦想公司怎会这样对待我？一位同情我的朋友为我指点了迷津：公司降低我的海外费用、提高我的利润额、不给我设立海外账号直至罢免我，全是那个总经理室的女秘书使的坏。我大惑不解：总经理室的秘书有好几位，工作无非是送送文件、跑跑腿，这等小人物，怎会在公司里掀翻我这条大船！

朋友说可别小看秘书啊！她实际是最受总经理宠爱的情人，是个很贪婪的女人。公司里都认为派驻海外是个"肥差"，可是我却没有给她"上供"，让她大为不满。在她的活动下，某些高层领导怀疑我有野心，要分裂公司，所以落得如此下场！我听了恍然大悟：出国前她来找我套近乎八成是要得到自己的某种许诺，在纽约她打电话要求"代买首饰，使用账号"都是索贿的暗语。

我想通了，也晚了。我太小瞧这个小秘书了，结果竟铸成大错！我被迫辞职了，因为公司里已没有我可待的地方。

职场几年，我工作成就辉煌，但我忽视了与公司里"小人物"的交流，从而葬送了自己在公司的前程！这个教训，我一辈子都该吸取！难怪卡内基说：一个成功的管理人员，只需要 30% 的个人能力，另外 70%，靠的是他的人际关系。这话是我今生今世的座右铭，我相信我会东山再起的！

资料来源：作者根据 2004 年 4 月 7 日《北京晚报》的相关案例改编。

3. 实训任务

（1）你觉得金光的职场遭遇可以避免吗？

（2）假如你是销售人员金光，如何建立公司内部的合作关系？

（3）假如你是一位创业型的老板，如何对待金光这样的员工？

4. 实训步骤

（1）个人阅读。

老师应督促学生针对实训任务进行阅读，并让其在课前完成。针对中国学生的特点，课堂上老师或学生还需再花费 3～5 分钟对案例学习要点及相关背景进行简单的陈述。

（2）分组。

在授课教师指导下，以 6～8 个人为单位组成一个团队，要求学生选出组长、记录人、报告人等角色。

（3）小组讨论与报告（20～30 分钟）。

主要在课堂进行，围绕实训任务展开讨论。同时老师应鼓励学生提出新的有价值的问题，要求每个小组将讨论要点或关键词按小组抄写在黑板上的指定位置并进行简要报告，便于课堂互动。小组所报告的内容尽可能是小组成员达成共识的内容。

小组讨论与报告

小组名称或编号：-------------------------------　　组　长：-------------------------------

报告人：-------------------------------　　　　　记录人：-------------------------------

小组成员：---

1）小组讨论记录：

发言人 1：---

发言人2：_____

_____

发言人3：_____

_____

发言人4：_____

_____

发言人5：_____

_____

发言人6：_____

_____

发言人7：_____

_____

发言人8：_____

_____

2）小组报告的要点或关键词（小组成员达成共识的内容）：

任务1：_____

任务2：_____

任务3：_____

（4）师生互动（30～40分钟）。

主要在课堂进行，老师针对学生的报告与问题进行互动，同时带领学生对本章的关键知识点进行回顾，并追问学生还有哪些问题或困惑，激发学生的学习兴趣，使学生自觉地在课后进一步查询相关资料并进行系统的回顾与总结。

（5）课后作业。

根据课堂讨论，要求每位学生进一步回顾本章所学内容，形成正式的实训报告。建议实训报告以个人课后作业的形式完成，其目的是帮助学生在课堂学习的基础上，进一步巩固核心知识，联系自身实际思考并解决问题，最终形成一个有效或学生自认为最佳的解决方案或行动计划。要求学生在制订方案时应坚持自己的主见，学以致用。实训报告的提纲如下。

实训报告

根据小组讨论和课堂讨论，归纳避免金光这样职场遭遇的关键措施：

1）_____

_____

_____；

2）_____

_____

_____；

3）——
——
——；

结合案例，请简述作为销售人员，建立公司内部合作关系的要点：

1）销售部门 ———————————————————————————————————
——
——
——；

2）其他部门 ———————————————————————————————————
——
——
——；

根据本章相关内容，请说明作为一个创业型公司的老板，进行销售团队管理的工作要点：

1）——
——
——
——；

2）——
——
——
——；

（6）实训成果的考核：根据学生课堂表现和实训报告质量，评定实训成绩。

参 考 答 案

销售演练 1 为我们的销售潜力打分

结果分析如下所示。

（1）基本分析

——个人销售能力资本

如果的你销售能力在 70 分以上，说明你拥有较多的个人销售资本。

——个人销售机会

如果你的销售机会在 70 分以上，说明你有较多的把握机会的能力。

（2）销售潜力分析

根据销售资本、销售机会两个要素的测试得分，将被测试者分成四类，以此衡量每个被测试者的销售潜力。

销售演练 5 测试你的积极倾听能力

（1）总体评价：60～70 分，优秀；50～59 分，良好；40～49 分，需提高；30～39 分，需较大提高；30 分以下，你在听吗?

（2）每一个问题 1～3 分需要极大改进，4～5 分不需要改进。

演练 6a 测试你的谈判技巧

说明：3、6、9、11、12、15、16、19、21、24、28、30、31、34、37 等选项为消极特征，其他选项均为积极特征。选择积极特征加 1 分，选择消极特征减 1 分，通过计算得到总分。

得分：19～22 优秀；15～18 良好；11～14 一般。

参 考 文 献

[1] 大卫 S 威廉姆斯.大数据时代的市场营销：关联式客户关系管理 [M]. 匡斌，译. 北京：电子工业出版社，2016.

[2] 姚飞，李桂华.关系取向对员工满意影响的实证研究 [J]. 当代经济科学，2007 (11)：52-59.

[3] 查尔斯 M 富特雷尔.关系销售 ABC[M]. 刘宝成，刘远，译. 北京：中国人民大学出版社，2012.

[4] 汪楠，李佳洋.电子商务客户关系管理 [M]. 北京：中国铁道出版社，2011.

[5] 苏朝晖.客户关系管理：理念、技术与策略 [M]. 北京：机械工业出版社，2012.

[6] 韩德昌，姚飞."关系"对关系营销的影响 [J]. 经济管理，2006(1)：48-51.

[7] 姚飞.中国企业的关系营销 [J]. 科学学与科学技术管理，2005(12)：233-235.

[8] 姚飞.创业营销理论与案例 [M]. 北京：经济科学出版社，2012.

[9] 杰拉尔德 L 曼宁，巴里 L 里斯，迈克尔·阿亨.现代销售学：创造客户价值 [M]. 欧阳小珍，译. 北京：机械工业出版社，2011.

[10] 巴顿·威兹，史蒂芬·卡斯伯里，小约翰·坦纳.销售与客户关系管理 [M]. 胥悦红，等译. 北京：人民邮电出版社，2008.

[11] 刘子安.销售与客户关系管理 [M]. 北京：对外经济贸易大学出版社，2011.

[12] 姚飞，李桂华.公司再品牌化目标及影响因素初探 [J]. 现代财经，2008(9).

[13] 马刚，李洪心，杨兴凯.客户关系管理 [M]. 大连：东北财经大学出版社，2012.

[14] 周洁如.客户关系管理经典案例及精解 [M]. 上海：上海交通大学出版社，2011.

[15] 邵兵家.客户关系管理 [M]. 北京：清华大学出版社，2010.

[16] 周贺来.客户关系管理 [M]. 北京：北京大学出版社，2011.

[17] 阿德里安，佩恩，等.关系营销 [M]. 北京：中信出版社，2002.

[18] 范爱明.销售高手的心理诡计 [M]. 北京：中国经济出版社，2010.

作者简介

姚飞，国家精品在线开放课程负责人，南开大学管理学博士，天津工业大学创业与营销学教授、教学名师、MBA 导师、美国 CSUF 访问学者、多家创业孵化机构高级顾问。曾在中外名企从事中高层营销管理工作近 10 年，后任天津工业大学 MBA 中心执行主任，并到国内外多所高校及企业讲学交流，深受欢迎，也是广受大学生、创业者和管理者喜爱的双栖型创业与营销教练。获全国首届百优案例奖、全国优秀微慕课第一名等各类奖项 10 余项。

负责并主讲"创业管理"（2018 年国家精品在线开放课程）和"创业营销"两门慕课，截至 2018 年选课学生人数为 24 万，每年持续增加 10 万。主讲"客户关系管理""MBA 创业管理"等线下课程，采取案例实训、问题教学等参与式教学方法，颇受学员欢迎。主编《客户关系管理》《创业管理》《创业营销》《市场营销》教材 4 部，在《南开管理评论》《比较教育研究》等管理学与教育学领域的重要期刊上发表论文 20 余篇。主持重要研究课题 20 余项，并为多家企业提供营销研究与咨询服务。

普通高等院校
经济管理类应用型规划教材

课程名称	书号	书名、作者及出版时间	定价
商务策划管理	978-7-111-34375-2	商务策划原理与实践（强海涛）（2011年）	34
管理学	978-7-111-35694-3	现代管理学（蒋国平）（2011年）	34
管理沟通	978-7-111-35242-6	管理沟通（刘晖）（2011年）	27
管理沟通	978-7-111-47354-1	管理沟通（王凌峰）（2014年）	30
职业规划	978-7-111-42813-8	大学生体验式生涯管理（陆丹）（2013年）	35
职业规划	978-7-111-40191-9	大学生职业生涯规划与学业指导（王哲）（2012年）	35
心理健康教育	978-7-111-39606-2	现代大学生心理健康教育（王哲）（2012年）	29
概率论和数理统计	978-7-111-26974-8	应用概率统计（彭美云）（2009年）	27
概率论和数理统计	978-7-111-28975-3	应用概率统计学习指导与习题选解（彭美云）（2009年）	18
大学生礼仪	即将出版	商务礼仪实务教程（刘砺）（2015年）	30
国际贸易英文函电	978-7-111-35441-3	国际商务函电双语教程（董金铃）（2011年）	28
国际贸易实习	978-7-111-36269-2	国际贸易实习教程（宋新刚）（2011年）	28
国际贸易实务	978-7-111-37322-3	国际贸易实务（陈启虎）（2012年）	32
国际贸易实务	978-7-111-42495-6	国际贸易实务（孟海樱）（2013年）	35
国际贸易理论与实务	978-7-111-49351-8	国际贸易理论与实务（第2版）（孙勤）（2015年）	35
国际贸易理论与实务	978-7-111-33778-2	国际贸易理论与实务（吕靖烨）（2011年）	29
国际金融理论与实务	978-7-111-39168-5	国际金融理论与实务（缪玉林 朱旭强）（2012年）	32
会计学	978-7-111-31728-9	会计学（李立新）（2010年）	36
会计学	978-7-111-42996-8	基础会计学（张献英）（2013年）	35
金融学（货币银行学）	978-7-111-38159-4	金融学（陈伟鸿）（2012年）	35
金融学（货币银行学）	978-7-111-49566-6	金融学（第2版）（董金玲）（2015年）	35
金融学（货币银行学）	978-7-111-30153-0	金融学（精品课）（董金玲）（2010年）	30
个人理财	978-7-111-47911-6	个人理财（李燕）（2014年）	39
西方经济学学习指导	978-7-111-41637-1	西方经济学概论学习指南与习题册（刘平）（2013年）	22
西方经济学（微观）	978-7-111-48165-2	微观经济学（刘平）（2014年）	25
西方经济学（微观）	978-7-111-39441-9	微观经济学（王文寅）（2012年）	32
西方经济学（宏观）	978-7-111-43987-5	宏观经济学（葛敏）（2013年）	29
西方经济学（宏观）	978-7-111-43294-4	宏观经济学（刘平）（2013年）	25
西方经济学（宏观）	978-7-111-42949-4	宏观经济学（王文寅）（2013年）	35
西方经济学	978-7-111-40480-4	西方经济学概论（刘平）（2012年）	35
统计学	978-7-111-48630-5	统计学（第2版）（张兆丰）（2014年）	35
统计学	978-7-111-45966-8	统计学原理（宫春子）（2014年）	35
经济法	978-7-111-47546-0	经济法（第2版）（葛恒云）（2014年）	35
计量经济学	978-7-111-42076-7	计量经济学基础（张兆丰）（2013年）	35
财经应用文写作	978-7-111-42715-5	财经应用文写作（刘常宝）（2013年）	30
市场营销学（营销管理）	978-7-111-46806-6	市场营销学（李海廷）（2014年）	35
市场营销学（营销管理）	978-7-111-48755-5	市场营销学（肖志雄）（2015年）	35
公共关系学	978-7-111-39032-9	公共关系理论与实务（刘晖）（2012年）	25
公共关系学	978-7-111-47017-5	公共关系学（管玉梅）（2014年）	30
管理信息系统	978-7-111-42974-6	管理信息系统（李少颖）（2013年）	30
管理信息系统	978-7-111-38400-7	管理信息系统：理论与实训（袁红清）（2012年）	35